Ich grase
meine Gehirnwiese ab
Paul Valéry
und seine verborgenen
Cahiers

Ich grase meine Gehirnwiese ab
Paul Valéry und seine verborgenen Cahiers

Ausgewählt und mit einem Essay
von Thomas Stölzel

Auf der Grundlage der von Hartmut Köhler
und Jürgen Schmidt-Radefeldt besorgten
deutschen Ausgabe der *Cahiers*/Hefte in sechs Bänden

Büchergilde Gutenberg

Inhaltsverzeichnis

Thomas Stölzel

Meine Spezialität, das ist mein Geist

Paul Valéry – ein ›homme de cahiers‹

für Hartmut Köhler

> *Denken heißt unablässiges Durchstreichen.*
>
> Paul Valéry

> *... die Cahiers [...] aus ihnen wurde mir klar, daß [...] Valéry ein Denker ist, und zwar der freieste, von allen eingewurzelten und zu Konventionen gewordenen Traditionen unabhängigste. Er erkannte, daß sie vor einer kritischen Analyse und einer unermüdlichen Nachforschung oder Skepsis nicht mehr standhalten. Die leidenschaftliche Ambition seines imaginativen und radikalen Geistes war: das Äußerste an möglichem Bewußtsein von dem ›was ist‹ zu erreichen.*
>
> Karl Löwith

Eine Szene, die sich tausende Male wiederholte ... *Du Morgenmond, du kühler, gelassener, voller Mond, du — Ich grüße dich, den ich wiedererkenne, denn oft schon traf ich dich an, wenn ich die Läden meines Fensters öffnete zu dieser Stunde, nie derselben und doch immer der gleichen, die für mich die Stunde ist, zu der mein Geist seinen Dienst wieder aufnimmt, und die die erste Stunde des Tages ist, noch rein und für sich, denn die Dinge dieser Welt, die Ereignisse, meine Geschäfte, mischen sich noch nicht in — — mich ein.* — Mit dieser lyrisch-intonierten Beschwörung skizziert Paul Valéry so etwas wie die Rahmenbedingungen, die er brauchte und sich mit ritueller Beharrlichkeit schuf, um eines der ungewöhnlichsten und reichhaltigsten Werke der neueren Geistesgeschichte hervorzubringen – ein intellektuelles Abenteuer besonderer Art zu unternehmen, dem er sich dann mit asketisch-anmutender Rigorosität über ein halbes Jahrhundert hin nahezu täglich hingab. *Freude — Erregung, um 5 Uhr aufspringen und sich sogleich darauf werfen, eine Menge Gedanken gleichsam simultan niederzuschreiben.* Hierzu verwendet Valéry einfache Schulhefte (französisch *cahiers*), die später, nach seinem Tod, den Titel für das hergaben, was Valéry in ihnen betrieb. *Es ist nicht unmöglich, daß diese Schreibereien, diese Art alles zu notieren, was in den Sinn kommt, für mich eine Form des Wunsches sind, mit mir zu sein und sozusagen ich zu sein — Und ich merke das, wenn ich beobachte, wie erleichtert ich mich vor diesen Heften einfinde, gleichsam in Pantoffeln — ich denke dabei an das, was mir einfällt — und nicht an das, woran man für die anderen denken muß.* Die Form der Selbstzuwendung, die in diesem *Cahier*-Eintrag anklingt, könnte auf autobiographisches Reflektieren, auf nachverarbeitende Durchdringung von Erlebnissen oder Gemütszuständen schließen lassen. Doch ein solcher Schluß geht bei den *Cahiers* in die Irre; genauer, er führt nicht auf das, worauf es Valéry erklärtermaßen ankam, nämlich Überlegungen, Gedanken, Ideen, Einfälle, Annäherungen und Antwortversuche zu einer ›einfachen‹ Frage anzustellen: »Que peut un homme? – Was kann ein Mensch?« Diese auf den ersten Blick vielleicht simpel anmutende, dabei unendlich ausfaltbare Frage stellt Monsieur Teste, ein fiktionales *Alter Ego* Valérys im Jahre 1895. Valérys beharrliches Erkenntnisinteresse an dem spezifischen Potential des Menschen, seinem Vermögen, seinem Können, ist wohl einer der wesentlichen Antriebe für die große, weitverzweigte Recherche, die er in seinen *Cahiers* unternimmt. Sie sollte ihn bis zu seinem Tod beschäftigen. Noch in einem Heft aus dem Jahr 1945 findet sich ein direkt bezugnehmender Eintrag: *Ich habe diese Frage vor mehr als 50 Jahren gestellt – Was kann ein Mensch? (Teste). Und in meinem Denken folgte dies 1. auf eine Intensivierung meines Willens zur Selbstbewußtheit; 2. auf die Feststellung, daß wenige oder niemand bis zum Ende gehen — —*

In den Fragen, die ihn bedrängen und herausfordern – wie ganz wesentlich bei der Frage nach dem menschlichen Potential –, war Valéry entschlossen, im Bedarfsfalle weit über geistige Konventionen und Denknormen hinauszugehen. Hier war ihm ein intellektueller Mut zu eigen, der ihn von vielen Zeitgenossen wie auch Nachgeborenen unterschied. Diese heuristische Ausrichtung machte ihn, der sein Erkenntnisleben lang eine deutliche Reserviertheit gegen konventionelle Philosophen hegte, zu einem Philosophen der besonderen, der eigentlichen Art: zu einem Selbstdenker. Davon wird noch genauer zu reden sein. Zunächst ein erster Blick auf ein Phänomen, das Valéry, der ja zunächst vor allem als Dichter in Erscheinung getreten ist, besonders fesselte: die menschliche Sprache auch als spezifischer Ausdruck des menschlichen Potentials. Was Valéry hierbei anstrebte, überliefert sein jüngstes Kind, der Sohn François, in einer biographischen Skizze über seinen Vater. »Sein Tag begann mit Kaffee, etwa um fünf oder halb sechs morgens; mit ganz schwarzem, fast sirupartigem Kaffee, den er sich selbst braute. Während er vor dem Morgengrauen im Schlafanzug, ein Tuch um die Schultern gebunden und eine Zigarette in der Hand, zuschaute, wie es über den Schornsteinen langsam Tag wurde, widmete sich mein Vater mit unerbittlicher Regelmäßigkeit, mit unmenschlicher Beharrlichkeit einem einsamen Ritus: dem Versuch, sich eine eigene Sprache zu schaffen, das Wörterbuch für den eigenen Gebrauch umzuarbeiten, bestimmte Themen bis zum Äußersten zu verfolgen, Aufzeichnungen anzuhäufen, dabei nichts aufnehmend, was nicht auf ganz eigene Weise durchdacht war – das heißt, was nach intensivster Selbstbeobachtung nicht ›depersonalisiert‹ werden konnte.« Doch bevor es ›depersonalisiert‹ werden konnte, war es personal, Ausdruck einer bestimmten Person und Persönlichkeit und in Valérys Falle auch einer bestimmten Denkungsart. Über die Bedeutung, die das *Cahiersschreiben* nicht nur für sein geistiges Leben hatte, berichtet François Valéry, der über Jahrzehnte hin seinen Vater bei *den inneren Manövern, die […] mich […] mein Kopf jeden Tag vor Morgengrauen exerzieren […] läßt*, von Nahem erlebte. »Nichts hätte ihn dazu gebracht, seine morgendliche Arbeit aufzugeben; gleich, was passierte, er saß an seinem Schreibtisch. Einen Tag, nachdem er die Nachricht vom Tod seiner von ihm verehrten Mutter bekommen hatte, hörten wir wie gewöhnlich seine Schreibmaschine. Dies offenbarte keinen Mangel an Gefühl bei meinem Vater; es handelte sich vielmehr um Disziplin und eine Form von Schutz. Egal, was geschah, mehr als fünfzig Jahre lang rauchte jeden Morgen der Schornstein seiner ›kleinen Fabrik‹, ob er nun glücklich war oder niedergeschlagen, sorgenfrei oder bedrückt, müde oder frisch, auf Reisen oder in Paris, ob seine Mutter gestorben war oder ein Kind geboren worden war.«

Doch war es nicht nur Disziplin und eine Form von Schutz, die Valéry einen so intensiven und regelmäßigen Umgang mit seinen *Cahiers* pflegen ließ; er selbst bekundet: *Die Produktion von Ideen ist bei mir eine natürliche, gleichsam physiologische Tätigkeit — deren Unterbindung meinen körperlichen Zustand ernsthaft beeinträchtigt, deren Ausübung mir unerläßlich ist.* Und in Anspielung auf die berühmt gewordene Selbstbeschreibung seines Monsieur Teste – *Dummheit ist nicht meine Stärke* – äußert sich Valéry mit ähnlich hintergründiger Ironie über den Wert und die Funktion, die er der Denk- und Findearbeit während seines *Cahiersschreibens* beimaß: *Acht Uhr. Vor fünf aufgestanden – um acht scheint es mir, daß ich schon einen ganzen Tag lang geistig gelebt, somit das Recht erworben habe, bis zum Abend dumm zu sein.*

Nun erhebt sich die Frage: Was bewegt einen Menschen dazu, mit solch großer, von Nahestehenden schon als unmenschlich empfundener Konsequenz und Konzentriertheit ein Unternehmen wie die *Cahiers* zu beginnen[1] und bis zuletzt durchzuhalten? Das geistige Vermögen des Menschen mit unerbittlicher Stringenz von allen Seiten zu erforschen? Vor keiner vermeintlichen Wissenssicherheit zurückzuweichen? Klarheit in das scheinbar nicht Aufklärbare bringen zu wollen? Mit zugeschärfter Bewußtheit dem Bewußtsein selbst zu begegnen? Valérys Rigorosität ist von den ihm Nahestehenden immer wieder bemerkt worden. So notiert André Gide in seinem *Journal* den Eindruck: »Valéry wird niemals die ganze Zuneigung ahnen, deren ich bedarf, um seiner Unterhaltung ohne Ausbruch zuzuhören. Ich bin danach ganz erschlagen. Gestern habe ich fast drei Stunden mit ihm verbracht. Nichts stand in meinem Geist nachher noch aufrecht.« – Zumindest scheint es hilfreich, sich annäherungsweise dem Leben von Paul Valéry zuzuwenden, denn biographische Perspektiven vermögen durchaus das Verständnis für die Valéryschen *Cahiers* zu vergrößern.

Im Grunde habe ich das Temperament eines Berufssoldaten. Bezeichnenderweise verwendet auch sein Sohn François, wenn er sich schreibend an seinen Vater erinnert, das Bild des Soldaten. »In Statur und Haltung glich mein Vater, Paul Valéry, dem französischen Infanteristen: er war klein und gut gebaut, mager und vital; nichts an ihm war gekünstelt oder geziert [...] Er hatte blaßblaue, gelegentlich silberblaue oder graue Augen, die sich ins Violette verdunkelten, wenn er jemanden einmal direkt anschaute. Er sprach schnell, ohne die Stimme zu erheben, die klanglos war und kaum merkliche Spuren des Midi-Akzents aufwies.« François Valéry überliefert noch andere Details über seinen Vater, die das Bild des Strengen und Soldatischen etwas konterkarieren und auch in dessen persönlichem Leben etwas von der Widerspruchskultur zu erkennen geben, die er in seinen *Cahiers* so anregend entfaltet hat. »Er besaß eine Vorliebe für unnütze kleine Dinge; so enthielt eine der Schubladen seines Arbeitstisches Lappen, kleine Stückchen Schnur, Kerzenstummel und Zangen, dazu noch einige nutzlose, bei fliegenden Händlern erstandene Werkzeuge; er nannte sie seine Kramschublade. Er war nicht ordentlich, verlor ständig etwas und hatte sämtliche Taschen durchwühlt, bevor er sein Feuerzeug oder seine Brille fand. Zweifellos hatte er aus diesem Grund sein Monokel an einem Band befestigt, jedoch machte es sich, wenn er es trug, oft selbständig, um dann in die Suppe einzutauchen.«

In einer mit *Ich* überschrieben Beilage zu einem Brief an seinen Jugendfreund Pierre Louÿs skizziert er einen kleinen Lebensabriß seiner frühen Jahre in der dritten Person, und da heißt es über seine Herkunft: *Paul-Amboise Valéry wurde am 30. Oktober 1871*[2] *als Sohn eines Vaters korsischer Abkunft und einer italienischen Mutter geboren. Väterlicherseits weiß er nichts über sein Geschlecht oder so gut wie nichts. Von der mütterlichen Seite weiß er aus alten Urkunden [...], daß er von einer norditalienischen Familie abstammt, die bedeutende Persönlichkeiten zu den ihren zählte, so den Kardinal de Grassi und den berühmten Galeas Visconti, Herzog von Mailand und Sieger von Bayard. Obwohl er diesem südlichen Geschlecht entstammt, hat er von seinen Vorfahren helle Augen und Haare geerbt. Seine Hautfarbe war übrigens weiß, bevor sie verbrannt wurde von der Sonne des Militärs.* An dieser Stelle sei eine spätere Bemerkung Valérys eingeschaltet; sie gehört zu den eher seltenen direkt autobiographisch gefärbten Eintragungen seiner *Cahiers. Hofmannsthal, der österreichische Dichter, mit dem ich gestern bei Bassianos zum Essen war — plaudert und mustert mich und findet meine Physiognomie typisch Franzose 18. Jh. Er ist der x-te Ausländer, der das zu mir sagt — zu mir, in dessen Adern auch nicht ein Tropfen französischen Blutes fließt. [...] Soweit man [...] nach der Herkunft urteilen kann, bin ich Ausländer — ein wenig Korsika, ein wenig Genua, ein wenig Istrien, ein wenig Mailand — und da wirke ich auf die Ausländer erzfranzösisch!*« Was an Valéry – seinem Geist, seinem Habitus, seiner Ausstrahlung, seiner Wirkung nach – erzfranzösisch war, wird noch erkennbar werden.

Eher ein schlechter denn ein guter Schüler der Universität, verließ er sie mit dem üblichen Eselsdiplom; die Vorlesungen gaben ihm nur Widerwillen ein gegen Vorgeschriebenes und verstärkten seine Neigung zur Phantasie. Hier deutet sich schon die Haltung des späteren Selbstdenkers an, der eher eigenen Denkwegen nachgeht als von behördlichen beeindruckt zu sein oder diesen gar zu folgen. Nachzutragen wäre noch, daß dieser erzfranzösische Nichtfranzose wenigstens in Frankreich geboren wurde; nämlich in der südfranzösischen Hafenstadt Sète nahe Montpellier, wo er ein Jura-Studium absolviert hat. In Sète gibt es nicht nur einen später durch Valéry berühmt gewordenen Friedhof, der an einem Berghang über dem Meer liegt; dort waren auch, sagt Max Rychner (einer seiner frühesten Übersetzer ins Deutsche), die Schulen, die Valéry besuchte, und hier eröffnete sich ihm eine Perspektive, die wohl, meint Rychner, stark nachgewirkt haben dürfte: »Vor ihm lag, was wir uns mit der Phantasie erobern müssen. In den Stunden, die nicht die volle Aufmerksamkeit beanspruchten, waren die großen Augen des Schülers auf die blaue Fläche gerichtet, auf die Fischkutter, welche noch die gleiche Form haben wie die phönizischen Schiffe, die ehemals Marseille anliefen, auf die Küstensegler, die den Hochseefahrzeugen der perikleischen Griechen und der mittelalterlichen Kreuzfahrer noch sozusagen gleichsahen. Welch eine Lehre für einen jungen Menschen! Er hatte vor Augen, wie eine sinnvolle Form, die technische Form von Schiffen, Jahrtausende überdauert hatte. Das Geheimnis der Dauer wird sein Nachdenken immer wieder anziehen, gleich wie das Geheimnis der Form auf allen Gebieten der menschlichen Schöpfung.«

Über seine frühe Lektüre merkt Valéry an, der – ähnlich wie Roland Barthes – in seinem späteren Leben ein sehr zurückhaltender Leser gewesen ist: *Hugo wurde bald von Gauthier entthront, dessen Stern wiederum verblaßte in den erwärmenden Strahlen Flauberts, der wie Gold ist und Purpur. […] Schließlich hat ihn Baudelaire erobert! […] Und eines Tages konnte er, der Provinzler unter den Provinzlern, sich zum Verdienst anrechnen, daß er einige der schwer zugänglichen Gedichte entdeckt und geliebt hat, in welchen der einsame Ruhm Mallarmés offenbar wird.*«[3] Und wie eine gedrängte Vorwegnahme mutet es an, auf welche Weise er seine nicht dem Lesen gewidmeten Stunden zusammenfaßt. Valéry über Valéry: *Zwischendurch zeichnete, malte, befragte der junge Mann die Dinge, vielfache Erleuchtung suchend.*

So launig und ausführlich hat Valéry selten über sich geschrieben. Ausführliche Erlebnisbereichte gleich welcher Form und Stillage sind bei ihm rar; es sei denn, sie böten Stoff und Anregung für seine Form der Analyse. Der Autobiographie- und Tagebuchforscher Ralph-Rainer Wuthenow, der selbst eine monographische Einführung in Werk und Denken Valérys beigesteuert hat, konstatiert: »Selten wohl hat ein Autor von Rang so wenig autobiographische Notizen, Geständnisse und persönliche Zeugnisse hinterlassen wie Paul Valéry. Es sieht so aus, als habe er seine Spuren nicht so sehr tilgen wollen als vielmehr Sorge getragen, keine zu hinterlassen.« In der Tat war seine Neigung auf Anderes gerichtet, das zeigen und bekunden nicht zuletzt seine *Cahiers*.

In seiner zweiten Lebenshälfte, als er in Frankreich ein hoch geachteter und geehrter Kulturbürger geworden war, der regelmäßig um Reden, Vorworte, Grußadressen und Ähnliches gebeten wurde, verfaßte er auch eine Hommage auf Marcel Proust. Doch im Grunde blieb ihm Prousts Schreib- und Erkenntnisstil fremd, ja nahezu unbegreiflich. Er empfand sich da als Antipoden. In einem Brief an die Proustière, die Autorin Germaine Pavel, bringt er seine Haltung ein wenig aperçuhaft zur Sprache: *Ich habe keine Kindheitserinnerungen. Mit einem Wort, die Vergangenheit ist für mich in ihrer chronologischen und erzählbaren Struktur zerstört. Ich habe das unüberwindliche Gefühl, daß ich meine Zeit verlöre, wenn ich nach der ›verlorenen Zeit‹ suchte* ... Zu diesem anti-autobiographischen Affekt, den man bei Autoren wohl selten in dieser Ausgeprägtheit[4] findet, kommt – auch das ist ungewöhnlich – ein mehrfach bekundetes (milde geredet) Desinteresse an der Romanliteratur; Huysmans und Stendhal werden da Ausnahmen bleiben.

Nachdem Valéry also sein »Eselsdiplom« abgelegt und angefangen hatte, mit der Feder in der Hand über die Welt zu reflektieren, entstehen in der Folge erste literarische Texte, vor allem Gedichte, die in Zeitschriften veröffentlicht werden, auch kleinere Aufsätze mit bereits valérytypischen Titeln und Themen wie: *Über die literarische Technik* oder *Paradoxon des Architekten*. Denn bevor er den Wunsch in sich fühlte, Dichter zu werden, galt seine Liebe der Architektur; ausgelöst durch einen bestimmten Ort. *Von allen Städten, in denen ich gewohnt habe, ist mir Genua die liebste*. Dort ist er als Kind und Heranwachsender häufig gewesen, bei den mütterlichen Verwandten. In Genua erlebt er dann im Oktober 1892 eine entscheidende, krisenhafte Nacht, die in seiner Privatmythologie wie für seine geistige Weiterentwicklung von großer Bedeutung ist. »Was damals geschah« – gibt Max Rychner zu bedenken –

»können wir nicht genau wissen.[5] Es mag ein analoger oder ähnlicher Vorgang gewesen sein wie in einem gläubigen Mystiker, der sich von der Gnade berührt fühlte und dem Weltleben entsagte. Vielleicht wurde Valéry von einer Ungnade berührt, vielleicht von der Gnade – die Deutung bleibt offen [...] Den Höhepunkt des inneren Dramas überstand er in einer heftigen Gewitternacht; es fiel kaum Regen, aber die Blitze waren so zahlreich und weitgespannt, daß die ganze Landschaft in taghellem Aufleuchten sich zu verzehren schien. Das Licht peitschte die Finsternis als erbarmungslose Herrin.« In Folge dieser Genueser Nacht schwört er der Poesie ab und veröffentlicht ein Vierteljahrhundert lang keine Lyrik mehr.[6] Zuvor, 1890, noch in seiner ersten, recht kurzen dichterischen Phase, hatte er die Schriftsteller Pierre Louÿs und André Gide kennengelernt und zu Freunden gewonnen. Mit beiden beginnt er sogleich zu korrespondieren und Fragen der Literatur wie des Lebens zu erörtern. Der Briefwechsel mit Gide – seinem wohl konstantesten Freund und Weggefährten – wird über 52 (!) Jahre hin geführt und ersetzt ein wenig die Autobiographie, die Valéry sonst nicht schreiben mochte. Der Entschluß, den Midi zu verlassen und in die Kapitale zu ziehen, reift heran und wird 1894 vollzogen. Einen wichtigen und nachwirkenden Eindruck wird er mit nach Paris nehmen, um ihn Jahrzehnte später literarisch eindrücklich zu evozieren. Von diesem spricht auch André Gide zu Beginn eines Portraits, das er nach dem Tod seines Freundes erscheinen ließ: »... der eigentliche Wert Paul Valérys entzieht sich dem Beifall der Menge. [...] ›Die Ereignisse langweilen mich‹, sagte er. ›Sie sind der Abschaum der Dinge. Das Meer zieht mich an. Im Meere fischt man; auf dem Meere treibt man Schiffahrt; ins Meer taucht man ein ...‹ Und keiner ist tiefer eingetaucht.«

Als Neubürger kommt er in nähere Bekanntschaft mit Stéphane Mallarmé[7] und den Symbolisten, deren Einfluß auf ihn groß ist und bestehen bleiben wird, auch wenn er keine Gedichte mehr schreibt. Dafür beginnt er – wie die Valéry-Forscher ermittelt haben – von 1894 an, seine *Cahiers* allmorgendlich mit Notizen über die Arbeitsweise seines Geistes zu füllen.

Diese Denkhefte werden ihn bis zu seinem Lebensende begleiten; sie bilden – von der Freundschaft mit Gide abgesehen – die größte Kontinuität seines Lebens. In seinen *Cahiers* vollzieht und protokolliert er seine geistigen Exerzitien und wird dabei auch zum *Zureiter seiner selbst*, und bezeichnenderweise beginnt er in dieser Zeit eine Liaison mit einer gewissen Bathilde, einer Zirkusreiterin; Pferde werden Valéry stets faszinieren, so wie ihn später das Verhältnis zwischen Reiter und Pferd in Analogie zu dem zwischen Gedanken und Satz beschäftigt.

Um sich zu finanzieren, nimmt Valéry eine Stelle im Kriegsministerium an und bringt in den folgenden Jahren drei kurze, aber nachwirkende Schriften heraus, die ihm bereits ein gewisses Renommé verleihen: Zuerst 1895 eine *Einführung in die Methode des Leonardo da Vinci*,[8] in der er – versinnbildlicht am Modell Leonardos als einem *uomo universale* – beschreibt, was er unter schöpferischem Vermögen versteht. Rolf Vollmann drückt das so aus: »Leonardo ist für ihn die erste geglückte und seither eigentlich gültige Verbindung von fast ingenieurhafter Forschung und intellektuell kontrollierter Intuition.« Eine Verbindung, die auch Valéry für sich zu realisieren suchte. Die *Einführung* ist zudem der erste Text eines ganzen Zyklus. Valéry wird in den Folgejahrzehnten noch vier weitere Leonardo-Texte schreiben; denn dieser Renaissance-Mensch – so wie ihn Valéry imaginiert und modelliert – bleibt für ihn eine wichtige Bezugsgröße, eine Leit- und Spiegelfigur seiner weiteren intellektuellen Biographie.[9] Eine seiner späteren Geliebten, Catherine Pozzi,[10] wird ihn Lionardo nennen. – 1896 erscheint mit *La soirée avec Monsieur Teste* so etwas wie der »Roman eines Gehirns«. Und Borges, an dessen intellektuelle Helden man sich ein wenig erinnert fühlt, bewundert[11] Edmond Teste, dabei literarische Generationsfolgen andeutend, auch als »Derivat des Chevalier Dupin von Edgar Allan Poe«. In der Tat war Poe in seinen literarischen Texten wie noch mehr in seinem Literaturverständnis ein wichtiger Einfluß, vor allem für den jungen Valéry. Anläßlich der Übersetzung von *Monsieur Teste* ins Englische bemerkt er zu dieser ungemein konstruierten Figur: *Meine Absicht war, das literarisch möglichst genaue Porträt einer möglichst genauen imaginären geistigen Persönlichkeit zu zeichnen. […] ich bin so verfahren, daß ich eine hinlängliche Zahl von unmittelbaren Beobachtungen über mich selbst zusammentrug, um einer ganz und gar nicht möglichen Persönlichkeit einigen Anschein von möglicher Existenz zu geben.* »Doch täuschen wir uns nicht, Monsieur Teste ist nicht Valéry«, warnt André Gide. Die Figur dieser ›Bewußtseinsnovelle‹ ist ein radikaler Forscher, den nahezu ausschließlich das Denken des Denkens interessiert, der am liebsten alles formalisieren und in reine Methodenfragen auflösen möchte. Er ist in Aufbau und Anlage ähnlich modellhaft wie zuvor der Leonardo-Typus. Valéry wird noch neun weitere Texte bzw. Fortsetzungen der Teste-Figur schreiben und damit etwas umsetzen, was er gar nicht tun wollte: eine Fiktionalisierung seiner außerliterarischen Interessen betreiben.

1897 erscheint dann der Essay *Eine methodische Eroberung*, in welchem Valéry, am Beispiel preußischen Organisationsverhaltens, die Wirkung kühl-sachlichen, methodischen Handelns vorführt. Ernst Jünger wird diese Schrift später im letzten seiner *Strahlungen*-Tagebücher als Kenner der preußischen Militärmaschine kommentieren, wobei er dem Autor bei aller konzidierter Klarheit, ja Prophetie auch widerspricht, denn »ohne Zweifel«, so Jünger, »ging die rationale Vereinfachung des Lebens, die ihn an Deutschen mit Recht erschreckt, von Frankreich aus«. Während der Niederschrift dieses Essays lernt er den beinah gleichaltrigen Schriftsteller und Kritiker Paul Léautaud kennen, der nachmals durch sein großes *Literarisches Tagebuch* bekannt geworden ist. In dieses notiert Léautaud am 29. November 1898: »Heute abend nach dem Essen kam Valéry, um mich zu einem Spaziergang abzuholen. Während ich mich fertigmachte, nahm er ein Blatt von meinem Papier und schrieb darauf: *Märchen — für Paul Léautaud. Es war einmal ein Schriftsteller — der schrieb. Valéry.*« Und als wichtige Gemeinsamkeit der beiden jungen Literaten vermerkt Léautaud, »das Desinteresse am *Roman* und die Vorliebe für *Aufzeichnungen*«. Jahrzehnte später wird ein anderer großer und reflektierender Leser, Julien Gracq, der neben einem literarischen Werk in seinen *Lettrines* und weiteren formverwandten Büchern auch ein eigenwilliges Werk mit Aufzeichnungen hervorbrachte, in seinen Reflexionen *En lisant en écrivant* das Desinteresse seines Kollegen so kommentieren: »Die Reflexionen Valérys über Literatur sind die eines Schriftstellers, bei dem die Lust am Lesen ein Mindestmaß und das Streben nach professioneller Überprüfung ein Höchstmaß erreichen. Seine natürliche Frigidität auf diesem Gebiet bewirkt, daß er, wenn er über den Roman herzieht, dies immer wie ein Gymnasiarch tut, der die mangelnde Knappheit der Bewegungen während des Beischlafs kritisiert: er nimmt an einer Energieverschwendung Anstoß, vor deren Ziel er die Augen verschließt.«

Valérys Haltung zum Roman- wie zum Autobiographieschreiben (das wird in seinem Stendhal-Essay deutlich) verströmt etwas von jener Rigorosität und Strenge, die er sich wohl für seine privaten Untersuchungen auferlegte. Im persönlichen Umgang (hierfür gibt es viele Zeugnisse) wirkte der Mann weit weniger strikt und wurde vielfach als freundlicher und ungemein geistvoller Plauderer wahrgenommen. So überliefert Gide: »Die ihn nicht gekannt haben, können sich den Liebreiz seines Blicks, seines Lächelns, seiner Stimme, seines angenehmen Umgangs, den sprühenden Reichtum seines Geistes, seine lustigen Einfälle und die Klarheit seiner Ansichten kaum vorstellen.« Auch erscheint Valéry in Tagebüchern, und Arbeitsheften zahlreicher Generations- und Zeitgenossen, so z.B. neben Paul Léautaud und André Gide u.a. bei Jules Renard, Harry Graf Kessler, Thomas Mann, Catherine Pozzi, Ernst Jünger, Julien Green,[12] Jean-Paul Sartre, Elias Canetti, Simone Weil und Heimito von Doderer[13] (bei den beiden Letztgenannten in ähnlich *cahiers*artigen Notizbücher, wie sie Valéry selber führte). Es wäre wohl nicht ohne Reiz, eine Anthologie mit solchen ›Spiegelungen‹ zusammenzustellen.

Léautaud wie Renard überliefern in ihren Eintragungen aus den späten 1890er Jahren, wie präzisionsversessen der am Anfang seiner großen Forschungsarbeit stehende Valéry damals war und auf ähnlich Interessierte gewirkt hat. Renard notiert im Januar 1897 in seinem *Journal*: »Er führt alles auf die Mathematik zurück. Am liebsten möchte er eine Logarithmentafel für Literaten aufstellen. Deshalb interessiert er sich so für Mallarmé. Er sucht bei ihm eine Syntax der Präzision. Für jeden einzelnen Satz würde er gern das schaffen, was bisher nur für die Wörter verwirklicht worden ist: eine Entstehungsgeschichte.«

Sein Furor für die Präzision macht ihn jedoch nicht zum Eremiten. Er heiratet 1900 Jeannie Gobillard, eine Nichte der impressionistischen Malerin Berthe Morisot, die er auf der Beerdigung seines poetischen Idols Stéphane Mallarmé kennengelernt hatte. Durch seine Frau ist er nun weitläufig mit dem Maler Manet verschwägert. Und aufgrund seiner neuen familiären Bezüge kommt er nicht nur mit Manet, sondern auch mit anderen Malern wie Degas, Renoir und Monet in näheren Kontakt. Und dies gewissermaßen als halber Kollege. Denn Valéry hat nicht nur dichterische und denkerische Texte von hoher Qualität und Wirkungskraft geschrieben, er war auch schon früh und dann sein ganzes Leben hindurch zeichnend und malend tätig. Er hat durch graphische Darstellungen viele der Fragen und Themen, die er in den *Cahiers* bearbeitete, illustriert und zudem eine größere Zahl Bilder von künstlerischem Wert hervorgebracht; darunter viele Skizzen von Landschaften, Körperstudien, Schiffen sowie Interieurs und Selbstportraits. Gegen Ende seines Lebens wurde dann eine Auswahl seiner Zeichnungen, Aquarelle, Ölbilder und Kupferstiche öffentlich ausgestellt.

Das junge Paar zieht 1902 in die Rue de Villejust im 16. Arrondissement, wo Valéry bis zu seinem Lebensende wohnen bleiben wird. Das ist eine Seßhaftigkeit (43 Jahre), die fast mit der Berggassen-Kontinuität Freuds (47 Jahre) konkurrieren kann. Heute trägt die Straße den Namen Rue Paul Valéry. 1903 wird der Sohn Claude, 1906 die Tochter Agathe geboren. Rund zehn Jahre später kommt als Nachzügler der Sohn François zur Welt.[14]

Valéry ist nun Familienvater und muß entsprechend disponieren. In einem späten *Cahiers*-Eintrag bilanziert er rückblickend: *Meine einzige Politik bestand stets darin, meine un-*

endliche Suche so gut wie möglich zu schützen — auf Kosten von mancherlei und zum Preis eines mittelmäßigen Lebens. Das klingt etwas wehleidig und undankbar, denn seine Situation eröffnet ihm auch einiges. Im Jahr seiner Eheschließung verläßt er das Kriegsministerium und nimmt statt dessen den auch schon damals unzeitgemäßen Posten eines Gesellschafters an. Und zwar bei Edouard Lebey, dem Gründer der berühmten Presseagentur *Havas*. Gide, der die Lebensumstände seines Freundes aus eigener Anschauung kannte, berichtet: »daß er beim alten Lebey [...], der damals [...] im Ruhestand lebte, die Tätigkeit eines Privatsekretärs, Vorlesers und Beraters ausübte. Ein Vertrauensposten, auf dem Valéry alle Muße hatte, seine Beschlagenheit [...] zu bewähren, die Sicherheit seines Urteils [...] seinen Takt, schließlich die [...] Courtoisie seiner Umgangsformen und die Feinheit seines Empfindungsvermögens.« Valéry übte dieses besondere Amt über zwanzig Jahre bis zu Lebeys Tod aus. Er hat diese ungewöhnliche Situation wohl genutzt, um manche der Ideen, Modelle und Verfahrensweisen, die er frühmorgens während seiner *Cahiers*-Zeit entwickelt hatte, im dialogischen Umgang zu überprüfen. Als Autor ist er dann nahezu zwei Jahrzehnte in die »Zone des Schweigens« eingetreten, wie Max Rychner dies ausgedrückt hat. In der Vorbemerkung der von seinem Freund Léautaud mitherausgegebenen Anthologie *Poètes d'aujourd'hui*, die auch frühe Gedichte Valérys enthält, heißt es: »Monsieur Paul Valéry widmet sich seit einigen Jahren außerliterarischen Untersuchungen, die sich schwer definieren lassen, denn sie scheinen sich auf eine vorsätzliche Vermischung der naturwissenschaftlichen Methoden und der künstlerischen Instinkte zu gründen. Aber aus diesen Untersuchungen hat ihr Verfasser noch nichts veröffentlicht.«

Das schreibende Durchdringen von Grundlagenfragen, wie – *Was kann ein Mensch?* –, ist und bleibt Valéry stets wichtiger als poetische Selbstdarstellungsetüden. Durch diesen Umstand wird auch erkennbar, daß es sich bei seinen *Cahiers* nicht um Tagebücher handelt, in denen zumeist abends retrospektiv das zurückliegende Tagesgeschehen reflektiert wird, sondern um Hefte, die auf die Zukunft hin, auf Kommendes, Potentielles ausgerichtet sind und bei denen es inhaltlich vor allem um die Analyse des Geistes, der Sensibilität und Empfindungsweisen geht.

Sein Tagesablauf sieht in groben Zügen so aus: Frühmorgens das Wichtigste, die Zeit mit den Heften, danach Spaziergang – Valéry war so etwas wie ein geschwinder Flaneur –, dann einige Stunden bei Monsieur Lebey. Schließlich die Familie sowie Gespräche und Begegnungen mit Freunden. Auch scheint er andere gerne unterhalten zu haben. So berichtet François Valéry: »Wenn wir krank waren, erzählte er uns gerne Geschichten und ließ dabei eine Marionette am Fußende des Bettes tanzen. Immer war auch der Teufel mit im Spiel; der Teufel gefiel meinem Vater. [...] Einer der Teufel trat immer erst dann auf, wenn die Hexe ehrfürchtig das Hinterteil einer schwarzen Henne küßte.« Außer den Anregungen, die er aus dem Familienleben, dem Umgang mit Freunden und intellektuellen Gesprächspartnern sowie Briefwechseln zog, scheint er viele Jahre seines Lebens wenig Anderes gebraucht zu haben,[15] solange er nur seine *Cahiers* führen und die darin betriebene Recherche- und Reflexionstätigkeit weiterführen konnte. Sein Sohn François überliefert: »Er ging nie ins Theater oder ins Kino und ganz selten ins Konzert. Er las kaum [...] Er ging meist früh zu Bett, und gewöhnlich lag auf seinem Nachtisch eine mathematische Abhandlung oder etwas von Vergil oder Tacitus, manchmal eine französische oder lateinische Etymologie.« Eine gesteigerte Wertschätzung brachte er jenem Säkulum entgegen, das als *siècle de lumière* einen besonderen Platz in der neueren Kultur- und Geistesgeschichte einnimmt, ähnlich wie übrigens auch sein Freund Léautaud: »Valéry schwärmt wie ich für das 18. Jahrhundert und findet wie ich, daß es Frankreichs schönste Epoche ist. Er scheint es recht gut zu kennen.« Mit typischen Vertretern dieser Zeit, wie Voltaire und Diderot, befaßt er sich immer wieder. Eine Hochachtung (wohl nicht zuletzt wegen dessen – ihm naher – eleganter Klarheit) empfindet er für den Staatsdenker und moralistischen Autor Montesquieu. Für eine Neuausgabe von dessen *Lettres persanes* schreibt er ein berühmt gewordenes Vorwort.

Darin erklärt er: *Wenn also die Parzen einem freien Menschen gewährt hätten, aus allen bekannten Jahrhunderten sein liebstes zu wählen, um darin seine Lebenszeit zu verbringen, so bin ich sicher, daß dieser glückliche Mensch eben die Zeit Montesquieus genannt hätte. Ich bin nicht ohne Schwächen; ich würde handeln wie er.* Und er begründet dies so: *Europa war damals die beste der möglichen Welten […] Die Wissenschaft war schon recht stattlich und die Künste sehr fein […] Es gab genug freie Laune und doch auch hinreichende Strenge […] Es gab eine Menge lebhafter und sinnenfroher Menschen, deren Intelligenz Europa in Wallung brachte und kühn an alle göttlichen und irdischen Dinge rührte.* In einem Brief an Pierre Gaxotte, in dem er sich für dessen Buch *Le siècle de Louis XV.* bedankt, betont er, diese Zeit hätte alles, was ihm wichtig war, in höchster Ausbildung und alles, was er verabscheute, auf niedrigster Stufe enthalten. Ob seine über viele Jahre hin geistesmönchische Lebensweise auch ein wenig der Ungnade einer späten Geburt geschuldet ist?

Auf das wiederholte Drängen von André Gide und dem Verleger Gaston Gallimard, seine frühen Verse endlich für eine Buchausgabe zusammenzustellen, gibt er schließlich nach; zudem entsteht über Jahre hin als geplanter Abschied von der Poesie *eines der dunkelsten Gedichte der französischen Sprache: Die junge Parze*, wie Valéry selbst kommentierend anmerkt. Dieses lange – 512 paarweise gereimte Alexandriner umfassende – Poem, von dem Hunderte von Entwürfen erhalten geblieben sind, stellt für seinen Schöpfer eine intensive, intellektuelle Übung dar; eine Art kreativ-analytisches Exerzitium, bei dem ihn erklärtermaßen mehr interessiert, was er während des schöpferischen Prozesses über sich selbst und seine geistigen Transformationen herausgefunden hat als das ›fertige‹ Poem – *meine Verse […] habe sie selbst stets als in ewiger Verfertigung befindlich betrachtet und veröffentlicht nur per accidens. Ein Gedicht ist für mich eine unbegrenzte Zerstreuung, ein Gegenstand, der sich einen Augenblick lang aus seinen Entwürfen und Tilgungen heraushebt, geformt erscheint.* Dies ist eine wichtige Konstante in Paul Valérys Schreibdenken: der Prozeß erscheint ihm stets wichtiger als das Ergebnis oder Produkt.

Ganz zu Ende ist er nach Abschluß von *Die junge Parze* mit der Poesie noch nicht. In den Folgejahren schreibt er einige seiner bedeutendsten Gedichte, die 1922 in dem Band *Charmes* versammelt werden. Darunter das später berühmte und von Rilke ins Deutsche gebrachte Gedicht *Le cimetière marin – Der Friedhof am Meer*, wo es in der ersten Strophe heißt:

Das Meer, das Meer, ein immer neues Schenken!
O, die Belohnung nach dem langen Denken
Ein langes Hinschaun auf der Götter Ruhn!

Es ist der am Rande seiner Geburtsstadt Sète am Hang über dem Meer gelegene Friedhof, der in diesem Gedicht eindrücklich evoziert wird, der Ort, an welchem Paul Valéry begraben wird. Die Publikation seiner großen Gedichte hat Valéry sogleich wieder und diesmal ganz anders ins Licht der literarischen Öffentlichkeit zurückgebracht. In der Folge findet gewissermaßen eine Art Dammbruch auf mehreren Ebenen statt. Der inzwischen fast fünfzigjährige Valéry sieht sich verschiedenen Veränderungen und Erschütterungen gegenüber. Die Jahre 1920 bis 1922 sind für seine biographische Entwicklung ähnlich bedeutsam wie zuvor die Jahre 1892 bis 1894. Hatte er da der Poesie abgeschworen und mit seiner großen Recherche der *Cahiers* begonnen, so wird er gerade jetzt auch als Poet geachtet und geschätzt. In rascher Folge entstehen Gedichte, philosophische Dialoge und essayistische Studien zu Fragen der Ästhetik und der politisch-kulturellen Analyse der Zeit. Der lange verborgen an seinen heuristischen Meditationen arbeitende Valéry beginnt schnell zu einer öffentlichen Figur zu werden.

Auch in sein privates, ja intimes Leben kommt Bewegung. 1920 lernt er Catherine Pozzi kennen und beginnt mit ihr eine intensive und zugleich krisenträchtige Beziehung, die acht Jahre dauern wird. In seiner Privatmythologie kommt ihr bald eine ähnlich katalysatorische Wirkung zu, wie vordem der ›Nacht von Genua‹. In Pozzi, der er den symbolträchtigen Namen Béatrice beilegt, findet Valéry nicht nur eine Geliebte, die sein Empfindungs- und Erregungsvermögen neu und anders belebt, sondern auch eine intellektuelle Partnerin – eine Art weibliches Pendant seiner selbst. Sie und sein alter Freund Gide sind auch die einzigen, denen er genaueren Einblick in sein eigentliches Hauptwerk, die *Cahiers*, gewährt. Sein Vertrauen Pozzi gegenüber geht phasenweise sogar so weit, daß er sie zu seiner Nachlaßverwalterin bestimmen will und sie mit der Aufgabe betraut, in die große Masse der fragmentarischen Notizen – aus denen die *Cahiers* bestehen – eine Art von Ordnung oder System zu bringen. *Meine Philosophie — ich werde mich wohl dazu entschließen müssen, die Hefte nach Gebieten und nach Themen anzulegen*, notiert er während seiner ›Pozzi-Zeit‹ und bekundet damit gleichzeitig, daß er diese wichtige Arbeit, die ihm nicht leichtfiel, an niemanden ganz delegieren will.[16] Es ist wohl davon auszugehen, daß an der Struktur, in welcher der heutige Leser diese gewaltige Fragmenten-Sammlung in der Regel vor Augen bekommt, auch Catherine Pozzi zumindest mitbeteiligt war.

»Vereinzelte, jedoch systematisch geordnete Gedanken über vielerlei Gegenstände.« Mit diesen Worten beschreibt Arthur Schopenhauer das Ordnungsprinzip seines zweiten Hauptwerks, der *Parerga und Paralipomena*, und diese Beschreibung könnte mit vollem Recht auch als erläuternder Untertitel der Valéryschen *Cahiers* fungieren. Sie teilt dem Leser klar mit, was er findet und wie er es vorfindet. Es ist zudem so etwas wie das Strukturprogramm *antisystematischer* Textformen. Die Begriffe *vereinzelt* und *systematisch geordnet* werden in eine Spannungsbeziehung gebracht. So erscheinen Valérys Gedanken nicht unsystematisch – was insbesondere der aphoristischen Literatur gegenüber von manchen noch immer als Mangel empfunden wird! –, noch können oder: wollen sie landläufigen Systemansprüchen genügen. Sie vermeiden auf systematische Weise das (traditionelle) System. Und damit auch dessen Erstarrungstendenzen. Und der Aspekt *vielerlei Gegenstände* bezeugt die Vielinteressiertheit und die vor allem auf eigene Empfindungen und Wahrnehmungen gestützte Reflexionstätigkeit. Eine unprofessionelle Zuwendung zur Welt, wie sie für einen *Selbstdenker* vom Schlage Valérys charakteristisch ist.

Ego – Ego scriptor – Gladiator – Sprache – Philosophie – System – Theta – Psychologie – Soma und Körper/Geist/ Welt – Sensibilität – Gedächtnis – Zeit – Traum – Bewußtsein – Aufmerksamkeit – Das Ich und die Person – Affektivität – Eros – Bios – Mathematik – Wissenschaft – Geschichte und Politik – Unterricht – Kunst und Ästhetik – Poesie – Literatur – Gedichte und kleine abstrakte Gedichte – Themen – Homo. Die letztgenannte Rubrik versammelt Texte zur *conditio humana* und könnte auch mit dem Begriff Anthropologie überschrieben sein. Diesen dreißig Rubriken Valérys haben die deutschen Herausgeber der sechsbändigen Ausgabe der *Cahiers* noch eine kurze, nicht auf Valéry zurückgehende Rubrik mit dem Titel *Die Hefte* vorangestellt; in ihr werden die Besonderheiten des *Cahiers-schreibens* reflektiert. *Um dieses Unternehmen zu verstehen, müßt ihr alle literarische Gewohnheit abstreifen — selbst die schlichte Logik — jede Seite — da fängt etwas an, das mit der vorhergehenden nur durch das Ziel verbunden ist — Und es ist dennoch ein einziger, durchgehender Satz [...] Kunstwerk aus den Fakten des Denkens selber.*

Die Rubriken sind so arrangiert, daß jede einzelne jeweils die volle Zeitspanne der *Cahiers* durchläuft und also neben der thematischen Ordnung auch noch die Chronologie der Denk-, Probier-, Such- und Erkenntniswege Valérys zwischen 1894 und 1945 mitverfolgbar macht. Und innerhalb der Rubriken gibt es Querverweise in Gestalt von griechischen Kürzeln und anderen Abkürzungen, die wiederum auf thematische Bezüge innerhalb der Rubriken hinweisen.

Im letzten Drittel seiner Vita, die sehr öffenlichkeitsbestimmt gewesen ist, sind es mithin die Beziehungen zu Frauen, die seinen auf Fundament-Klärung bedachten Geist locken, verwirren und herausfordern, wofür es in den *Cahiers* zahlreiche Niederschläge gibt. In der Rubrik *Eros* steht die Aufzeichnung: *Der Mann mit dem Weib verschlungen. Die unabhängigen Variablen. Szenarium. Der Mann und die Frau werden zusammen gewahr, daß sie allein sind. Da legen sie ihr Gesell-*

schaftsdenken ab; ihr gewohntes Verhalten wird anders, sie hören nur noch, wie ihr Blut pulst; sie malen sich ein tieferes Vergessen aus, ungekannt, ein Tun der reinen Zerstreuung mithin. Sie geraten in Feuer und sie legen ihre Kleider ab. Sie fassen und wählen einander, bebend suchen sie ihren Körpern die besten Stellungen [...] die angestachelten Organe beherrschen jedes Denken und schlagen es in Bann. Und die Lippen nehmen sich, und das Glied beginnt einzudringen in die brennende Öffnung der Frau. Von da an gibt es weder Mann noch Frau. Es gibt nur ein Etwas, das bewegt sich in sich selbst, immer rascher, eine Maschine, Seufzer ausstoßend, beschleunigtes Stampfen, Speicheln [...] Ein Oszillieren um ein Gleichgewicht. Endlich ...

Nach der Trennung von Pozzi[17] sind u.a. Verbindungen mit der Bildhauerin Renée Vauthier und der Rechtsanwältin und zeitweisen Verlegerin Jean Vollier alias Jeanne Lovition bezeugt. Muse, Hetäre, Energiequelle, Spiegelgestalt, Projektionsfläche – vor allem scheint Valéry ein vielfältiges Berührtwerden gesucht zu haben; etwas, das er bei seiner Ehefrau zumindest so nicht mehr fand. Über eine eigentümliche Erfahrung des sich Angerührtfühlens, einem Totem wohl nicht unähnlich, notiert er in den *Cahiers*: *Modell sitzen — Deine lehmigen Finger, o Bildnerin, habe ich in den Ohren, im Nacken ... wird über den Tonhals gestrichen, befällt den Körper des Modells ein Zittern. Während du doch nur einen weichen Erdklumpen zu fassonieren scheinst, würde, wer deine Arbeit mit den* Augen *für die Tiefe sehen könnte, erkennen, daß du Hand ans Lebendige legst und das Verborgene modellierst.* Damit ist Reneé Vauthier gemeint. Empfunden als eine taktile Hexenmeisterin, deren haptische Künste die Energieströme zwischen Original und nachgebildeten Tonpuppenfragment zum Schwingen bringen. Doch ging es ihm bei Frauen anscheinend nicht nur um die Erfüllung sexueller Sehnsüchte. In den *Cahiers* in der Rubrik *Eros* findet sich ein Eintrag, der eine gewisse Spur andeutet: *Der Mann ist derjenigen zugetan, die ihn zum — Antworten bringt, und je schwerer er mit den Jahren antwortet, desto mehr ist er derjenigen zugetan, die ihn am besten befragt.* Klar jedoch ist: keine *amour fou* hat Valéry dazu verleitet, seine Ehe und damit seine Familie aufzugeben. Es scheint, er benötigte diesen bürgerlichen Rahmen ebenso sehr wie das frühmorgendliche *Cahiersschreiben*, das er ungeachtet seiner wachsenden Berühmtheit und den damit verbundenen Beanspruchungen[18] stets aufrechterhalten hat.

Die Ehrbezeigungen sowie die öffentliche Anerkennung nehmen beinah kaskadenartig zu. 1923: Ernennung zum Chevalier de la Légion d'Honneur; 1924: Präsident des französischen PEN-Clubs; 1925: Wahl in die Académie française; 1927: Aufnahme in die Académie française; 1931: Commandeur de la Légion d'Honneur und Ehrendoktor der Universität Oxford; 1932: Verleihung der Goethe-Medaille; 1933: Ernennung zum Leiter des Centre Universitaire Méditerranéen in Nizza; 1935: Mitglied der Akademie der Wissenschaften in Lissabon; 1937: Ehrendoktor der Universität Coimbra und Ruf auf den (eigens für ihn eingerichteten) Lehrstuhl für Poietik am Collège de France. Unter seinen dortigen Zuhörern befindet sich auch die junge Philosophin Simone Weil, die in ihren *Cahiers*, die in mancher Hinsicht an die seinen erinnern, notiert: »Valéry, Vorlesung zur Poietik. Läßt zunächst jegliche Betrachtung über den *Wert* beiseite […] Sehr lehrreiches Vorgehen […] Seine Vorstellung von einem absoluten Universum der (reinen, zusammengesetzten) Klänge, das […] kann nichts anderes sein als die Stille. Die Musik entspringt der Stille und kehrt zu ihr zurück …«

Valérys Wiedererscheinen als Dichter ist einem berühmten Kollegen nicht verborgen geblieben: Rainer Maria Rilke. Dieser fühlt sich von den Gedichten und dem philosophischen Dialog *Eupalinus oder der Architekt* so angesprochen, daß er den Entschluß faßt, diese ins Deutsche zu bringen, und den Autor persönlich kennenlernen möchte; was dank der Vermittlung durch Gide auch gelingt.[19]

In den zwanziger und dreißiger Jahren unternimmt Valéry Vortragsreisen durch ganz Europa. 1926 ist er zum ersten Mal in Deutschland und hält in Berlin Vorträge, unter seinen Zuhörern ist Albert Einstein, der für Valéry einen besonderen Typ des Forschers repräsentiert. Man lernt einander kennen, wechselt Briefe, besucht gemeinsam Henri Poincaré, den großen philosophischen Mathematiker, der Valéry schon lange beschäftigt. Von den deutschen Denkern ist er am stärksten von dem universalistischen (und damit Leonardo verwandten) Leibniz beeindruckt, mehr als von Kant, Schopenhauer oder Nietzsche, mit denen er sich wiederholt beschäftigt hat, wie seine *Cahiers* zu erkennen geben. Er engagiert sich gegen Hitlerdeutschland und andere Formen des aggressiven Totalitarismus. Er vertritt und verkörpert dabei unnachahmlich einen bestimmten Gestus ironisch-stilbewußter Vernünftigkeit, zugleich tolerant und wertebewußt, der als Ausdruck typisch französischer Geistigkeit empfunden wurde. Die Niederlage Frankreichs 1940 nimmt ihn schwer mit; zudem ist er in Sorge um seine Söhne und seinen Schwiegersohn, die an der Front sind. Am 13. September 1940 spricht er im Rundfunk und erklärt dabei: *Wenn Goethe noch lebte, so wäre er auf unserer Seite oder aber in Haft […] Wir können uns nicht vorstellen, wie dieses deutsche Volk, das als eines der gebildetsten und ausgeglichensten der Welt gilt, sich der ungeheuerlichen Autorität eines Mannes unterwerfen und seine sämtlichen Wünsche befolgen kann.* Dieser publizistische Versuch, eine Trennung zwischen Hitler und den Deutschen zu erreichen, bleibt wirkungslos und bringt ihm, wie er Gide schreibt, vor allem Beschimpfungen ein. Die deutsche Besatzungsmacht ließ Valéry, der sich zu keiner Kollaboration bereit fand, erstaunlicherweise weitgehend unbehelligt.[20] Die *Cahiers* werden während des Zweiten Weltkriegs in Sicherheit gebracht.[21] Ungeachtet familiärer Bedrükkungen, gesundheitlicher Probleme[22] oder sich häufender Stimmungseintrübungen, bleibt er ungewöhnlich produktiv. Seine gesammelte Essayistik erscheint unter dem Titel *Variété* in fünf Bänden; er veröffentlicht zudem einige Sammlungen mit aphoristischer Prosa unter dem Titel *Tel Quel*, die ihn als eigenständigen Vertreter der Moralisten in der Nachfolge von Montaigne und La Rochefoucauld zu erkennen geben. Als einen solchen sah ihn auch E.M. Cioran, der sich selbst aus der moralistischen Tradition herleitete und Valérys Attacken gegen Pascal attackierte.[23] Valérys letztes größeres Werk bildet – in eigenwilliger Fortführung von Goethe – die Szenenfolge *Mon*

Faust, an der er bis zuletzt arbeitet und von der drei Monate vor seinem Tod Szenen an der *Comédie française* uraufgeführt werden. – Léautaud notiert besorgt im Juni 1945 in seinem Tagebuch: »Valérys Zustand hat sich verschlimmert. Magengeschwüre, erschwert durch völlige Kraftlosigkeit. [...] Valéry [...] hat eine Mundblutung gehabt. Ein sehr schlechtes Zeichen. Wahrscheinlich wird er nach und nach sein Blut durch das Loch des Geschwüres verlieren. [...] Er liegt, hat Eis auf der Brust und wird mit Morphiumspritzen behandelt. Als Nahrung bekommt er Milch.« Als Léautaud dies festhält, hat Valéry seine größte Kontinuität bereits aufgeben müssen. Am 30. Mai 1945 findet sich – todesbewußt – der letzte Eintrag in seinen *Cahiers*: *Ich habe den Eindruck, daß mein Leben vollendet ist — das heißt, ich erblicke gegenwärtig nichts, was nach einem neuen Morgen verlangte. [...] Schließlich habe ich getan, was ich konnte. Ich kenne 1. ziemlich genau meinen Geist [...] 2. Ich kenne auch my heart [...] Das heißt: ich sehe nicht, was mir noch Freude machen würde — in dem, was möglich ist.*

Paul Valéry stirbt sechs Wochen später am 20. Juli 1945 bezeichnenderweise frühmorgens zur *Cahiers*-Zeit. Charles de Gaulle ordnet ein Staatsbegräbnis[24] an. Sieben Tage darauf werden seine sterblichen Überreste nach Sète gebracht auf den von ihm besungenen *cimetière marin* – dem Friedhof am Meer.[25]

»Was Valéry gemacht hat, mußte einmal versucht werden«, erklärt der Philosoph und Erforscher der Intuition, Henri Bergson. Und was Valéry versucht, was er gemacht hat, ist nicht nur angesichts des unerschütterlichen, frühmorgendlichen Schreib- und Denkrituals ungewöhnlich. »Ihr Hauptgegenstand« – erläutern die beiden deutschen Valéry-Forscher, Hartmut Köhler und Jürgen Schmidt-Radefeldt, die zugleich Herausgeber seiner *Cahiers* und seiner *Werke* sowie Übersetzer und Kommentatoren vieler seiner Texte sind – »ist die Untersuchung der geistig-seelischen Vorgänge, von den Empfindungen, Gefühlen, Emotionen und Wünschen, dem großen Kapitel des Traums, über die Willensbildung und Handlungsvorbereitung bis zum sprachlichen Ausdruck und den begrifflichen Operationen [...] Was Valéry beschäftigt, ist die Ergründung des Denkens [...], das ›wahre Denken‹ so authentisch wie irgend möglich schriftlich zu protokollieren [...], die ebenso unerschütterliche wie skrupulöse Neugier des Denkens auf sich selbst, [...] bei dem das Instrument der Erkenntnis zugleich das vornehmste Objekt der Erkenntnis ist.« Zugespitzt gesagt: Valéry war es darum zu tun, möglichst präzise herauszufinden, was im Geist eines Menschen vor sich geht, wenn er denkend und wahrnehmend in der Welt ist. Und da er hartnäkkig das zugleich Naheliegendste und Rätselhafteste – eben das menschliche Bewußtsein – erforscht, und dies allein tut, ist er bei diesem einsamen Unternehmen im Denklaboratorium seiner *Cahiers* Experimentator, Experiment und Versuchsmaterial in einem. Eine Folge dieser besonderen Konstellation ist u. a. ein Denkmodell zu einer genaueren Erforschung des sog. Ich eines Menschen; in diesem Zusammenhang hat Valéry den Begriff eines *Moi pur* entwickelt.[26]

Seine Erkenntnisinteressen verfolgt er auf dem Weg der Introspektion und Intuition wie auch mit den Mitteln vielfältiger, mitunter wissenschaftlicher Modellformen und Denkstile. Dabei räumt er auch dem Spontanen, Unvorhergesehenen, dem Zufall – *ohne den wir einfallslos wären,* ein weites Wirkungsfeld ein. Dies dokumentiert sich nicht zuletzt in der offenen, fragmentarischen Form seiner *Cahiers*. Von großer Bedeutung ist außerdem – wie seine deutschen Herausgeber anmerken – seine Haltung gegenüber geistigen und begrifflichen Verwandtschaftsverhältnissen. »Valérys Haupt- und Zentralfigur ist die *Analogie*. Er ist ein Erzanalogiker, vielleicht der begabteste, sicher der verführerischste Virtuose des Transfers von Denkformen aus einem Gegenstandsbereich in einen anderen, ob Architektur oder Kybernetik, Neurophysiologie oder Sprachbetrachtung. Und oft genug geschieht es, daß der Verschiebungsakt im noch Ungedachten, Unbetretenen endet.« Valéry, dieser ›Erzanalogiker‹, ist als Autor der Denkhefte seiner *Cahiers* schwer vergleichbar und entzieht sich gängigen Zuordnungsweisen. Das gilt auch für das Verhältnis zu seinen Vorgängern wie Nachfolgern. Die *Notizbücher* des Leonardo da Vinci sind sicher ein früher, bedeutender und lebenslang nachwirkender Einfluß; viel Verwandtes gibt es auch mit den *Sudelbüchern* Lichtenbergs (die Valéry wohl nicht kannte); manche Parallele besteht zum *Zibaldone* Leopardis; zumindest teilweise Vergleichbares ist erkennbar mit den Kladden des Denkingenieurs Robert Musil oder den *Philosophischen Untersuchungen* Wittgensteins; Ähnlichkeiten im Reflexionsgestus lassen sich in Doderers *Tangenten* und *Commentarii*, Hannah Arendts *Denktagebüchern*,[27] in Canettis *Aufzeichnungen* und in den *Cahiers* von Simone Weil und Cioran finden. Zu all den Genannten gibt es mehr oder weniger starke Bezüge. Die wichtigste Analogie ist die zu Leonardo; hier läßt sich eine Vorbildwirkung ausmachen. Hinzu kam die ›Nacht von Genua‹, die wohl – sagen seine deutschen Herausgeber – in einer Art von »... psychotischem Anfall gipfelte. [...] Daraus erwuchs der Entschluß zur ›Idolzertrümmerung‹ und zu radikaler Neubegründung eines persönlichen Wertesystems unter den Auspizien der Präzision [...] Eine rigorose Analyse der Bewußtseinsvorgänge sollte sämtliche Quellen der Illusion verstopfen.«

Valéry führte in der Folge dann – ungemein ausdauernd – so etwas wie eine weit ausgreifende philosophische Therapie mit sich selbst durch.[28] *Es ist eine Penelopearbeit, meine Arbeit in diesen Heften.* – Er wird damit ein anregender Vorläufer der sog. Philosophischen Praxis,[29] vor allem was die Durchleuchtung der Denkgeschichte eines Menschen betrifft. Gerade dies bedeutet einen besonderen Gewinn für die Leser seiner *Cahiers*, die umfassende Teilhabe an der Entwicklung eines Denkens. Dies ist – zumindest den Französischlesenden – erst über ein Jahrzehnt nach Valérys Tod möglich geworden. Zwischen 1957 und 1961 erschien in Paris eine 29(!)bändige, faksimilierte Ausgabe der 263 *Cahiers*, die Valéry von 1894 bis 1945 geführt hatte. 29 großformatige, telephonbuchdicke Bände mit rund 27 000 Seiten gut lesbarer, graphisch ansprechender Handschrift; immer wieder mit Zeichnungen, farbigen Aquarellen oder anderen Illustrationen durchmischt.[30] Jedem, der das Besondere des Unternehmens *Cahiers* verstehen möchte, sei empfohlen, in einigen dieser Bände zu blättern – es ist ein wenig so, als nähme man die *Cahiers* selbst in die Hand und verfolgte das darin Schrift und Text gewordene Denken unmittelbar. Diese Faksimile-Ausgabe ist dann auch Grundlage aller gedruckten *Cahiers*-Ausgaben geworden, die natürlich das Stimulierende, Intensive dieses langen Schreib- und Denkprozesses nur abgeschwächt wiederzugeben vermögen.

Ein Wort zum ›deutschen‹ Valéry. Er wurde sehr gut und sorgfältig übertragen. Das begann bereits mit Übersetzern der Güte von Rilke, Rychner, Celan, Leonhard, Kemp, Krolow, Carlo Schmid u.a. und reicht bis zu den jüngsten Verdeutschungen. Die beiden renommierten Verlage – S. Fischer für sechs Bände *Cahiers* und Suhrkamp/Insel für sieben Bände *Werke* – haben aufwendige und glänzend kommentierte Ausgaben herstellen lassen, die seit Mitte der neunziger Jahre komplett vorliegen. Nur begreift man nicht, warum diese angesehenen Verlage, die auch über ein sehr entwickeltes Taschenbuchprogramm verfügen, diese beiden schön gestalteten Ausgaben bis heute nicht in Taschenbuchform erscheinen lassen! Das hat eine weitere Verbreitung dieses eminent anregenden Selbstdenkers im deutschen Sprachraum – wo lange Zeit nur das systematisierte Denken als Denken galt – verhindert. Dabei gibt es insbesondere in seinen *Cahiers* eine Fülle von anregenden Bezügen und Vorwegnahmen vieler als ganz modern und neu geltenden Erkenntnisformen, wie u.a. der Kybernetik, Psycholinguistik, Semiotik, Bewußtseinsforschung bis hin zu dem sog. Radikalen Konstruktivismus[31] und den Kognitions- und Neurowissenschaften. Wobei Valéry, der sich so stark für die Erforschung und auch das Training des Geistes interessierte, über die Bedeutung der anderen, direkt weltoffenen Seite des Menschen keinen Zweifel läßt. *Jedes philosophische System, in dem der Körper des Menschen nicht eine grundlegende Rolle spielt, ist dumm und unbrauchbar. Die Erkenntnis hat den Körper des Menschen zur Grenze.*

In seinem Begriff *Corps-Esprit-Monde (CEM)* [also: Körper-Geist-Welt] faßt er die drei ›Kardinalpunkte‹, die drei ›Dimensionen‹ der Erkenntnis zusammen, zwischen denen sich *alles*, was ein Mensch erleben kann, abspielt. Nicht zufällig steht der (bei vielen philosophischen Denkern unterschätzte) Körper am Anfang dieser ›Trinität‹, wenn Valéry betont: *Der Geist ist ein Moment der Antwort des Körpers auf die Welt.* Und die wichtige Rubrik *Soma und Körper/Geist/Welt* enthält zahlreiche originelle Ideen und Beobachtungen über die Interaktionsprozesse dieser drei ›Kardinalpunkte‹, der von ihm so benannten anthropologischen Formel *CEM*. Valéry wird dadurch zu einem direkten Vorläufer der Leibphänomenologie, wie sie in seinem Todesjahr mit Maurice Merleau-Ponty beginnt.

Im Unterschied zu vielen naiven, objektivitätsgläubigen Wissenschaftlern hat Valéry nie aufgehört, die allen Erkenntnisprozessen zugrunde liegende Wechselwirkung von Sprache und Denken eigens (quasi bereits systemtheoretisch) zu reflektieren und zudem, ähnlich wie der Heuristiker Lichtenberg, *meine Sprache derart zu organisieren, daß sie ein Instrument für Entdeckungen wird.* In der Rubrik *Ego* findet sich z.B. folgende erheiternde Bezugnahme: *Ein japanischer Professor hält mich anscheinend für einen Buddhisten. Einst hatten mich Theosophen (infolge der Jungen Parze) als unwissentlich Eingeweihten qualifiziert … Ich weiß nichts von Buddha und der Theosophie. Aber die Leute, die ›denken‹, bewegen sich mit verbundenen Augen in dem sehr kleinen Zimmer des menschlichen Geistes — und bei diesem metaphysischen Blindekuhspielen rempeln sie aneinander — stoßen sich ab, ganz einfach deshalb, weil sie sich bewegen und weil der Raum sehr beschränkt ist. Es ist der Raum von einem Dutzend Wörtern.*

Innerhalb der wichtigen Rubrik *Sprache – Language* hat Valéry wichtige sprachphilosophische Einsichten des Wiener Kreises und Wittgensteins vorweggenommen, wenn er bspw. in einer ganz lapidar wirkenden Begriffsliste notiert: *Betrügerische Kunstgriffe der menschlichen Sprache (Anthropomorphismus) Gott Natur unbewußt übermenschlich Wille Vernunft Ursache Kraft Materie usw.* Daraus ergeben sich weitere unreflektierte Zuschreibungen: *Naivität macht uns glauben, daß die Wörter Seele oder Universum oder Denken usw. eine ihnen eigentümliche Tiefe besäßen, während sie im Grunde ebenso handlich und verfügbar sind wie Bleistift, Brot usw.* Hinzu kommt, was manche Heideggerianer in ihrem ›Die-Sprache-spricht‹-Gestus unbedacht lassen, nämlich die Gebundenheit an ein bestimmtes sprachliches Universum wie z.B. das Deutsche oder das Französische. Valéry notiert: *Ich denke auf französisch — das bedeutet, daß in mir französische Worte spontane, wirkliche, unübersetzte Phänomene direkt hervorbringen und zugleich durch sie hervorgebracht werden. Zwischen solchen Zeichen und den Bildern findet also ein direkter Austausch statt.*

Valérys sprachphilosophische Reflexionen vermögen – gerade weil sie statt fixer, festschreibender Theorien konzentrierte Denkangebote unterbreiten – die Besinnung des Lesers für die Verwendungsweisen seiner eigenen Sprache zu schärfen, d.h. auch zu einem Bewußtsein für feine und dabei folgenschwere Nuancen anzuregen. *Denken und das Gedachte ausdrücken sind kaum voneinander zu unterscheiden. Dazwischen gibt es keine klare Trennlinie. Zwischen ›denken‹ und ›sein Denken ausdrücken‹ liegt nur eine Sprachnuance. In dieser Nuance ist alle Philosophie, alle Literatur enthalten, darin werden sie überhaupt erst möglich.* Und wie eine kondensierte phänomenologische Erkenntniskritik nimmt sich eine These von Valéry aus, die eine fatale Wirkungsmöglichkeit vor Augen führt: *Die Sprache ermöglicht uns, nicht hinschauen zu müssen.* Also gewissermaßen die Bezeichnung wie einen schwarzen Vorhang vor den bezeichneten Gegenstand zu schieben, das Wort für die Sache selbst zu nehmen und damit eine Erkenntnistätigkeit wie das Staunen, das laut Platon und Aristoteles am Anfang des Philosophierens steht, nahezu völlig zu verunmöglichen.

Die Sprache in ihrer dauernden Anwesenheit wie in ihrer immensen Bedeutung hat Valéry enorm beschäftigt. Sein Erkenntnisinteresse blieb auch hier grundlagenorientiert. Das bedeutete, Wörter und Begriffe stets genau zu prüfen und entsprechende Konsequenzen zu ziehen. *Alles, was ich gedacht habe, läßt sich in einem mehrteiligen Wörterbuch zusammenfassen. Ausgeschiedene Wörter — Beibehaltene Wörter — Neugeschaffene Wörter.* Das stellt dann so etwas wie das kritische Kompendium des Selbstdenkers Valéry dar: *Mein Wörterbuch — Ich habe mein Leben damit verbracht, mir meine Definitionen zu entwerfen.* Grundlage und Experimentierfeld dieses spezifischen und existentiellen ›Wörterbuchs‹ bilden die *Cahiers*; sie sind nicht allein deswegen gewissermaßen das inoffizielle Hauptwerk Valérys. Was er im Laufe seines Lebens veröffentlicht hat, ist in mancher Hinsicht die Außengestalt dieser inneren Denk-Werkstatt, der er stets die größere Bedeutung beimaß. Wohl nicht zuletzt deswegen, weil ein ›ganzer‹ Text nicht nur dem Leser, sondern auch dem Autor zu suggerieren vermag, hiermit läge etwas Abgeschlossenes, Gültiges, Antwortgebendes vor. Ebendies widerstrebte dem *homme de cahiers* Valéry. Statt dessen notiert er: *Täglich neue Fragen.* So gesehen sind die *Cahiers*, ungeachtet der Einsichten, Resultate, Zwischenergebnisse und Arbeitshypothesen, die sie in großer Menge und zu vielen Bereichen bieten, auch wesentlich Fragehefte; genauer Hefte, in denen – statt rasch und unbedingt auf eine Frage antworten zu wollen – anregend darüber nachgedacht wird, wie man sie gut stellen könnte. Und Valérys Fragen sind, unabhängig davon, welchem Thema sie sich nun zuwenden, insofern philosophische Fragen, als in ihnen eine epistemologische Dimension aufscheint und die Rätselhaftigkeit des Naheliegenden,[32] wie eben des sog. Alltagsbewußtseins, stets mituntersucht wird.

In seinen *Cahiers* vollzieht Valéry auf seine Weise ein altes epochenübergreifendes Anliegen der Philosophie nach, genauer des Philosophierens: die Selbstsorge in ihrer intellektuellen Form. Das rituelle Aufschreiben dieses »weltlichen Mönchs des Morgens« (Abbé Mugnier) bildet eine moderne Form der *Selbstschreibung*, jener *écriture de soi*, wie Michel Foucault dies im Rückgriff auf eine antike Praxis des Notierens nannte: *Hypomnemata.* Unter diesem Namen wurden in alter Zeit regelmäßige, methodisch-praktizierte Aufschriebe und Notate gefaßt, mit deren Hilfe ein Prozeß sukzessiver Klarheitsfindung dokumentiert werden konnte. Sie waren fester Bestandteil der Arbeit am eigenen Selbst, deren Ziel es war, aus dem Einzelnen, durch eigenes Tun, eine geistig mündige Person zu machen. Diese Arbeit am eigenen Selbst setzt eine entsprechende Bereitschaft zu möglichst rückhaltloser Selbsterkenntnis voraus. Denn bei Lichte besehen, kennen sich viele Menschen oftmals weit weniger, als sie zunächst vermuten. Ihre Motive, Strebungen, wirklichen Bedürfnisse und nicht selten auch die innere Beschaffenheit ihrer eigenen Person sind ihnen lange nicht so klar, einsichtig und verständlich, wie man meinen sollte. Dieser Umstand bildet einen wesentlichen Ansatzpunkt antiker[33] wie moderner Selbstsorge. An diesem Punkt setzt auch Valéry an, wenn er sich in den *Cahiers* aufzeichnet: *Meine Philosophie zielt einzig darauf ab, mich mit mir selbst vertraut zu machen. Mein Ziel ist es nicht, eine Welt zu errichten, in der ich ebenso gut nicht vorkommen könnte […] Sondern mich in mein Licht zu rücken, meine Hebel in Bewegung zu setzen, zu vereinen, was die Verhältnisse nicht vereinen; zu entzweien, was der Zufall vereint hat —; mein Unbestimmtes zu vermindern, mich auszudehnen, um meine Grenzen zu finden.* Das Vorhaben, sich selbst rückhaltloser zu ergründen und dadurch anders und intensiver mit sich selbst vertraut zu werden, als dies durch den gewöhnlichen Selbst-Umgang geschieht, macht einen wichtigen Aspekt in Valérys Arbeit am eigenen Geist aus. Sie befördert eine kritische Aufmerksamkeit[34] für die eigene Person und rückt das Selbstgespräch als zentralen Bestandteil der Selbstbeziehung schärfer ins Gewahrsein. Valéry hat in seinen *Cahiers* Erfahrungen mit solchen inneren Prozessen und Szenarien immer wieder protokolliert und reflektiert[35]: *Das Wort als Kommunikation des Menschen mit sich selbst – (dieser Mensch ist sein eigener erster Zuhörer) —, als Manifestation des inneren Arrangements, das gerade getroffen wurde. Häufig wird das Wort so schnell produziert, daß es gesprochen ist, bevor es vom Ich gehört wurde. Dieses Ich — Hörer des Ich — und Richter zugleich — so daß es unter den von ihm geäußerten Worten solche gibt, die es als eigene wiedererkennt, annimmt und bestätigt, und andere, die es zurückweist, verschmäht, verleugnet.* Und über die Bedeutung dieser ›inneren Sprache‹ für seine große Recherche merkt er an: *Mit Hilfe der innerlich zugeflüsterten und gehörten Worte erforsche ich mein Denken, meinen Besitz, mein Mögliches — durchwandere ich mich Wort für Wort; ohne sie wäre nichts in meinem*

Inneren klar. Valéry ist sich des Umstands nur allzu deutlich bewußt, daß die *Allgemeinsprache, die zugleich unsere innere Sprache ist [...] unser Gefühl gegenüber uns selbst mit Hilfe und über den Umweg einer erworbenen Notation* ausdrückt.

Zwischen den Techniken und Möglichkeiten einer entwikkelten (antiken wie modernen) Selbstsorge und Valérys *Cahiers*-Praxis gibt es zahlreiche Bezüge und Parallelen. Eine wesentliche Gemeinsamkeit besteht in der nachdrücklichen Intention, den eigenen Geist, das eigene Potential durch methodische Trainingsformen zu entwickeln; ja, dessen überhaupt erst habhaft zu werden;[36] die bewußte Selbstgestaltung des eigenen Selbst zu betreiben und dadurch eine bessere Selbstlenkung und Selbstorganisation des Ich zu erreichen. Valéry hat im Rahmen einer potentialerkundenden Frage *Was kann ein Mensch?* stets betont, besonders *die Akte und Übungen des Geistes* zu lieben. Das reicht bei ihm bis zur Selbstdressur.[37]

In seinen frühmorgendlichen[38] Erkundungen des (eigenen) Bewußtseins, jenes *Theaters der Transformationen*, wie er sagt, hat Valéry exemplarisch vorgeführt, was ein Einzelner mit sich und seinem Geist anfangen und wie ergiebig es sein kann, die ›individuelle Epistemologie‹ einer Person, auch als ein ganz eigenes System – von enormer Binnenkomplexität – zu verstehen.[39]

Paul Valéry, der vor über 65 Jahren gestorben und dadurch insbesondere für junge Leser bereits zu einer fernen, historischen Figur geworden ist, hat durch die Existenzweise eines *homme de cahiers* eine besondere anthropologische Möglichkeit umgesetzt, die, so naheliegend wie schwer zu verwirklichen, den Kern einer jeden Individualität berührt. Ich meine den Versuch: Spezialist für sich selbst zu werden. Valéry, der erklärtermaßen *niemanden überzeugen will*, wirkt hierin besonders überzeugend und vermag dadurch jeden dazu anzureizen, auf seine Weise das Seinige zu tun. In dem Versuch, Spezialist für sich selbst zu werden, kann ein Wahlspruch aus der Zeit der sog. Aufklärung, jenes 18. Jahrhunderts, in dem Valéry besonders gern gelebt hätte, ummittelbar verwirklicht werden: *Sapere aude!* (Wage, dich deines eigenen Verstandes zu bedienen!) und damit ein Selbstdenken zu praktizieren, das als eine Form des intellektuellen Mutes, sich nicht von den Meinungen der Menge, den Konventionen anerkannten Wissens[40] einschüchtern oder von sich selbst wegführen läßt.

Dieses persönliche Philosophieren, das vor keiner Fachgrenze haltmacht, vermag den Leser in besonderer Weise dazu anzustiften, seine eigenen Fragen zu stellen, ohne sich durch das Bescheidwissergebaren vermeintlicher Spezialisten beeindrucken zu lassen. *Spezialität ist mir unmöglich. Ich werde belächelt. Sie sind kein Dichter. Sie sind kein Philosoph. Sie sind weder Geometer noch sonst etwas. Sie betreiben nichts gründlich. Mit welchem Recht sprechen Sie von dieser Sache, da Sie sich ihr nicht mit Ausschließlichkeit widmen?*

Ach ja, – ich bin wie das Auge, welches sieht, was es sieht. Es braucht sich nur ein klein wenig zu bewegen, und die Mauer verwandelt sich in eine Wolke; die Wolke in eine Uhr; die Uhr in Buchstaben, die sprechen. – Vielleicht ist das meine Spezialität. Meine Spezialität, das ist mein Geist.

Anmerkungen

1 Einen wichtigen und nachwirkenden Einfluß stellen zweifellos Leonardo da Vincis *Quaderni* genannten Notizhefte dar, die Valéry als Zwanzigjähriger zufällig kennenlernte. Vermutlich hat es ihn für die Führung seiner Hefte angeregt, zu sehen, wie Leonardo die seinigen führte. Da stehen zumeist ohne Zusammenhang provisorische Notizen neben Berechnungen, Exzerpte neben Projektentwürfen, Gedanken, Formeln, Figuren, Fragen, Erkundungen durchmischt und angereichert mit Zeichnungen und Skizzen aller Art. – Die hier beigegebenen Anmerkungen verstehen sich nicht als wissenschaftliche Fußnoten, sondern als lesbare Ergänzungen zum Haupttext und folgen somit Valérys Digressionsverständnis, wie es z. B. in seinem zweiten Leonardo-Essay *Anmerkung und Abschweifung (Note et Digression)* offenbar wird.

2 »An Geburten ist das eines der reichsten Jahre, die wir je hatten«, weiß der launige Romanverführer Rolf Vollmann; und erklärt in seinem Buch über große und kleine Romane, daß es wohl ganz gut sei, einen zu haben, »der Romane nicht mag«: nämlich Valéry. In dem besagten, an berühmten Autoren geburtenreichen Jahr sind außer Valéry

u. a. noch Heinrich Mann, Marcel Proust, Theodore Dreiser, Grazia Deledda und Stephen Crane auf die Welt gekommen. Vollmann läßt in seinem Buch den Nicht-Romancier Valéry durchaus auftreten, zeichnet in raschen Strichen Teile von dessen Vita nach, lobt die *Cahiers* und zitiert schmunzelnd daraus (vornehmlich Valérys Kritik an der Romanliteratur), schätzt den Essayisten, wertschätzt überhaupt seine Schreibweise: »Valéry schreibt einen wunderbar leichten Stil, sachlich, kühl und zugleich fast melodisch elegant.« – In Valérys Geburts- wie auch in seinem Sterbejahr widerspiegeln sich übrigens bestimmte (fatale) Entwicklungen der deutsch-französischen Geschichte.

3 In seinen *Cahiers* wird er später dann über Strukturformen von Einflüssen reflektieren. Da heißt es zum Beispiel: *Die für mich wichtigsten Männer sind jene, deren innere Operationen mir vorzustellen mich über die Maßen gefangen nimmt. Nur ihnen messe ich Bedeutung bei.* Zu den für ihn wichtigsten Männern zählten u. a.: Leonardo da Vinci, René Descartes, Edgar Allan Poe, Stéphane Mallarmé, Henri Poincaré und Albert Einstein.

4 Der Valéry-Forscher Karl Alfred Blüher, der Valérys autobiographische Notizen näher untersuchte, hat dieser Zuspitzung mit Recht widersprochen; der Begriff ›fragmentarisches Autoportrait‹, der hierbei Verwendung findet, charakterisiert Valérys Manier, direkt über sich zu schreiben, ziemlich treffend, wie der Leser im zweiten Kapitel der Auswahl sehen kann.

5 Es gibt wohl Indizien, die dafür sprechen, daß an dieser Krise auch eine unerfüllte Liebesbeziehung mitbeteiligt war, welche in diesem Lebensalter ja nicht selten als besonders krisenhaft erlebt bzw. auf die entsprechend rigoros reagiert wird.

6 Von einer »inneren Verwandtschaft« zwischen Valéry und Descartes aufgrund »einer persönlichen Krise, die beide auf ihren Weg brachte, den sie zeitlebens einhielten«, geht der Philosoph Karl Löwith aus. Beide scheinen im jungen Alter von 19 bzw. 23 Jahren eine Art intellektueller Erleuchtung erfahren zu haben, aus denen sie, bei allen Unterschieden, auch ähnliche Konsequenzen zogen. Und so spricht Valéry wohl auch über sich, wenn er in seinen Essays über Descartes, von dessen Entschlüssen und philosophischen Haltungen folgende hervorhebt: *sich selbst als Instanz für Gültigkeit in Sachen Erkenntnis setzen* [...] *das Für-nichtig-Erklären aller überkommener Lehre* [...] *den fundamentalen Glauben* an sich selbst *und das Vertrauen* in sich selbst, *notwendige Bedingungen für die Zerstörung des Vertrauens auf die Autorität der überlieferten Lehren und des Glaubens an sie* [...] *das scharfe Bewußtsein der Operationen seines Denkens* [...] mit der Wirkung, *daß er aus seinem Ich ein Instrument macht.*

7 Von ähnlicher Bedeutung wie Leonardo war und blieb für Valéry der große, hermetische Dichter Stéphane Mallarmé, der für den

früh vaterlos Gewordenen (Valéry war sechzehn Jahre alt, als sein Vater starb) zu einer Art väterlicher Instanz in geistigen und ästhetischen Fragen wurde. Valéry hat hier die persönliche Beziehung gesucht und gefunden und an den berühmten ›Dienstag-Treffen‹ in der Rue de Rome teilgenommen. Der jähe und unerwartete Tod (Kehlkopfspasmus) Mallarmés im Jahre 1898 scheint Valéry nachhaltig verstört zu haben.

8 *Ich habe den Discours de la Méthode wiedergelesen*, schreibt Valéry 1894 an Gide. Und er fährt fort: *so könnte der moderne Roman aussehen* [...] *man sollte also das Leben einer Theorie schreiben, wie man allzuoft das einer Passion (Beischlaf) geschrieben hat.* Der Valéry-Forscher Daniel Moutote spricht davon, daß die *Introduction à la Méthode de Leonardo da Vinci* so etwas wie Valérys *Discours de la Méthode* darstellt.

9 Bei Leonardo gerät der sonst eher reservierte und verstandesklare Valéry nachgerade ins Schwärmen. Für ihn ist dieser der *begabteste Mensch, der je gelebt hat. [...] Ich war von seinen Zeichnungen, seinen Handschriften wie geblendet, wie flüchtig ich sie auch studiert habe. Diese Tausende von Bemerkungen und Skizzen* stellen für Valéry einen *berückenden Funkenkosmos* dar, der seinen Geist immer wieder entzündet hat. Vermutlich kann die Bedeutung Leonardos für Valéry nicht so leicht überschätzt werden.

10 Deren Vater war ein Chirurg, den »Proust in seinen Roman aufgenommen hat«, wie Rolf Vollmann weiß, der sich in derlei lebens-literarischen Querbezügen auskennt. Valéry scheint den Vater noch vor der Tochter kennengelernt zu haben, ahnte aber nicht, so Vollmann, »daß er später einmal mit dessen Tochter eine Liaison haben wird, wie soll er das auch ahnen, man sieht das ja den Vätern nicht an«. – Wer weiß?

11 Für Borges ist Valéry »ein Sinnbild unendlicher geistiger Finessen, aber auch unendlicher Skrupel [...] Valéry personifiziert auf illustre Art die Labyrinthe des Geistes« und »steht für Europa und seine zartgetönte Dämmerung«. Diese Epitheta stehen in dem Epitaph *Valéry als Symbol*, den der argentinische Schriftsteller im Oktober 1945 in der berühmten Zeitschrift *Sur* veröffentlichte.

12 In dessen Tagebüchern, die an Länge und Lückenlosigkeit bislang wohl unübertroffen sind (sie umfassen mehr als siebzig Jahre), kommt Valéry häufig vor; sowohl aus eigener Anschauung (man kannte sich seit den 1920er Jahren) wie auch in Erinnerung und Bezugnahme. Die durchgehende Wertschätzung, ja Verbundenheit Greens zeigt sich auch in dem Umstand, daß er in den 1940er Jahren, während seines amerikanischen Exils, dort Vorlesungen über Valéry hielt.

13 In dessen Gedankenkladden *Tangenten* und *Commentarii* immer wieder Gedanken Valérys erscheinen. So notiert Doderer im Au-

gust 1965: »Valéry sagt einmal, daß wir die Dummheiten, die wir denken, nicht achtlos vorbeihuschen lassen sollen. Sie seien, so meint er, viel unzweifelhafter von uns selbst, als unsere besten Werke. Hoc est verum!« Das ist ein fast moralistisch anmutender Gedanke.

14 Daß Valéry einen weniger egozentrischen Umgang mit seinen Kindern pflegte, als dies sonst bei ›bedeutenden‹ Männern nicht selten der Fall ist, wurde durch die Skizzen seines Sohnes François schon ein wenig deutlich. Seine Kinder, so haben dies seine deutschen Herausgeber beobachtet, sprachen mit Wärme und Respekt von ihrem Vater. Sie sind alle nach seinem Tod für ihn, genauer sein Werk, tätig geworden. Claude war an der großen Faksimile Ausgabe der *Cahiers* beteiligt und gab seine Zustimmung zu späteren Editionen; er war in zweiter Ehe mit einer der bedeutendsten Valéry-Forscherinnen verheiratet. Agathe hat für die *Pléiade*-Ausgabe der Œuvres ihres Vaters eine ausführliche und detailreiche Chronologie beigesteuert und eine umfangreiche Bildbiographie über ihn zusammengestellt. François schrieb mehrere, an Hintergrundinformationen reiche biographische Skizzen über seinen Vater. In keiner Hervorbringung der Kinder tauchen die Frauen, insbesondere Catherine Pozzi, auf, die für das spätere persönliche wie intellektuelle Leben von Paul Valéry bedeutsam waren. Man darf vermuten, daß dies nicht zuletzt aus Loyalität ihrer Mutter gegenüber geschah.

15 Vollmann schreibt: »… es passiert nicht viel, gelegentlich sieht er Degas, kommt mit Pierre Louÿs und eben Gide zusammen, den er mit seiner Frau in Cuverville besucht […] 1904 schenkt Renoir seiner Frau ein Bild von ihr. 1905 schreibt er seinem Freund Léautaud, er arbeite wenig und lese nichts […] Er ist gut in Form und fährt auch Fahrrad. 1908 wirft ihm Degas den großen Fehler vor, alles begreifen zu wollen; im selben Jahr besucht er Monet in Giverny und macht Fahrtouren zu umliegenden Kathedralen und er begeistert sich für das Photographieren. Viel mehr passiert nicht.«

16 Wenngleich er sich für die ausufernde Ordnungs- und Strukturierungsarbeit Unterstützung wünscht. Und so schreibt er in dieser Zeit an Pierre Féline: *Ich habe die Abreise meiner Familie dazu genutzt, alle meine Papiere, Notizen, die sich seit über dreißig Jahren angehäuft haben, ihrem Schlaf zu entreißen. Wozu? — Zunächst einmal wird mir übel vor diesem Chaos von ›Ideen‹, das ich unbrauchbar finde, bevor ich's auswerte. Ich brauche drei intelligente und unendlich geschickte Sklaven oder Eunuchen. Der eine müßte meine Papiere lesen, der andere sagen, ob ers begreift, der dritte müßte Stenotypist sein.*

17 Die Literaturwissenschaftlerin Stephanie Bung hat in einer Studie den *discours amoureux* des Paares Valéry-Pozzi anregend untersucht und gezeigt, wie der poetisch-reflektierte Dialog in Valérys *Cahiers* und in Pozzis *Journal* aufscheint.

18 Harry Graf Kessler, dessen über Jahrzehnte geführtes Tagebuch einen riesigen Fundus an Hintergrund-Informationen der Zeit zwischen 1880 und 1940 bildet, notiert 1927 eine Begegnung mit dem berühmt gewordenen Valéry: »Sein Salon, in dem ich zuerst wartete, ist sehr ›vieille France‹, mit schönen alten Möbeln, die harmonisch ausgesucht sind u. einigen guten modernen Bildern. Valéry mit sorgfältig gescheiteltem silbergrauen Haar u. einem eleganten schwarzen Strassen Anzug mit der Rosette der Ehren Legion, paßt in diese Umgebung hinein wie ein alter Marquis. [...] In Bezug auf seine Produktion sagte er: seit 5 Jahren arbeite er nicht mehr, was ihn interessiere, sondern nur noch was Andre ihm in Auftrag gäben. So habe er, der gar keine kritischen Fähigkeiten sich zutraute, nach u. nach eine ganze Geschichte der französischen Litteratur in lauter kleinen Vorreden geschrieben. Er sei noch auf Jahre hinaus mit solchen Aufträgen vollgestopft. Bis 1917 habe sich niemand um ihn gekümmert. Dann sei er plötzlich Mode geworden; und seitdem sei er nicht mehr sein eigener Herr. [...] Alles in allem mein Eindruck: der von einem altfranzösischen grand seigneur, einem Sophisten und einem Händler in einem, ziemlich harmonisch gemischt und durch Geist und Bosheit gewürzt; lauter Form und Verstand als schillernde Kruste über einem schwer definierbaren, vielleicht absichtlich verschleiertem Abgrund von Unklarheit. Bei unseren deutschen Zelebritäten sind die Wolken meistens aussen drum herum, und der Kern ist manchmal erschütternd simpel; bei Valéry sind die Wolken drinnen, und die Umhüllung ist lauter Klarheit und Glanz. Der deutsche ›große Mann‹ gleicht einem kreisenden Berg, wenn auch nur eine Maus schließlich herausschlüpft, Valéry einer gleißenden Schlange, in deren Inneres hineinzusehen uns versagt ist.«

19 Man wechselte Briefe, sah sich gelegentlich (viel zu selten, wie Valéry nach Rilkes Tod bedauernd hervorhob). Eine Begegnung, die letzte, scheint für beide besonders eindrücklich gewesen zu sein; sie ist auch durch mehrere Photos dokumentiert. Der Literaturwissenschaftler und Rilke-Monograph Rüdiger Görner sieht das so: »Anthy bei Thonon-les-Bains am Südufer des Genfer Sees, am 13. September 1926: Rilke besucht, von Lausanne kommend, Valéry in dessen Feriendomizil. Das Erinnerungsphoto zeigt einen weltmännisch gelösten Rilke, stehend, einen noch gelösteren Valéry, sitzend, zwei sich ihres Wertes bewußte Dichter, zwischen ihnen Valérys Büste, ins Weite blikkend. Ein unbedarfter Betrachter könnte den Eindruck gewinnen, der Herr zur Linken (Rilke) sei ein bildender Künstler, dem der Herr zur Rechten (Valéry) Modell gesessen habe. In einem gewissen Sinne traf dies sogar zu; denn Rilke übersetzte zu dieser Zeit Valérys *Narcisse* ins Deutsche.« Drei Monate später ist Rilke tot. Rilkes Einfühlungsvermögen in seine Gedichte wie das Eindrucksvolle von Rilkes Aus-

strahlung hat Valéry in Erinnerungstexten an seinen ersten deutschen Übersetzer zur Sprache gebracht: *Von den einzigartigen Menschen, die ich kannte, war Rilke für mich einer der verführerischsten und wohl der geheimnisvollste. Sofern das Wort* zauberhaft *noch einen Sinn hat, möchte ich sagen, daß seine ganze Erscheinung, die Stimme, der Blick, die Art sich zu geben, alles an ihm den Eindruck einer zauberhaften Gegenwart hervorrief. Fast bin ich geneigt zu sagen, daß er jedem seiner Worte Zauberkraft zu geben verstand.*

20 Dabei zeigte er während der deutschen Okkupation durchaus Zivilcourage; so z. B. als er 1941 in der *Académie française* einen Nekrolog auf Henri Bergson hielt. Mit Bergson war Valéry seit Anfang der 1920er Jahre bekannt und in wechselseitiger kritischer Wertschätzung verbunden. Bergson war jüdischer Herkunft, so daß eine öffentliche Sympathiebekundung seitens der deutschen Okkupanten als Affront aufgefaßt werden konnte.

21 Wie bereits während des Ersten Weltkriegs. Agathe Valéry berichtet in der Chronologie über ihren Vater, wie dieser im Januar 1918 eine Bombe im nachbarlichen Garten explodieren sah. Er brachte daraufhin seine für ihn unverzichtbaren Hefte an einen sichereren Ort, als es die Kapitale war. Agathe Valéry erwähnt in ihrer Chronologie auch den Umstand, daß »le premier mot prononcé« des Kindes Valéry »le mot clef« gewesen sei. Zu einem unbedingt zu schützenden *Schlüssel* zu seinem Denken waren für ihn seine *Cahiers* geworden.

22 Valéry war (dies zeigt der in dieser Hinsicht sehr offen geführte Briefwechsel mit Gide) häufig krank oder zumindest angeschlagen; er hatte vor allem mit Magen- und Atemwegsproblemen sowie neurasthenischen Beschwerden zu kämpfen. Sein Sohn Claude erklärt: »Wenige Dinge sind für mich so eng mit der physischen Erinnerung an meinen Vater verbunden wie sein Husten. Er hustete viel und sehr häufig, und bekam Hustenanfälle, die gar nicht enden wollten. [...] Wenn er hustete, hörte es sich [...] wie Keuchhusten an, wie eine Art Hahnenschrei.« Der Lungen- und Atemwegsspezialist François-Bernard Michel zeichnet anhand des Werkes ein psychosomatisches Profil von Paul Valéry. Sein Tod im 74. Lebensjahr scheint auch eine Folge eines starken Nikotin- und Coffein-Abusus gewesen zu sein.

23 Cioran gehört zu den wenigen Autoren von Rang, die sich nicht scheuten, Valéry scharf anzugreifen, wenn er eines seiner Idole, Pascal, von Valéry ungehörig angegangen und die Absolutheit von dessen Methodenanspruch als übertrieben empfand.

24 Da gibt es eine Parallele zu Winston Churchill. Auch dieser ist mit einem Staatsbegräbnis geehrt worden. Auf eigenen Wunsch hin wurde er jedoch nicht in Westminster Abbey oder in der St. Paul's Cathedral beigesetzt. Matrosen trugen seinen Sarg zur Themse hinunter, und von dort ging es mit einer Barke flußaufwärts ins Land

hinaus zu dem Dorf Bladon in Oxfordshire. »Er liegt auf einem obskuren englischen Dorffriedhof nahe bei seinem Vater«, wie sein Biograph Sebastian Haffner weiß. Hat man es (ob Franzose oder nicht) in Frankreich zu etwas gebracht, dann stirbt man in Paris. *Il est monté à Paris* lautet da ein einschlägiges Strichwort. Nun, dies war Valéry offenkundig gelungen (auch wenn er es so gar nicht angestrebt hatte). Er konnte also wieder ›absteigen‹; nur daß er sich dafür einen weit eindrücklicheren Ort wählte als Churchill.

25 Eine poetische Spiegelung und Bezugnahme eigener Art dieses Gedicht gewordenen Friedhofs bildet Ernst Meisters Gedicht *In Sète*. Meister, der sich, wie er seinem akademischen Lehrer Karl Löwith schrieb, als »ein poeta« verstand, »der philosophiert« (und sich dadurch einem Dichter-Denker wie Valéry wesensverwandt fühlte), suchte den berühmt gewordenen Friedhof und Valérys Grab mehrfach auf. Seine lyrische Inauguration von *Le cimetière marin* stellt eine besonders intensive Verdichtung der Themen des Ausgangsgedichts dar. Das lyrische Ich Meisters ›durchlebt‹ in hochkondensierter Form ›Erfahrungen‹ von Valérys lyrischem Ich.

26 Ulrike Heetfeld ist in ihren *Untersuchungen zu einem philosophischen Experiment* Valérys Theoriebildungen zu seinem Begriff eines *Moi pur* als eines anregenden Erkenntnismodells des menschlichen Geistes genauer nachgegangen.

27 Innerhalb derer Valéry als Anreger wirkt; doch nicht nur darin. Im ersten, *dem Denken* gewidmeten Band ihres Spätwerks *Vom Leben des Geistes* nimmt Hannah Arendt immer wieder auf Valéry Bezug. Vor allem, wenn sie zum Abschluß ihrer Überlegungen der Frage nachgeht: »Wo sind wir, wenn wir denken?« – Da wird Valérys Maxime *Tantôt je pense et tantôt je suis* für sie zu einer Metapher des Nirgendwo.

28 »In den *Cahiers*« – erklärt Jean Starobinski – »spannt ein isoliertes Bewußtsein im Zustand äußerster Wachsamkeit sich an, alle Bewußtseinszustände zu beherrschen und zu analysieren [...] Was Husserl Epochè, phänomenologische Reduktion nennt, vollzieht Valéry auf seine Weise – der Verweis auf Descartes ist beiden Autoren gemeinsam. In manchen Aufzeichnungen kündigt sich eine Analyse ›intentionaler Akte‹, ›Felder‹ und ›Horizonte‹ des Bewußtseins an.« – Zeitgleich mit Valéry hat (jenseits des Rheins) der etwas ältere Edmund Husserl mit ähnlicher Intensität und Ausdauer (dabei ebenfalls Berge von Notizen aufhäufend) seinerseits an der Erkundung des menschlichen Bewußtseins gearbeitet; woraus dann die philosophisch sehr einflußreiche transzendentale Phänomenologie hervorgegangen ist. Valéry hat in seinen *Cahiers* auch wichtige Einsichten eines berühmten Fortsetzers husserlscher Konzeptionen vorweggenommen. Gemeint ist Jean-Paul Sartre und dessen phänomenologische Analyse des Blicks.

29 In der Philosophischen Praxis geht es darum, die in jedem Menschen vorhandenen individuellen philosophischen Fähigkeiten und Kompetenzen aufzuspüren, zu stärken und für das eigene Leben nutzbar zu machen. Das bedeutet auch, eine Form der Klarheit über sich selbst zu gewinnen, wie sie Valéry (auf seine Art) vor allem während seiner *Cahiers*-Meditationen zu erreichen versuchte. Die Philosophische Praxis, die seit dreißig Jahren hierzulande praktiziert wird und auch weltweit Anwendung findet, knüpft dabei an antike Konzeptionen und Übungen praktischen, unmittelbar lebensdienlichen Philosophierens (Lebenskunst, Selbstsorge) an. Sie ist als eine Form »existentieller Kommunikation« (Karl Jaspers) vor allem dialogisch ausgerichtet; was natürlich auch *den Dialog mit sich selbst* einschließt. Es ist auch ein Ziel der nachfolgenden *Cahiers*-Auswahl zu zeigen, wie gut seine Beobachtungen und Reflexionen für eine praktische philosophische Arbeit genutzt werden können.

30 Zu einer der konsequentesten Leserinnen dieser unvergleichlichen Ausgabe gehört Edmée de La Rochefoucauld, eine alte Freundin Valérys; sie hat ihre Lektürenotizen aller 29 *Cahiers*-Bände in drei Büchern *En lisant les Cahiers de Paul Valéry* (1964 bis 1967) veröffentlicht.

31 Einer der prominenten Vertreter dieser Denkrichtung – Ernst von Glasersfeld – gibt zu erkennen, daß Valéry einen relevanten Einfluß auf seine Theoriebildung genommen hat.

32 Von der Heimito von Doderer in seinem *Repertorium*, einem *Begreifbuch von höheren und niederen Lebens-Sachen* sagt: »Nur angesichts des Selbstverständlichen kann unser Staunen unendlich bleiben. Dem Besonderen gegenüber staunt man doch einmal zu Ende, ja, man gewöhnt sich schließlich daran.« Demjenigen gegenüber, was für jeden das Unmittelbare und Naheliegende ist, bleibt Valéry (nicht zuletzt durch seine antisystematische Schreibweise) offen und staunend. Die besonders erkenntnisträchtige Haltung des Staunens mutiert für ihn sogar zu einer neuen Form des *Cogito*. In den *Cahiers* notiert er: *Du erstaunst mich, also bist du.*

33 So fragt der platonische Sokrates seinen jungen, ins aktive politische Leben drängenden Gesprächspartner Alkibiades, ob er sich denn ausreichend um sich selbst gekümmert habe, da er sich um das Wohl der anderen kümmern wolle – was die Frage mit einschließt, über welches Selbstwissen Alkibiades verfügt, wie nahe er sich bereits gekommen ist. – An dieser Stelle darf vielleicht erwähnt werden, daß einige von Valérys philosophischen Dialogen einen (freilich valérysierten) Sokrates zur Hauptperson haben.

34 Dem Thema Aufmerksamkeit (*attention*) ist innerhalb der französischen wie der deutschen *Cahiers*-Ausgaben eine eigene Rubrik gewidmet worden.

35 Seine Einsichten über die besonderen Beziehungen und Interaktionsformen zwischen *Ich und mir*, seine These, daß das ›Individuum Dialog ist‹, haben Forschungsergebnisse der sog. Ich-Psychologie, der Ego-State-Therapy und anderer Erforscher der ›Funktionsweisen‹ menschlicher Innenwelten antizipiert.

36 Gemäß eines Diktums von Seneca: »Eigne dich dir an, lerne dich zu erwerben.«

37 Diese Handlungsoption wollte er in einem Traktat über die, wie er es nannte *dressage de l'esprit*, näher untersuchen. Zu den bevorzugten Lektüren (*bons livres*) des Weniglesers gehörten, wie Judith Robinson-Valéry überliefert, auch Bücher, die sich dem Training von Pferden widmeten.

38 Das reflektierende Erleben dieser besonderen Tageszeit – einer Form von ›anfänglichem Denken‹ – hat Valéry auch immer wieder zum Gegenstand dichterischer Evokationen gemacht. Da erscheint das Besondere des *morgendlichen Daseinsgenusses* in lyrischer Gestalt in dem Gedicht *Aurore*; oder, anders gewendet, in dem Dialog *Inneres Zwiegespräch* oder innerhalb der *Cahiers* in den sog. *Petits poèmes abstraits*. Das Erwachen des Bewußtseins und die geistige Aktivität verschiedener ›Iche‹, die sich im Zusammenspiel allmählich zu alterneuer Form rekonstruieren, ist und bleibt – genauer betrachtet – ja durchaus rätselhaft.

39 Axel Wrede hat in seinem Aufsatz *Paul Valéry und die systemische Therapie: Transformation von Sprache und Wirklichkeit lange bereits vorgedacht* nachvollziehbar aufgezeigt, wie viele zentrale Positionen, Prämissen und Denkmodelle für ein »systemisch-kybernetisch-radikalkonstruktivistisches Verständnis menschlichen Verhaltens« in den *Cahiers* zu finden sind und welche geistigen Verwandtschaften zu den Konzeptionen von Gregory Bateson, »sicherlich ein ähnlich genialer und universeller Denker wie Valéry«, Humberto Maturana, Francisco Varela, Heinz von Foerster und Ernst von Glasersfeld dabei ausgemacht werden können.

40 Es geht – wie Werner Kraft in seinem Essay *Paul Valéry und der Gedanke* sagt – darum, »die eigentlichen Gedanken zu denken, die den auf Grund von Tradition denkenden Berufsdenkern nicht zukommen. Diese Gedanken sind [...] Gedanken über das Denken selber.«

Zu dieser Ausgabe

> *... zwei Gefahren hören nicht auf die Welt zu bedrohen: die Ordnung und die Unordnung.*
>
> Paul Valéry

Der Titel *Ich grase meine Gehirnwiese ab*, der für diese Ausgabe einer Auswahl aus den *Cahiers* von Paul Valéry gewählt wurde, stellt eine Modifikation und Verdichtung eines Selbstkommentars dar, den Valéry 1936 in eines seiner Hefte eintrug: *Ich bin wie eine Kuh am Pflock, dieselben Fragen grasen seit 43 Jahren meine Gehirnwiese ab.* In diesem Eintrag laufen verschiedene Komponenten zusammen, die gleichermaßen für diesen Autor wie für seine Hervorbringungen charakteristisch sind. Da ist die Rede von einem Sich-angepflockt-Fühlen an das eigene Forschungsprojekt, dem dann in jahrzehntelanger Gebundenheit nachgegangen, das, metaphorisch gewendet, mit der stoisch anmutenden Geduld eines Wiederkäuers ›abgegrast‹ wird. Wohlgemerkt, es sind Fragen, sogar *dieselben Fragen*, welche diese Form des Selbstverzehrs, des Bezogenbleibens auf die eigenen geistigen Bestände, in Bewegung bringen und halten. Die Fragen bilden das Subjekt des Satzes, genauer die fragenden Seiten in Valéry; wobei *dieselben Fragen* nach 43jährigem Umgang mit ihnen kaum noch dieselben sein dürften, auch wenn sie gleich oder ähnlich lauten und ähnlich schwer, weil grundlegend, zu beantworten sind. Bleibt noch die Neuschöpfung *Gehirnwiese* (im Original *le pré de mon cerveau*). Darin klingt mehreres an: der mutmaßliche Ort des Verstandes,[1] das Gehirnliche, die mitunter überwertige Verstandesbetonung des französischen Rationalismus, die bei Valéry jedoch zu keiner gläubigen Fixiertheit führt (wie bei manchem heutigen Hirnforscher), sondern ihn dazu angereizt hat, die größtmögliche analytische Schärfe und Klarheit zu entwickeln und auch gegen sich selbst zu richten; ferner eine Nähe zu Descartes, dessen Einfluß auf den *Cahierdenker* Valéry, ungeachtet mancher kritischer Vorbehalte, groß war; schließlich die besonderen Früchte des Kopfes, Gehirns, des Geistes, die hier nicht selten anregend und wild durcheinander wuchern. Bei Wiese darf auch an Spielwiese gedacht werden, so wie das Spielerische, das offen und frei Experimentierende von jeher eine wichtige Vorbedingung des Schöpferischen, eben auch des schöpferischen Denkens gewesen ist; nicht nur bei Paul Valéry.

Bevor ich etwas zu den Auswahlkriterien und Lektüremöglichkeiten sage, sollen zunächst einige Voraussetzungen und Vorbedingungen zur Sprache kommen. Alle nachfolgenden Texte Valérys sind ausnahmslos der großen Ausgabe *Cahiers/Hefte* entnommen, die zwischen 1987 und 1993 in sechs umfangreichen Bänden von Hartmut Köhler und Jürgen Schmidt-Radefeldt herausgegeben, kommentiert[2] und gemeinsam mit anderen Übersetzern ins Deutsche gebracht worden ist. Die Herausgeber und Übersetzer sind für ihre sorgfältige und kongeniale Arbeit mit dem Paul Celan-Preis für Übersetzungen aus dem Französischen ausgezeichnet worden.[3] Die Textgrundlage dieser bislang größten deutschen Auswahlausgabe bildet die von Judith Robinson-Valéry veranstaltete Edition innerhalb der *Bibliothèque de la Pléiade*, die 1973 und 1974 erschienen ist. Diese beiden großen Auswahlausgaben[4] mit runden 3000 Textseiten umfassen etwa ein Zehntel des Ausgangsmaterials, das zwischen 1957 und 1961 unter Mitarbeit von Claude Valéry vom *Centre National de la Recherche Scientifique* in 29 dickleibigen Foliobänden faksimiliert herausgebracht worden ist. Die von mir besorgte Auswahl für *Die Andere Bibliothek* umfaßt mit rund dreihundert Textseiten wiederum ein Zehntel der von Hartmut Köhler und Jürgen Schmidt-Radefeldt herausgegebenen Auswahl, so daß der Leser jetzt mit dieser Ausgabe ein Hundertstel dessen in Händen hält, was Valéry in mehr als einem halben Jahrhundert nahezu allmorgendlich mit der Feder in der Hand gedacht, niedergeschrieben und auf diese Weise angehäuft hat.

Den Lesern, die sich (in deutscher Sprache) über Hintergründe, Spannbreite und Wirkungen von Valérys geistigem Kosmos weiter informieren möchten, seien vier einschlägige Sammelbände empfohlen:

– *Paul Valéry*, hg. von Jürgen Schmidt-Radefeldt, Darmstadt 1978: Der Band versammelt eine Reihe von aktuell-gebliebenen Aufsätzen unterschiedlicher Valéry-Forscher aus den sechziger und frühen siebziger Jahren des vergangenen Jahrhunderts.

– *Herausforderungen der Moderne. Annäherungen an Paul Valéry*, hg. Carl H. Buchner und Eckhardt Köhn, Frankfurt a. M. 1991: Dieser Band enthält eine Sammlung von Kommentaren, Essays, Erinnerungen und Nachrufen u. a. von André Breton, Walter Benjamin, T. S. Eliot, Jorge Luis Borges, Theodor Wiesengrund Adorno, Werner Kraft und Jean Starobinski.

– *Funktionen des Geistes. Paul Valéry und die Wissenschaften*, hg. Judith Robinson-Valéry, Frankfurt a. M. 1993: Der Band vereinigt Beiträge eines Kolloquiums *Die Wissenschaft und der Mensch: Die Aktualität des naturwissenschaftlichen Denkens von Paul Valéry*, in welchem prominente Vertreter verschiedener Disziplinen, wie Mathematik, Physik, Logik, Wissenschaftstheorie, Neurologie, Medizin, Biologie und Psychologie zu Wort kommen.

– *Paul Valéry – Philosophie der Politik, Wissenschaft und Kultur*, hg. von Jürgen Schmidt-Radefeldt, Tübingen 1999: Hier finden sich Beiträge, die anläßlich eines Kolloquiums zu Valérys 50. Todestag 1995 in Rostock gehalten wurden und den Politiker, Moralisten, Hochschullehrer, Literaten, Phänomenologen, Gedächtnisforscher, Linguisten und (Selbst-)Denker Valéry näher beleuchten.

Diese Hinweise können und wollen jedoch keine Bibliographie ersetzen und etwas wiederholen, was anderenorts bereits geleistet worden ist. Und so möchte ich lediglich auf eine Valéry gewidmete Zeitschrift und eine Biographie verweisen.

Seit 1988 gibt das Kieler Forschungs- und Dokumentationszentrum Paul Valéry unter Leitung von Jürgen Schmidt-Radefeldt und Karl Alfred Blüher das wissenschaftliche Periodikum *Forschungen zu Paul Valéry/Recherches Valéryenne* heraus, in welchem die vielfältigen und vielschichtigen Aspekte seines Werkes untersucht und erschlossen werden. Unlängst ist das 21. Heft erschienen. Und schließlich hat der französische Literaturwissenschaftler Michel Jarrety vor kurzem seine jahrzehntelangen Recherchen zu Person und Werk Paul Valérys in eine bibeldicke Biographie von 1366 Seiten zusammenfließen lassen, die allein wegen ihrer akribischen Detailtreue und enormen Materialfülle ein ähnlich großangelegtes Referenzwerk bildet wie etwa Brian Boyds Nabokov- oder Karl Corinos Musil-Biographie. Auf deutsch liegt bislang weder eine große noch ein kleine Lebensbeschreibung vor, mittels deren sich ein des Französischen nicht ausreichend mächtiger Leser ein Gesamtbild vom inneren wie äußeren Werdegang dieses Autors verschaffen könnte.

Ein Bewußtsein für die Notwendigkeit und für den Nutzen, sein immenses Material zu ordnen, ist Valéry immer wieder gekommen, ebenso entsprechende Ohnmachtsgefühle, wie dies zu bewerkstelligen sei. In den 1920er Jahren – also nach über einem Vierteljahrhundert *Cahiers*-Praxis – hat er dann, unterstützt von seiner Béatrice, Catherine Pozzi, konkrete Schritte hierzu unternommen. Das betraf zweierlei. Die Anordnung wie die thematische Gliederung des Materials. *Wenn ich* – notiert er in seinen *Cahiers* – *Fragmente aus diesen Heften nehme und wenn ich sie mit *** in eine Reihenfolge bringe und veröffentliche, wird das Ganze wohl etwas darstellen. Der Leser – und auch ich selbst – wird es zu einer* Einheit *formen. Und diese Formung wird in seinem Verstande, oder sogar in meinem, etwas anderes sein, darstellen – etwas von mir bislang nicht Vorhergesehenes.* Was die thematische Gliederung betrifft, so hat er selbst entsprechende Siglen und Kürzel entwickelt, an denen sich seine späteren französischen wie deutschen Herausgeber orientiert, aus denen sie bestimmte Rubriken entwickelt haben.[5]

Dieses nachvollziehbare und nützliche Ordnungsverfahren hat natürlich seine Grenzen, wenn, wie in den *Cahiers* häufig, über einem Eintrag verschiedene, oft griechische Kürzel stehen, die den Leser darauf hinweisen, das (nach Meinung des Autors) in dem nachfolgenden Eintrag Themen unterschiedlicher Art wie z. B. Ego, Sprache, Gedächtnis oder Eros, Traum, Sensibilität verbunden sind. Die Gleichzeitigkeit und Allbezüglichkeit der Themen eines Menschen ist als solche nicht darstellbar; dieses *totum* kann durch ein Medium wie die konsekutiv-voranschreitende Wortsprache nur ansatzweise und vergröbernd wiedergegeben werden; dies gilt jedoch nicht nur für Valéry und seine Hervorbringungen.

In der nachfolgenden Auswahl wurde versucht, eine kleine Gesamtansicht wesentlicher Themen und Aspekte seines Denkens, Fragens, Vermutens wie seiner (Selbst-)Beobachtungen, Erfahrungen und Erkenntnisse zu geben, welche einerseits die geistigen Umrisse dieses sehr reflektierten Autors erkennen lassen und andererseits so etwas wie ein zeitloses Kompendium der Selbst-Aufklärungsmöglichkeiten des Einzelnen schaffen, das Valéry nicht nur als Menschen seiner Epoche zeigt, sondern auch als unseren Zeitgenossen. So wie Helmut Heißenbüttel einst zutreffend von Lichtenberg sagte, dieser sei der erste Autor des 20. Jahrhunderts, so könnte man, allein wenn man Valérys kritische Vorwegnahmen vieler als modern geltender Erkenntnisformen, wie z. B. der Kybernetik, Semiotik, Systemtheorie, Wahrnehmungspsychologie bis hin zu den Neuro- und Kognitionswissenschaften, in Anschlag bringt, von ihm mit einigem Recht als dem ersten Autor des 21. Jahrhunderts sprechen.

Der thematische Bogen, mit dessen Hilfe die *Cahiers*-Welt innerhalb eines Buches von handlichem Format vorgestellt werden soll, beginnt mit *Die Wissenschaft vom Menschen* mit Anmerkungen und Beobachtungen über die Natur des Wesens, dessen besondere Fähigkeiten zu ermitteln, Valéry zeitlebens ein wichtiges intellektuelles Anliegen blieb. In *Blicke auf die eigene Person* werden eine Reihe konziser Bruchstücke des »fragmentarischen Autoportraits« (Karl Alfred Blüher) versammelt, die der Autor zur Kennzeichnung seiner selbst notiert hat, während in *Ich, Selbst und die Individualität* die kritischen Selbstbeobachtungen zu allgemeinen, d.h. unpersönlichen Ich-Theorien weiterentwickelt werden. In *Sprachliches, Allzusprachliches* untersucht Valéry jenen ›Gegenstand‹, dessen Unvergleichbarkeit und Potential ihn als Dichter wie als Denker anhaltend beschäftigt haben. In *Nachdenken über das Denken* werden Einblicke in die fortlaufende Metareflexion gegeben, welche ein Herzstück seiner Untersuchungen über die Funktionsweisen des Geistes bilden, während in *Leibliches Denken* der Leib als besonderes philosophisches Organ ernst genommen und die Bedeutung der ›Reflexionen‹ des Körpers in verschiedenen Lebensbereichen genauer wahrgenommen werden; in *Wahrnehmen und Aufmerksamkeit* kommen jene Voraussetzungen schärfer in den Blick, die das Welterleben und Weltverarbeiten überhaupt erst ermöglichen. In *Selbstsorge* geht es um die Möglichkeiten einer konstruktiven Begegnung mit dem eigenen Selbst, um die Arbeit an sich selbst im Dienste und zur Entwicklung der eigenen Person. In *Skepsis* wird der Wert und die Unverzichtbarkeit des Prüfens, genauen Betrachtens und rückhaltlosen Untersuchens nicht allein in Glaubensfragen sichtbar, und in *Was kann ein Mensch?* schließlich kommt Valérys Verhältnis zu jenem Vermögen zur Sprache, das jeder Einzelne als entwickelbares Potential in sich vorfindet und das die Bedeutung der Handlung, des (angemessen) Handeln-Könnens für das Denken wie für das reflektierte Selbstverständnis deutlich macht. Jedes dieser zehn Kapitel wird durch einen kurzen Vortext eingeleitet, der die Lektüremöglichkeiten verbessern und vertiefen soll und vornehmlich für solche Leser geschrieben wurde, die Valérys *Cahiers*-Gedanken zum erstenmal begegnen.

Es ist klar, daß jede Auswahl und Anordnung nur *eine* unter möglichen anderen bildet; und so erhebt dieser Versuch, einen Teil-Querschnitt aus diesem großen, gedankenreichen und vielbezüglichen Hauptwerk Valérys zu erstellen, keinen Anspruch darauf, eine Gesamtansicht zu bieten; zumal, aus konzeptionellen Gründen, Valérys Zugänge zur Poesie und Naturwissenschaft, zu Geschichte, Politik, Mathematik, zu Kunst und Literatur, so wie sie in seinen Denkheften aufscheinen, kaum Berücksichtung finden konnten. Die hier unternommene Auswahl hat sich darauf ›beschränkt‹, Valérys intensive Forschungsarbeit an den *fonctions de l'esprit* aufzuzeigen und einen Einblick in sein Denklaboratorium zu eröffnen, in dem er – ausgehend von der eigenen Person – den Menschen als empfindendes, wahrnehmendes und intentionales Wesen untersucht. Aufgrund dieser Gewichtung konnten Themenfelder wie Selbsterkenntnis, Selbstbewußtsein und Selbstsorge synchron und konzentriert vergegenwärtigt und das reichhaltige Potential einer extensiven lebensphilosophischen Selbsttherapie erfahrbar gemacht werden, welches sich in der Frage verdichten läßt: Was kann ich über mich herausfinden, um mein Leben bewußter führen zu können?

Ob Valéry diese Auswahl und Akzentsetzung gefallen, ob er sich in seinen Intentionen verstanden gefühlt hätte? Dem Jesuitenpater und Professor Émile Rideau, der zwei Jahre vor Valérys Tod eine *Introduction à la pensée de Paul Valéry* zusammengestellt hat, schreibt er mit hintergründiger Selbstironie: *Hochwürden, Ich bin aufs höchste verwundert über die ungeheure Arbeit, die das Buch darstellt, das mir zu widmen Sie die Güte hatten. Obwohl es sich, dem Umstande nach, leider um keine Heiligenbeschreibung handelt, haben Sie meinen verschiedenen Schriften jene Gewissenhaftigkeit, jenes Bemühen um Genauigkeit und jene peinliche Sorgfalt angedeihen lassen, die man der Arbeit des Benediktiners nachrühmt. Ich bin Ihnen sehr dankbar für diese Mühe, deren Ergebnis mir wertvoll ist. Künftig weiß ich, wo ich zu finden bin; und ohne Verzug, ohne Schwierigkeit, dank Ihrer wohlgeordneten, beziehungsreichen Übersichtstafel, wird es mir ein Leichtes sein, mir auf die Schliche zu kommen, mich mir selber gegenüberzustellen, meine Widersprüche festzustellen und meine Abweichungen – und vielleicht daran Gefallen zu finden. Ich erlaube mir die Ansicht, daß es von geistiger Armut zeuge, wenn einer immerfort mit sich selber einig ist.* In der inoffiziellen Lesart der *Cahiers*, wo ein Besuch des emsigen Paters, der sein Opus überreicht, kommentiert wird, wird Valéry deutlicher: *Nach vielen Lob-*

sprüchen werde ich geopfert und mußte es wohl auch, weil ich ein Ungläubiger bin — und noch Schlimmeres.

Meine Auswahl aus den *Cahiers* (die Rideau nicht kannte, er hielt sich an das veröffentlichte Werk, das Valéry geringer achtete) ist natürlich nicht unternommen worden, um Valéry, aus welchen Gründen auch immer, ›zu opfern‹. Noch war es mir darum zu tun, irgendeine Form von Gläubigkeit zu befördern. Ich vermute, man tut diesem eigenwilligen, vor allem aus sich selbst schöpfenden Denker (wie auch sich selbst) den besten Dienst, wenn man ihn wertschätzend und kritisch weiterdenkt, eigene Erfahrungen und Einschätzungen mit denen des Autors vergleichend, auch, wo nötig und geboten, gegen ihn andenkt. Und so ist der definitorische Duktus, den viele seiner in Ist-Sätzen vorgetragenen Gedanken aufweisen, hierbei weniger als Denkanweisung, als vielmehr als Selbstanweisung eines mit sich strengen Geistes zu verstehen, dem der erkenntnisfördernde Effekt der eigenen Widersprüchlichkeit nur allzu deutlich war. Man darf nicht vergessen, daß Valéry seine *Cahiers* zunächst und in erster Linie für sich und nicht für spätere Leser geschrieben hat.

Seine *Cahiers*-Eintragungen sind hier so ausgewählt und angeordnet worden, daß man sie sowohl als fortlaufenden Text lesen, als auch – eigenen Vorlieben und Interessen folgend – von unterschiedlichen Kapiteln und Themen aus einen Einstieg in sein Denken finden kann. Manche der hier versammelten Fragmente erscheinen ›vollständig‹; von anderen wurden bestimmte Thesen, Zuspitzungen oder Ergebnisse herausgelöst, die – hier für sich stehend – einen eigenen Wirkungsraum entfalten können. Das Quellenverzeichnis am Ende des Buches macht es möglich, jeden einzelnen Text innerhalb der großen deutschen *Cahiers*-Ausgabe wiederzufinden; wobei, wie bereits angedeutet, diese Ausgabe wie die französische *Pléiade*-Edition, eine zwar Valérys Ordnungsvorstellungen angenäherte ist, nicht aber das originale Umfeld der einzelnen Eintragungen wiedergibt; dies leistet, wenn bislang auch nur für eine bestimmte Zeitspanne, am ehesten noch die bereits erwähnte *Edition intégrale.*[6]

Jedes Buch hat seine Geschichte und seine Helfer bzw. seine hilfreich-anregenden Momente. Die Idee, eine handliche Auswahl zusammenzustellen, um auch jenen, die Valéry kaum oder nur als Dichter kennen, einen leichteren Einstieg in ›seine andere Seite‹ zu ermöglichen, entstand, nachdem ich vor einigen Jahren der Einladung von Dr. Stephan Krass gefolgt war, für den SWR einen Radioessay über dieses ungewöhnliche Œuvre zu schreiben. Hinzu kamen wiederholt Fragen, wo denn das Werk zu finden sei, aus dem ich, in Seminaren zur Philosophischen Praxis, gelegentlich Kostproben gab. Dies bestärkte mich noch in der Umsetzung der Idee. Und so möchte ich Christian Döring von *Der Anderen Bibliothek* sehr dafür danken, daß er mir die Möglichkeit gegeben hat, diese Idee in ein Buch zu verwandeln. Ein weiterer Dank geht an die beiden Herausgeber der großen deutschen *Cahiers*-Ausgabe, Prof. Dr. Hartmut Köhler[7] und Prof. Dr. Jürgen Schmidt-Radefeldt für vielfältige Unterstützungen und weiterführende Hinweise. Ein besonderer Dank gilt Dr. Simone Stölzel, die durch ihr Interesse, ihre Dialogbereitschaft, ihre Anmerkungen und ihre Form der Anwesenheit zur jetzigen Gestalt des Buches entscheidend beigetragen hat. Und so bleibt mir zu hoffen, daß es diese Ausgabe möglich macht, den Autor seiner *Cahiers* als einen aktuell-gebliebenen, ja als besonderen Denker für unsere Zeit (neu) zu entdecken.

Thomas Stölzel
Berlin, im Januar 2011

Anmerkungen

1 *Manuskript, gefunden in einem Gehirn* lautet ein Text Valérys, der im Titel auch an Edgar Allan Poes *Manuscript found in a bottle* anspielt. Poes analytische Kompositionstheorien für die Hervorbringung poetischer Werke haben vor allem den jungen Valéry nachhaltig beeindruckt und beeinflußt.

2 Die beiden Herausgeber gehören hierzulande zu den besten Valéry-Kennern; sie haben wichtige Themen und Aspekte seiner schriftstellerischen und denkerischen Eigenart erforscht. Vgl. hierzu u. a.:

Hartmut Köhler: *Paul Valéry. Dichtung und Erkenntnis. Das lyrische Werk im Lichte seiner Tagebücher*, Bonn 1976 (frz. Übersetzung Paris 1985); Jürgen Schmidt-Radefeldt: Die Aporien Zenons bei Paul Valéry, in: *Romanische Forschungen* (1971), ders.: Kybernetische Denkansätze bei Paul Valéry, in: *Poetica* 14 (1982), ders.: Paul Valéry als Sprachdenker, in: *Internationale Zeitschrift für Philosophie*, Heft 1 (1995).

3 In der Begründung der Jury heißt es: »Mit der Übertragung der ›Cahiers‹ von Paul Valéry, des großen Vermächtnisses eines universellen Denkers, das höchste Anforderungen an die Übersetzerinnen und Übersetzer stellt, wird die herausragende Leistung einer Gruppe von engagierten Übersetzern und Herausgebern ausgezeichnet, die in langdauernder Zusammenarbeit einen Beitrag zur Auseinandersetzung mit Erkenntnistheorie und Bewußtseinsanalyse, mit Philosophie und Sprachkritik im Bereich der deutschen Sprache geleistet haben.« Die Herausgeber Köhler und Schmidt-Radefeldt haben ihre Dankesrede als heiter-ironischen Dialog, als ein *»Duett für ein Ich und ein Ich«* gestaltet und so von den Herausforderungen dieses Gedankentransfers berichtet. Dies. in: Der Deutsche Literaturfond e.V., Darmstadt 1991. Celan ist übrigens selbst als Übersetzer Valérys in Erscheinung getreten. Seine Verdeutschung des großen parabolischen Erzählgedichtes *La jeune Parque* (*Die junge Parze*) erschien 1964.

4 Seit 1987 wird in Frankreich eine *Edition intégrale* herausgebracht, welche zunächst auf den *Cahiers*-Zeitraum der Jahre 1894 bis 1914 beschränkt ist. Diese kritische Edition mit ausführlichem Anmerkungsapparat und aufwendiger textgenetischer Buchgestaltung ist bislang der umfangreichste und genaueste Versuch, die Valéryschen Denk- und Schreibprozesse wiederzugeben. Die *Cahiers* von Paul Valéry bilden somit ein Werk, von dem es bislang nur unterschiedlich umfangreiche Auswahlausgaben gibt.

5 Vgl. hierzu *Liste des sigles principaux* bei Judith Robinson-Valéry, in: Paul Valéry, *Cahiers Tome I*, Paris 1973, XLI und XLII und die entsprechenden Anmerkungen in Paul Valéry, *Cahiers/Hefte* 1, hg. Hartmut Köhler und Jürgen Schmidt-Radefeldt, Frankfurt a.M. 1987, S.16ff.

6 Einen Sonderstatus behält natürlich die 29bändige faksimilierte Ausgabe; diese für kurz oder lang in die Hand zu nehmen, sei jedem empfohlen, der das Eigentümliche diese Unternehmens genauer erfassen möchte.

7 Ihm, der mich vor bald zwanzig Jahren auf seine Weise in die Valéry-Welt mit hineingenommen hat, ist diese Ausgabe gewidmet.

Aus den *Cahiers* von Paul Valéry

Um dieses Unternehmen zu verstehen,
müßt ihr alle literatische Gewohnheit abstreifen —
selbst die schlichte Logik — jede Seite —
da fängt etwas an, das mit der vorhergehenden
nur durch das Ziel verbunden ist —
Und es ist dennoch ein einziger durchgehender Satz …

Die Wissenschaft vom Menschen

Valérys Frage nach dem Potential des Menschen brachte ihn immer wieder in Kontakt mit anthropologischen Beobachtungen und Reflexionen, wie sie vornehmlich die sogenannten Moralisten gemacht und nuanciert haben. Ein Moralist ist nach französischer Definition ein Mensch, der über das tatsächliche Verhalten seiner Mitmenschen schreibt; was beinahe in direktem Widerspruch zu der deutschen Begriffsverwendung im Sinne eines ›moralinsauren‹ Sittenpredigers steht. Bei den Moralisten handelt es sich um verschiedene, vor allem in Frankreich bekannt gewordene Schriftsteller-Philosophen, denen es in ihrer *science de l'homme* darum ging, den Menschen mit möglichst all seinen Ab- und Hintergründen zu erfassen und darzustellen – statt das Fehlen einer bestimmten, idealbildhaften Moral zu beklagen. Valérys Beobachtungsintention und seiner Menschenanalyse ist der Gestus des konstruktiven und dabei stilbildenden Desillusionierens ebenso eigen wie die literarischen Formen, deren er sich dabei bedient: Aphorismus, Maxime, Fragment, Reflexion, Dialog und Essay. Diese bilden die ›offene‹ Basis einer literarischen Menschenbetrachtung, wie sie seit Montaigne und La Rochefoucauld unternommen worden ist. Und dies sind auch die Gattungen, in denen sich Valéry – von der Lyrik abgesehen – in seinem zu Lebzeiten erschienenen ›offiziellen‹ Werk vornehmlich ausgedrückt hat. In seinen verborgenen *Cahiers* mit ihrer absichtlich fragmentarisch gehaltenen Gestalt praktizierte er noch stärker verschiedene Verkürzungs- und Pointierungsstile, um in fortwährender, skeptischer Umkreisung seines Gegenstandes – dem geistigen Vermögen des Menschen – diesem auf die Spur zu kommen.

… mein philosophisch-literarisches Ziel war es, die verschiedenen Ordnungen, welche die Komplexität des Menschen ausmachen, in Aktion zu zeigen, und zwar *gleichzeitig* —, Ordnungen, die sich gegenseitig fordern und fördern und die gleichsam die Grundbestimmung des Denkens bilden, seine Elastizität.

Was man versuchen muß zu begreifen, ist die Gesamtfunktionsweise des Menschen.

Der Mensch sieht, hört, berührt nur sich selbst. Die Physik ist bloß anthropomorph.

Wie ich das Lebewesen sehe? — Ich abstrahiere von seiner Entscheidung. Ich *sehe* weder Pferd noch Mensch — Sondern seltsame Darstellungen davon.
Diese Graphiken notieren »Funktionen«. Ich betrachte das Lebewesen als System von Funktionen — mehr oder weniger unabhängigen Funktionen — jede mit ihrem monotonen Zyklus. Die einen intermittierend, die anderen ununterbrochen. Ihre Resonanzen und Interferenzen. Wie sie sich kombinieren, behindern, erregen, bekämpfen, stützen, fortsetzen, ersetzen, verstärken, zerstören — unterschiedliche Geschwindigkeiten.

Wie läßt sich diese Komplexität überschauen? Wie zum Beispiel auf diesem Ozean von sich kreuzenden Reizen und Reizbeantwortungen — einem Interesse, einem festen Vorhaben *Dauer* verleihen, wo sich doch eine *natürliche* Erneuerung in ganz bestimmtet Richtung vollzieht — ein dominantes Austauschgesetz —

Die Wissenschaft vom menschlichen Wesen gäbe es nicht, wenn man es in seiner ganzen Komplexität ernst nähme. Doch der Mensch selbst sieht sich nur in und durch Vereinfachungen.

Ein Mensch ist komplizierter — unendlich komplizierter — als sein Denken.
Man müßte wohl dahin kommen — unsere Philosophie auf diese Grundlage zu stellen — daß wir auf einer höllischen Komplikation von Elementen und Elementarvorgängen beruhen.
Ein Geist, der fähig wäre, die Kompliziertheit seines Gehirns zu begreifen, wäre also komplexer als das, was ihn zu dem macht, was er ist …

Der Mensch ist ein Versuch, eine extreme Spezialisierung mit einer extremen Anpassungsfähigkeit zu verbinden.
Die Bedingungen seiner Existenz und seiner Fortpflanzung sind sehr eng; doch es ist ihm vergönnt, sich nicht aufs Hinnehmen zu beschränken. Er ist fähig zu verändern — hervorzubringen, wessen er bedarf. Insofern ist er zur Arbeit verdammt. Seine defensive Anpassung wird ergänzt durch eine offensive Anpassung. Dies geht bis zur Erzeugung von Bedürfnissen selbst.

Wir sind ein hochkompliziertes Instrument, auf dem die Sinne spielen — die speziellen Sinne und die viszeralen Sinne — und die »Welt« spielt auf den Sinnen, die gesehene Welt, die verspeiste Welt, die geatmete, gerochene, gestoßene Welt oder die sichtbare, eßbare, riechende, widerständige, atembare Welt.
Es gibt auch die wiederkehrende Welt oder Gedächtnis.

Solange die Dinge eine Bedeutung und sogar eine Form haben, befinden wir uns im Anthropomorphismus.

Wenn

Der Mensch ist von *Wenn* umgeben. *Wenn* ich diese Vase hinunterwerfe, wird sie zerbrechen. Wenn ich diese Schublade öffne, werden Gegenstände erscheinen. — Wenn ich diese Seite anschaue, werde ich dort das und das Gedicht lesen. *Wenn*, *wenn* und *wenn* …
Die Summe der WENN, oder vielmehr ihre Menge, ist *eingegangen* in den allgemeinen Akt des Wiederkennens seiner selbst, des Ortes, des Augenblicks; und wir begreifen den Augenblick nur über eine Menge von virtuellen Variationen oder eventuellen Transformationen der *Sphäre* der gegenwärtigen Gegebenheiten.

Für jeden Menschen gibt es ein Kriterium für *verlorene Zeit.* Jede Dauer, die nicht von einer funktionellen Errungenschaft geprägt und von dem Gefühl begleitet ist, im Innern eine Beute zu ergattern, und zwar kräftigende Nahrung und nicht nur Kostprobe für meine Neugier, ist für mich *verlorene Zeit.* Was gewisse Konsequenzen nach sich zieht.

Homo trachtet danach, alles Vermögen, das er in sich spürt, auch anzuwenden, wie man an den Kindern sieht, die alles anfassen.
Man denkt, die Dinge ziehen ihn an und er ist neugierig auf sie. Aber es ist eher so, daß die Fähigkeiten des Anfassens, Handhabens und Umänderns ihm keine Ruhe lassen und die Dinge dabei nur Vorwand sind. Das Vermögen arbeitet in ihm und erregt Handlungsbedürfnisse. Was sich an den geschlechtlichen Fragen beobachten läßt, insbesondere in der Pubertät. —
Man sieht es auch am Intellekt — der sich Probleme sucht, die er verschlingen kann — und der seine mathematischen oder anderen Appetitanfälle hat …

Das größte Vergnügen ist das Nahen des Vergnügens.

Zwischen unserem mentalen Funktionieren und uns gibt es keine Kommunikation. Das Innerste des Menschen sieht nicht menschlich aus.

Der Mensch ist nur an seiner Oberfläche Mensch. Blicke unter die Haut, seziere — schon beginnen die Maschinen. Dann verlierst du dich in einer unerklärlichen Substanz, die allem, wovon du weißt, fremd und doch die wesentliche ist.
Ebenso geht es mit deinem Verlangen, mit deinem Fühlen und Denken. Die Vertrautheit und die menschliche Erscheinung alles dessen schwinden bei näherer Prüfung. Und wenn man die Sprache abnimmt und unter diese Haut blickt, so bestürzt mich, was hier zutage tritt.

Das Alter des Warum
Die Kinder fragen Warum? — Also bringt man sie in die Schule, die sie von diesem Instinkt kuriert und Neugier durch Langeweile besiegt...

Die Macht des Menschen gründet in seinem Blick, in dem Winkel, der Bewegung, der Festigkeit, der Unabhängigkeit, die er sich in seinem Blick bewahrt hat.

Eine Erkenntnis, also ein Ensemble von Ideen und Beziehungen, das innerhalb des Machtbereichs des Geistes vom Rest abgetrennt bleibt, die eine abgeschlossene Domäne bildet, derart, daß man diese entleeren und ihren Inhalt außer Gebrauch setzen könnte, ohne irgendwelche Folgen für das allgemeine Funktionieren der »Responsivität«, — die also keinerlei Anteil an der allgemeinen Politik des geistigen Lebens hat — die dem Rest weder Beziehungen noch Ausdrücke eröffnet —, hat ihren maximalen Wert nicht erreicht; und der Mensch, der sie besitzt, ist arm, und hätte er gleich eine Bibliothek im Kopfe.

Kein philosophischer Irrtum ist so ungeheuerlich wie der, nur die Philosophen zu den Philosophen zu rechnen, während doch alle Menschen von einer gewissen Größe notwendigerweise ihre eigene Philosophie ausgebildet haben; und wenn sie sie nicht im technischen Sinne und in der technischen Sprache der anerkannten Philosophie ausgedrückt und verdeutlicht haben, dann lag das vielleicht daran, daß sie das Gefühl hatten, ihre Philosophie sei um so mehr philosophisch wahr, als sie nicht als solche deklariert war. Wahr, d.h. genutzt und angewandt — *verifiziert.*

Der Philosophiespezialist fängt nichts mit seiner Philosophie an: er ist unter allen derjenige, der am wenigsten von ihr Gebrauch macht.

An der Stelle jedes Menschen, mit denselben Materialien, sind mehrere »Personen« möglich. Bisweilen koexistieren sie, mehr oder minder gleich. — Bisweilen periodisch. Die einen immer gröber als die anderen — primitiver — ungeschickter. Bisweilen kommt eine kindliche mitten in einem Vierzigjährigen wieder zum Vorschein. Man glaubt, man sei derselbe. Es gibt keinen *Selben*.

Je weiter ich komme, desto mehr messe ich die Menschen an ihren Intentionen. Die allgemeine Absicht zeigt sie am besten — als Figuren der Welt — Nicht die Resultate — nicht einmal — — Sondern die Intention, ihr Öffnungswinkel, ihre Genauigkeit, der Punkt, von dem sie ausgeht, ihre Autorität, Unbeugsamkeit oder Geschmeidigkeit — ihre scheinbare Veränderung usw.

Stets wollte ich das Porträt eines Menschen schaffen. Doch nicht so wie die Romanschreiber.
Ein Maler ist stets genötigt, das Ohr anzubringen, Auge, Mund, Nase — Er hat vorgegebene Bedingungen. Für das geschriebene Porträt, das mir vorschwebt, müßte man zuerst die Bestandteile der Person, der Persönlichkeit, der mentalen Mechanik ermitteln, die Besonderheiten, anschließend sie an Ort und Stelle ausführen.
Ein Gedächtnis aufzeichnen können, eine allgemeine Sensibilität, eine Rasse oder Erbanlage, eine Vergangenheit, ein höchstes Ziel, eine Art des Agierens und Reagierens; die Grenzen,

die Ressourcen, die Reserven; Scham und Scheu, Geheimnisse, Lücken, Phobien und Manien eines Individuums. Und zunächst als Dinge, die bei allen Individuen vorkommen. Normalerweise übergehen die Schriftsteller gerade das Wesentliche, sind nur auf das Charakteristische aus.

Der innere Mensch, verwirrt und plötzlich seiner innewerdend, nicht mehr wissend, was er ist, statt dessen ein panisch unerträglicher Gedankenausstoß, ein irrendes Insekt auf trokken rieselnder Sandschräge —: so einer ruft sich zur Hilfe den *von außen gesehenen Menschen*. Der Tiefstinnere, gesichtslose, formlose, ruft nach dem Passanten, nach des Menschen greifbarer Geschlossenheit und Festigkeit. Und er fragt ihn: Was tun die Menschen in solcher Lage? Denn ich bin kein Mensch mehr. Ich erkenne die Grenzen nicht mehr zwischen meinen Gedanken und meinen Handlungen und meinen Dingen. Erinnere mich daran, daß ich umgrenzt bin und aufrecht wie du. Wenn ich bin wie du — so kann es nur ein Teil meines Ichs sein, was mir zusetzt und mich quält. Wirf mir das Bild meiner Ganzheit zurück.

Die Autorität, die ein Mensch dank bestimmter Momente von sich oder bestimmter Dinge erworben hat, überlebt diese Momente und verbleibt ihm, verleiht seinen Ansichten, Handlungen und Urteilen, selbst wenn sie noch so nichtig und oberflächlich sind, das Gewicht, das er zu anderen Zeiten mit seiner Person verbinden konnte. Er ist gleichsam der Erbe eines durch jemand anderen erworbenen Vermögens.

Sich selbst gefallen ist Stolz; dem anderen — Eitelkeit.

Es gibt ihn nicht, den Menschen, der stark genug wäre, sich selbst so zu behandeln, wie er die anderen behandelt — sich selbst gegenüber so gleichgültig zu sein, so loyal, so mißtrauisch.

Ein wirklicher Mensch, ich, du — ist stets nur ein Fragment; wie immer sein Leben sein mag, es ist stets nur ein Probestück, ein Hinweis, ein Muster, ein Entwurf — mit einem Wort: etwas in seiner Gesamtheit *Geringeres* als das Wesen, das mittels dieses gegebenen Menschen möglich ist.

Ungeheuere Rolle, die in den menschlichen Beziehungen die zurückgehaltenen Worte spielen, die Eloquenz und die Präzision der verdrängten Dinge, der abgewiesenen Erwiderungen, Vorwürfe, Verurteilungsenergien …

Ein äußerstes Erkennen seiner selbst würde der Mensch nicht aushalten. Denn *Was sein will* und *Was erkennen will* vernichten sich gegenseitig.
Man kann noch so oft sagen: meine Verzweiflung ist nur … eine Verzweiflung. Sie ist aus den und den Teilen zusammengesetzt; sie hat ihr Rezept und ihre Verfahren; sie schwächt sich zu der und der Zeit ab — —

Ein Mensch fühlt sich dumm — verstört, nicht mehr *präsent*, geistlos, und er wird sich dessen bewußt. Wo ist denn der, der etwas taugt/taugte/, fragt er sich? — Er betrachtet seinen abhandengekommenen Witz so, wie er seinen kranken oder müden Körper betrachten würde. Wo ist meine Kraft? Wo mein Mut? Wo sind meine Worte, meine gewohnten Einfälle?

Geist und Kraft wären also geliehene Fähigkeiten, wie äußerliche Güter, Juwelen oder Waffen, die verlorengehen.

Sehr wichtig im Menschen ist der Affe, der ihm dazu dient, sich selbst nachzuäffen. Schließlich sind wir derjenige, den wir am häufigsten nachahmen — und wohl auch am besten.

Der Mensch: Vater und Sohn der Gedanken, die ihm kommen.

Ich wundere mich darüber, daß man nicht versucht hat, das Maximum unserer Erkenntnis festzulegen, das Eichmaß — des Wissens oder des Verstehens und Begreifens. In welchem Fall und unter welchen Bedingungen sind wir über irgendeinen Punkt vollständig befriedigt?

Das erste Lächeln des Kindes, etwa mit 2 Monaten, ist ein einfaches Aufgehen … welches eine unvorstellbare Organisation des Ausdrucks, selbst in *statu nascendi*, voraussetzt. Denn dies ist der erste Luxus des Menschenwesens — Es ist nicht mehr das Bedürfnis, welches weint und schreit — Es ist die Ouvertüre des unnützen Bedürfnisses, für etwas anderes als die Befriedigung eines Durstes zu kommunizieren — —
— Von diesem Lächeln bis zu Herrn von Talleyrand.

Hauptfrage *meiner* Psychologie.

Was bewahrt sich durch alle Zustände? was erhält sich im Schlaf, im Traum, in der Trunkenheit, im Entsetzen, dem Liebestaumel? dem Irrsinn?

Was bleibt von Zustand zu Zustand erhalten?
Hängt ein Zustand von dem unmittelbar vorangehenden ab — oder von früheren Zuständen? — Wo hält sich der *frühere* Zustand auf, bevor er in der Gegenwart wirkt? Muß der *frühere* Zustand unbedingt wieder auftauchen oder kann er versunken bleiben?
Muß ich die Kontinuität mit Gewalt einführen und dazu vielleicht einen geschickteren Begriff entwickeln als das Unbewußte?

Man soll nur an das glauben, was man selbst erfunden hätte.

»Zufall oder Genie«

Was bei den einen als *Zufall* gilt, wird bei den anderen dem Genie zugeschrieben. Die ersteren sind bei weitem zahlreicher.
Genie: einer Person angetragener sehr günstiger Zufall. Es kann sein, daß die Arbeit des Geistes in ihren diversen Formen (Aufmerksamkeit, Neugier oder innere Unruhe) die Zahl der Spielrunden ungeheuer steigert, und damit auch die Gewinnchancen. Doch ebensosehr wie die Herstellung der Kombinationen ist bei dieser Sache das Auswählen von Bedeutung, das Empfinden für die Werte dessen, was der Kopf dem Bewußtsein und dem Augenblick hinwirft. Und hinzu kommt noch jene Fähigkeit, ohne welche das übrige nur ein Strohfeuer ist — nämlich das Vermögen, dem Augenblicksfund *aufs rascheste* eine nutzbare, ausbau- und übertragungs-

fähige Form zu geben. *Es muß etwas da sein, womit man ihn fassen kann* (und bisweilen erzeugt diese Fähigkeit, zu erfassen, aus schierem Betätigungsdrang den Fund sogar selbst).

Die größten Aktionen waren das Werk von Leuten, die im Grunde an nichts glaubten, es sei denn an die Leichtgläubigkeit derer, die sie führten.
Caesar, Friedrich, Napoleon.

Wie der Schatten dem Körper folgt, so folgt die Dummheit der Macht.

Es sind keineswegs die »Bösen«, die das größte Unheil in dieser Welt anrichten.
Es sind die Unbeholfenen und die Leichtgläubigen. Die Bösen wären machtlos ohne viele Gute.

Schaffung »künstlicher« Bedürfnisse. Der Mensch ist ein Tier, das sich nicht lediglich an Umstände anpaßt, sondern Umstände schafft, um das Vergnügen zu haben, sich an sie anzupassen — Er träumt im Wachen, und er träumt beim Handeln. Er kann gar nicht längere Zeit befriedigt sein. Das Natürliche ist seine Natur nicht. Wenigstens der westliche Mensch ist so. Dies rührt von einer Besonderheit seines Systems her — in welchem jede Antwort sich leicht in eine neue *Frage* verwandelt.
Die Zivilisation geht hervor aus der Zunahme der Anpassung, welche unaufhörlich annulliert wird durch die Zunahme der Anpassungsfunktion selbst, wie beim Vorgang des Koitus.

Die, denen es an Geist fehlt, an Vorstellungskraft, an Eindringlichkeit und Tiefe, brauchen Emotionen, Leidenschaften, Erhabenes und Katastrophen. Von der Scheingröße der Phänomene, ihrer Intensität lassen sie sich packen und messen ihnen Bedeutung bei in Funktion der Intensität.
Es gibt eine Sucht nach Heftigkeit, nach Gram und Jammer, nach Gemütsaufwallung und sogar nach Wirrsal.
Und doch ist diese Unordnung unendlich weniger reich, weniger bedeutsam, weniger groß als die Phänomene, die unsere Klarheit *erhalten* und uns instand setzen, den Schein vom Sein unterscheiden und die Ordnungsbereiche in uns selbst gesondert zu wahren.

Politik ist die Kunst, die Leute daran zu hindern, sich um das zu kümmern, was sie angeht.

Die Formel: *Der Staat bin ich* hat die Formel erzeugt: *Der Staat ist ein Ich* — das war die schreckliche politische Neuheit.
Nachdem der König-als-Mensch abgeschafft war, blieb ein monströser Egotismus zurück.

Was die »Konservativen« ruiniert hat, war die schlechte Wahl dessen, was zu konservieren war.

Es gibt kaum etwas Dümmeres, als von Lektionen der Geschichte zu sprechen. Von der Geschichte erfahren wir nur etwas über die Historiker, ob sie Stil haben, ob sie Geist haben usw. Und über jene, die sich ernst nehmen, müssen wir lächeln.

Das wirkliche Handeln kann nichts anfangen mit guten Schülern. Noch weniger mit brillanten Kandidaten; die behalten von ihren Anfängen vor allem einen Überlegenheitsdünkel zurück —

Der Mensch verbirgt — zwangsläufig, was er nicht sagen kann, und freiwillig, was er mit den anderen gemeinsam hat und was die anderen niemals sagen. Er imitiert ihr Geheimnis. Das Identischste, was die Menschen haben, ist auch das Verborgenste — Sie verbergen ihre Ähnlichkeit ...

Man redet ungeheuer viel über Moral. Aber ich behaupte, daß keiner wirklich seine eigene kennt, also streng aufzeigen kann, nicht was er an schaumigen Meinungen hat, sondern was das Gesetz seiner Handlungen ist.

Der Mensch hat Wert nur insofern, als er sich nicht manövrieren läßt von der Natur, von seinen Instinkten, von der *Gesellschaft*, von der Nachahmung, von der Eitelkeit — kurz, von dem, was war, vielmehr einzig durch die Überlegung dessen, was sein kann oder nicht sein kann.

Furcht vor SICH SELBST ist der Auftakt zur Moral. Nicht wagen, das zu sein, was man ist.

Es ist schwer und es ist hart, zu sein, was man ist — nicht das zu sein, was man gern wäre. — Hart vor allem für die »gebildeten« Leute.

Hart und schwer, weil … kein augenfälliger Vorzug oder hinreichender Reiz darin liegt, gerade so zu sein — Das ist niemals etwas Besonderes.
Jeder »große Mann« ist nicht eigentlich er selbst — sondern er hat es geschafft, sich nach einem Modell oder einem *gegebenen* Maßstab zu erschaffen.
Was da er selbst ist, sein »Genie« — das ist ebenjenes Vermögen, sich neu zusammenzusetzen, und nicht das, was er war, und ebensowenig das, was er schließlich geworden ist.

Alle Moral ist künstlich — ist sie doch darauf aus, einen Teil der ursprünglichen Regungen zu unterdrücken, einen anderen zu entwickeln. Gäbe es ein Wesen, das von Natur aus diese Veranlagung böte und spontan einem erfolgreich moralisierten Wesen gliche, so wäre es nicht moralisch, denn es würden ihm Kunstgriff und Zwang abgehen. In dem Augenblick, in dem es den Kunstgriff gibt, muß es ein Ziel geben. Ist dieses Ziel aber enthüllt, geklärt, kontrollierbar — so verliert die Moral alles Prestige. Der Diebstahl etwa kann nur in einer Gesellschaft geächtet sein, in der die Besitzenden herrschen und über ehrbar und ehrlos bestimmen. Ihr Interesse ist es, zu erniedrigen, was ihnen schadet. In einer anderen Gesellschaft, wo es ehrlos wäre, zu besitzen, ist der Räuber ein Gendarm.

Moralvorschriften sind äußerst unwirksam — Daher sieht sich jeder Begründer oder Verbreiter von Moral auf zusätzlichen Wirkungszauber angewiesen. Furcht und Exaltation bei den Römern. Beim Protestanten Überlegenheit und auch Sicherheit.
Diese Monstren sind wirksam, wohingegen die nackte Vorschrift gleichsam nichts ist.

Ein seines Denkens sehr »bewußter« Mensch kann sein moralisches Bewußtsein nur schwer ernstnehmen — Skrupel, Hindernisse, Hin und Her — usw.
Er erleidet die Triebregung — *beurteilt sie als schlecht* — sieht sich gedrängt, zurückgehalten, lacht darüber, sich zwischen Gut und Böse zu sehen, findet sich selbst weiter als die Alternative, macht sich über sich selbst lustig — und über die Mechanik seiner Tugendhaftigkeit — Wenn er ihr nämlich folgt und sich ihr folgen sieht, kann er nicht umhin, sie dem Automaten gutzuschreiben — in den alles eingeht, was sowohl gesehen als auch *vollendet* ist.

Es gibt wechselseitige Antipathien, und es gibt einseitige. Ich habe gesehen, wie große Freundschaften sich aus anfänglicher Abneigung entwickelten.
Sympathie und Antipathie lassen sich, wenn sie *wesentlich* sind, nicht erklären, ebensowenig wie Gleichheit des Geschmacks, der Bildung.
Ich habe an mir selbst beobachtet, daß unter den Menschen, denen ich begegnete, die einen in mir so etwas wie Energie erregten, spontane Wärme und eine vertrauensvolle Öffnung; die andern den gegenteiligen Effekt, so daß man sich verschließt, sich einschließt und entfernt.

Das Gedächtnis würde uns nichts nützen, wenn es *in striktem Sinne treu* wäre.

Was mich am Gedächtnis am meisten frappiert, ist nicht so sehr, daß es das Vergangene zurückruft — sondern daß es das Gegenwärtige ernährt.

Ständig vergißt der Mensch — sein Gedächtnis. Das Gedächtnis ist das, was wir am leichtesten vergessen.

Beim Erwachen findet man *seine* Gedanken, seine Angelegenheiten, seine Bedürfnisse, seine Kleider wieder — man nimmt die unterbrochene Tätigkeit wieder auf, man nimmt wieder seinen Platz ein in einem System, in dem Gegenstände, Projekte, Vorstellungen, Gefühle und Kräfte miteinander verzahnt sind. Man wird wieder zum Bürger, zum Ehemann, Kranken, Aktionär von — — man schreitet zur Veränderung und *Konservation* dieses Systems in der Folge — so als wäre man das Zwischenstück, das Bindeglied oder das Tier bzw. Organ, das einen Faden spinnt zwischen gestern und morgen. *Gestern und morgen* sind Eigenschaften des Systems, und heute ist Eigenschaft des »Ich«

Ein Mensch, der erwacht, ist (so scheint mir) während einer sehr kurzen Zeit *vor der Erinnerung*, im Stande der Reinheit des Ich, denn er hat auf den Aufruf seiner Präsenz, auf die Neuheit seiner Glieder, seines Gewichts, seines Atems und des Lichtes noch nicht geantwortet, er sei das, *was er war* und *was er sein wird.* Er stößt sich an dem, *was er ist*; und aus dem Schock geht hervor, *was er war*, welches in sich birgt, *was er sein und tun wird.*

Empfinden beginnt alles, geht allem voraus, begleitet und beendet alles.
Und *ist folglich alles.*
Weshalb es denn unmöglich ist, unterhalb dieses Wortes zu verharren oder darüber hinauszugehen — — ein *Wort*, das ein *Grenzpunkt* ist — oder ein Totalreflektor, der alles zurückspiegelt und nichts absorbiert.

Die Sensibilität ist das wichtigste Faktum von allen — es umfaßt alle anderen, ist allgegenwärtig und all-konstituierend. Das, was man *Erkenntnis* nennt, ist nur eine Komplikation dieses Faktums.

Die Würde des Menschen liegt ganz und gar in jenen Augenblicken begründet, in denen er für die Gegenstände der Reflexion ohne praktischen Nutzen und sogar ohne Reiz und ohne Zukunft ebensoviel Aufmerksamkeit und Hingabe aufbringt, wie er seiner Existenz zukommen läßt.

Der Mensch, beweglicher Posten — in einem Energiefeld.

Die Macht des Menschen wird durch die Tatsache vervielfacht, daß seine gedankliche Reichweite nicht durch seine unmittelbaren Fähigkeiten begrenzt wird — und davon unabhängig ist.

Der »Determinismus« ist die einzige Weise, sich die Welt vorzustellen. Und der Indeterminismus die einzige Weise, in ihr zu existieren.

Ich bin Fatalist. Ich glaube, daß unsere Ideen bei den »Ereignissen«, selbst in den Fällen, die in unserer Sicht am meisten von ihnen regiert werden, nur eine scheinbare oder aber lächerlich geringfügige Rolle spielen.
Der Mensch kann zwar »wissen, was er macht«; er kann aber weder wissen, *was da macht,* noch *was* das macht, *was er macht.*

Der Zufall läßt ihn auf die Welt kommen; richtet sein Leben aus; verheiratet ihn, gibt ihm seine Gedanken ein, tötet ihn. *Wenn er will* — so ist sein Wille, quantitativ über sein ganzes Leben hin, doch immer nur kümmerlich wenig.
Es würde sich herausstellen, daß er dann, wenn er »frei« ist und zuweilen sich als »Ursache« vorkommt, doch bloß einen Augenblick in diesem Zustand verweilen kann. Er geht nur hindurch, und noch dazu äußerst selten — (wenn die Hypothese denn gilt).

Jeder Mensch macht seinem Ich Angst. *Jemand* zu sein erstaunt, verwundert, bestürzt das universale Organ dieses Jemand, das, worin er nicht Jemand ist, und das sich, wo es doch ein Ganzes ist, in seinem Teil enthalten sieht, und als *Eigenschaft seiner Eigenschaften. Reflexive Verben.*

Der Mensch ist ein System von Begierden, das durch ein System von Ängsten temperiert wird.

Je stärker bei den Menschen der Besitztrieb ist — (Landwirte), desto mehr erachten sie Diebstahl als verabscheuenswert oder geben dies zumindest vor — Eigentum ist eine Angelegenheit der Sensibilität.
Generell verhält sich der Abscheu, der sich an eine Übertretung heftet, proportional zu einem Instinkt, dem diese zuwiderläuft, und er ist daher aufschlußreich für das betrachtete Volk oder die Gruppe.
Beim Besitztrieb nun, der als solcher recht abstoßend ist, frage ich mich, ob er nicht identisch ist — mit dem Sinn für das Ego, mit der Persönlichkeit — Man hätte dann Völker mit markanter Persönlichkeit — sehr eigentumsbezogen — die

dies in ihren Gewohnheiten, ihren Ansichten von Ehre und Unehre ausdrücken.

Der Tod ist ein Gedanke des Lebenden. Er ist fürchterlich durch die Menge an Leben, die der Lebende dort hineinlegt.

In bestimmter Hinsicht ist der Tod etwas schrecklich Unzugängliches. Man würde alles mögliche tun, um ihm zu entgehen. Der ganze mögliche Schrecken bildet ein grenzenloses und grenzenlos zu fürchtendes Land, das zwischen ihm und uns liegt, das heißt zwischen uns und uns.
In anderer Hinsicht jedoch ist er ganz klar, ja klarer als alles, wird plötzlich Ziel aller Mühen, so sehr, daß man unweigerlich an die Absurdität denkt, sich zu töten, um nicht zu sterben, und daß man diesen zweiten Tod für eine Unterstützung gegen den ersten hält, welcher doch derselbe ist. Aber der zweite ist ausschließlich definiert durch einen einfachen, klar gelungenen Akt, der erste durch eine Leidenschaft und einen Zwang.

Wer träumt, ähnelt dem, der in einem Boot aufrecht geht. Das Boot fährt rückwärts, und der Mensch bleibt am selben Punkte des Meeres stehen. Am Bug des Bootes angekommen, muß er entweder ins Wasser springen oder zurückgehen. Und das Boot kommt wieder und der Gehende kommt von seinem absoluten Ort nicht weg. Ist das Boot unendlich lang, ist die Kette der Bilder und der Emotionen unendlich, so kann er unbegrenzt marschieren und sich abmühen, ohne voranzukommen.
Er sieht zur gleichen Zeit den gleichen Punkt des Meeres und eine Folge von verschiedenen Punkten des Ufers, und schlösse er die Augen, er glaubte voranzuschreiten.

Das Ziel des Menschen ist die Synthese des Menschen — das Wiederfinden seiner selbst als der äußerste Punkt seiner Suche.

Jedes Leben ist ein emporgeworfener Stein. Beim Herabfallen aber geschieht es, daß mancher Stein eine schöne Frucht vom Baum im Garten Eden mit herabholt.

Für den Geist gibt es keine letzte Anstrengung. Das bleibt dem Herzen vorbehalten, dessen letzte Zuckung allem ein Ende setzt.
Es gibt keinen »letzten Gedanken«. Denn es gibt keine Ordnung in den Gedanken, die nicht zufällig wäre.

Blicke auf die eigene Person

Das immer wieder in den *Cahiers* aufscheinende Interesse Valérys an einer intensiven Beschäftigung mit der eigenen Person scheint zunächst – allerdings nur bei vordergründiger Betrachtung – im Widerspruch zu seiner persönlichen Ablehnung der in Frankreich hoch angesehenen Form der literarischen Autobiographie zu stehen. Valéry glaubte nach eigener Aussage nicht daran, daß man sich selbst auf diese Weise zutreffend darstellen könne. Um so mehr lassen sich die entsprechenden *Cahiers*-Einträge als Protokollfragmente einer kritischen Eigenrecherche lesen, die Blitzlichter auf die eigene Individualität werfen und in der Zusammenschau eine Art »fragmentarisches Autoportrait« bilden, wie dies der Valéry-Forscher Karl Alfred Blüher genannt hat. Dem Leser eröffnet sich dabei ein vielschichtiges Variationsfeld der potentialerkundenden Valéryfrage: Wie genau – das heißt, wie realistisch, zutreffend oder gar ›richtig‹ – kann ein Mensch sich selbst überhaupt sehen bzw. wahrnehmen? Dabei geht Valéry in seiner kritischen Selbstbeobachtung sogar noch einige Schritte weiter, beispielsweise, wenn er herauszufinden versucht, was es eigentlich bedeutet, *mit dem eigenen Anfang anzufangen.*

Was mich von manchem unterscheidet, ist, daß ich von *meinem* Anfang ausgehen wollte.

Bisweilen scheint mir, ich sei ein Mann ohne Datum. Es gibt in mir ein undatiertes Wesen, und im Album der Kostüme und der Sitten — genannt *Geschichte* — fühle ich mich als niemandes Zeitgenosse.

Ich habe vor langer Zeit schon festgestellt, daß es meine Manie oder mein Gesetz ist, immer mit dem Anfang anfangen zu wollen.
Und ich merke heute, daß es nichts gibt, woran ich treuer festgehalten habe.
Ich sehe, daß ich nur das als erworben betrachte, was ich selber erworben habe, durch Vorantasten und Fehlschläge.

Ich baue kein »System« — Mein System — bin ich.

— Jeder hat seine Asymmetrie.
Es ließe sich eine Biographie denken, die so angelegt wäre:

Ein Strahlenfeld, in dem sich das Wesen von einem Punkt aus ungleichmäßig in die verschiedenen Richtungen entwickelte. — Windstriche usw.

Meine Natur verabscheut alles Vage.

Nie habe ich den Gedanken ertragen können, daß ich, ich, unter einen Begriff zu fassen wäre. Ich bin allen Akten ausgewichen, die dem *Wesen* eine Idee von Selbstdefinition geben könnten.
Ich bin ausgewichen vor dem Dichter, dem Philosophen, dem Mann mit einem Beruf, was doch alles in mir angelegt war.
Ich bin ausgewichen vor dem Gutsein und vor dem Schlechtsein.
Ich liebe mich, solange ich nicht das Gefühl haben muß, der und der zu sein: Menschen. Ich hasse mich, wenn ich mich wiedererkenne, wenn ich den Menschen mit seiner Eigenheit bei mir spüre; ich will niemand sein.

Ich habe die mißliche Angewohnheit, mich in der hohlen Hand zu wägen, einer monströsen mentalen Hand; und was gar nicht im Augenblick ist, wägt den Augenblick und befindet ihn als leicht ..., wo doch *all meine Zeit* dorthinein paßt.

Mein Charakter erheischt, daß ich in erster Linie mein Inneres erforsche, und diese Forschungen münden in ein endliches System, das als Ganzes immer schon bekannt ist und bei dem es nur darum geht, es besser zu ordnen, besser auszuprägen, besser zu meistern; während physikalische Forschungen überraschenden Umstürzen unterworfen sind — so wie auch der Globus plötzlich seine Gestalt und die Landkarte verändern kann, während der Mensch sich nur selbst aufzuheben oder sehr langsam zu wandeln vermag.

Variation über Descartes:
Manchmal denke ich; und manchmal bin ich.

Etwas anderes sehr Bemerkenswertes, leider! — Immer in höchster Eile — Kann mir nie Zeit *nehmen*, um … Zum Beispiel, gründlich aufzuräumen — Ausführliche Toilette. Um mich herum Ordnung zu schaffen. Ich habe das Gefühl verlorener Zeit. Und leide dann darunter.

Die Unordnung, die mich umgibt, ist mir ziemlich gleichgültig — Mich beherrscht der *Augenblick*, auf Kosten der Zukunft — daher all die Fragmente oder momentanen Sachen! Ich esse zu schnell, spreche zu schnell, *denke zu schnell* — (woraus sich *gänzlich andere Gedanken* ergeben als aus langsamem Denken).

Ich glaube nicht an das, was ich sehe.
Darin einem »Mystiker« ähnlich, wie man sagt.
— Ich sehe was ich sehe mit einem Blick, der »gleichzeitig« mit den dargebotenen oder aufgenötigten Gegenständen ihren Feldbereich, ihre Tangentialpunkte, ihre Gruppenzugehörigkeit, ihr Referenzsystem und auch die Freiheiten dabei wahrnimmt.

Ich bin ein lebender Protest gegen das, was man von mir denkt — gegen alles, was man von mir denken kann / gegen das, was ich von mir denke /, und mich selbst!
Und alle Menschen sind wie ich.

Jedes Urteil über mich, das mich als homme de lettres betrachtet, ist von Grund auf verfehlt.

Einige Seiten aus Gides *Tagebuch* gelesen. Ich komme darin auch vor, auf recht wunderliche Art. Sehr nett behandelt. Sehr gefährlich wohl auch. Einiges erstaunt mich und ist unerklärlich, bei ihm, der doch mein Leben kennt — etwa, ich hätte es mir bis ins kleinste vorausüberlegt und gestaltet wie ein Schachspieler!! Dabei gibt es keinen äußeren Lebenslauf, der mehr dem Zufall überlassen worden wäre. Alle Ereignisse meines Lebens, Karriere, Ehe — usw., alles war das Werk der *anderen*. Meine einzige Politik bestand stets darin, meine unendliche Suche so gut wie möglich zu schützen — auf Kosten von mancherlei und zum Preis eines mittelmäßigen Lebens. Gide denkt nicht daran, daß ich mir stets »meinen Lebensunterhalt verdienen mußte, und den anderer dazu« — worin offensichtlich kein Adel liegt. Allein schon diese Worte auszusprechen ist unedel.
Mehr noch: er scheint keinen Augenblick lang zu ahnen, wie unermeßlich diese meine Erforschungsarbeit war — welche mein »Verhalten« weitgehend erklärt — das unliterarischste Verhalten, das sich ausmalen läßt.
Davon hat Gide keine Ahnung. Er lebt in einer ganz andern Welt — einer Welt, in der die emotionalen Fragen beinahe die einzigen sind, die es gibt, und in der der »Wille zur Macht« nur jene Macht meint, die Gefühle der anderen zu erschüttern, und nicht Macht, zu dem zu finden, was man vor sich selbst sein möchte, SO WIE MAN IST — aber zu dem geworden, der *ein für allemal ist.*

Manchmal bin ich trunken, überwältigt, wenn ich gewahr werde, wie potentiell unendlich meine Gedanken sind — ich halte inne, verzage angesichts all dieser Ideen, die sich abzeichnen, aufblitzen und wieder vergehen, so wie die riesige Anzahl der Schößlinge vergeht, um den Wald in seiner Seltenheit emporwachsen zu lassen — und das Schicksal trifft die Auswahl.
Diese unnütz wimmelnde, wogende Fülle, in der ich mich einen Augenblick lang verliere und die sich in demselben Augenblick eben dadurch verliert, daß ich mich darin verliere — ich gewinne ihr dennoch einen Gedanken ab (ich verliere eine Million und gewinne einen einzigen, den Gedanken dieses Verlierens), nämlich daß ich erkannt habe: In der unmittelbaren natürlichen Zeugung dieser Keime *ist der Geist wie eine* BLINDE NATUR. Ich denke an die Vielzahl der erzeugten Spermien oder Samenkörner, oder an das Getümmel der Atome und ihre Zusammenstöße. Nur ein Teil gelangt jeweils dazu, an die Wände des Gefäßes zu stoßen. Nur ein Teil — zu *leben*.

Für mich bedeutet Liebe Rückkehr zu oder Wiederaneignung meiner *conditio* als Lebewesen, Erinnerung an den Preis dieser Bedingtheit, Zustimmung zum Wirklichen, zum Trüben, zu einer außerhalb gelegenen Energiequelle. Sie setzt einen Schiffbruch voraus, in dem und durch den eine Planke, ein Balken, ein Floß mit einem Schlag zu einem entscheidenden Gegenstand werden. Sie ist auch die Erfahrung, einen Anderen wie ein Selbst wahrzunehmen und dort dasselbe Hindernis vorzufinden wie bei sich, dasselbe reale *Nichts*, dasselbe latente *Alles* wie in sich.

Ich liebe irrsinnig — und plötzlich erlahmt das Interesse.
Ich war am Äußersten, und mit einem Mal spüre ich, daß in mir, gleich daneben, etwas ist, wodurch ich auf andere Gedanken komme.

Mitten durchs rasende Toben geht ein Strahl von *Ist-mir-doch-egal.* Im Angesicht Gottes, im höchsten Himmel wandelt mich die Lust an, zu rauchen, der Wunsch, ruhig zu schlafen, Freude an den Dingen, mithin *Freiheit.*

Also

Unsere eigene Gleichgültigkeit überkommt uns inmitten unseres wahnwitzigen Eiferns und verblüfft und empört uns. — Mir wird deutlich, wieviel Leidenschaft in meinem Schrei war, das läßt mich erkalten, und diese Kälte wiederum schämt sich ihrer selbst. Man sehnt sich zurück nach jenem Maximum, das gerade war.

Etwas wird emporgehoben wie ein Korken. Die Fesseln des Lebendigen spannen sich zum Zerreißen, dann abnehmende Phase.

Und es gilt, die Periodizität des *energetischen* Lebens zu gewahren. Energetisches Leben — Unabhängigkeit dieses Lebens von dem strukturellen Leben, dem sichtbaren, dem vorherigen, dem wahrgenommenen Leben.

Zu fühlen, wie *fremd* man ist — —

Will sagen, wie sehr das, was man am meisten als man selbst empfindet, sein Geschmack, sein Wohl und sein Übel, sein Körper, wie man ihn wahrnimmt, oder sein Äußeres, oder der Körper als Verborgenes, eigentümlich sind, so und warum nicht *anders?* Der Eindruck, was man ist, nur zufällig zu sein, — so daß man zu der Auffassung kommt, man ist das, was schlecht erträgt zu sein, was es ist. Ich bin mehr noch derjenige, der nicht sein will, was er ist, oder nicht nur sein will, was er ist, als ich der bin, der ich bin! Doch Vorsicht vor dem verräterischen Schein, dem Wort *Sein.*

— Oder auch — kommt es mir vor, als könnte irgendeine *keineswegs phantastische* Modifikation das, was ich über mich weiß, leichterdings auf der Stelle in eine Einbildung verwandeln, die wie irgendeine andere über mich kommt, eine Minute anhält und wieder verschwindet.

Und alles, was mir das gegenteilige Gefühl vermittelt, der *Druck der Eigentümlichkeit,* die Definiertheit, die Person, die ich bin usw., ist mir ganz allgemein beschwerlich.
Und das geht bis hin zu Komplimenten. *»Ich will nicht sein, was ich bin«* ist ein äußerst starkes Gefühl bei mir — und übrigens unabhängig von diesem »was ich bin«. *Welcher ich auch sei,* ich weise ihn zurück. Wie entgegengesetzte Stromladungen stoßen *Ich* und *Ich selbst* sich gegenseitig ab!
Das ist ein Fall. »Krankheit« vielleicht — das heißt: *selten.*

August 40
Schlaflosigkeit — Heute nacht in »Racine et Shakespeare« gelesen. Einiges sehr Gute hier und da. In den Fußnoten stieß ich auf *Lucien Leuwen* — und durchlebte wieder meine große Liebes-Geistes-Krankheit von 91–92 und einigen Jahren danach — erinnerte mich, wie sehr der *Leuwen* in Mittys Darstellung von 94 mich in dieser ultra-luziden Phase durch die außergewöhnlich zart geschilderte Liebe Leuwen-Chasteller gepackt hatte. Ich wette, es gibt in keiner anderen Literatur Vergleichbares an Leichtigkeit bei innigster Intensität des Fühlens. Nichts dergleichen bei Balzac —. Das hat wahrhaftig wunderbar in mir widergehallt. Und heute nacht kommen mir meine Erinnerungen zurück — (was höchst selten geschieht) — Frau von Rovira. Ich habe mich selber *für Jahre* verrückt und schrecklich unglücklich gemacht — über der Vorstellung dieser Frau, an die ich nie auch nur das Wort gerichtet habe! Aus solchen Sachen kann ich absolut keine Literatur machen — (aus dieser und anderen — weit jüngeren). Die Literatur ist für mich ein *Gegenmittel* gegen diese Giftphantasien der Liebesregung und der Eifersucht. Literatur, oder eigentlich alles, was geistig ist, hatte stets einen Anti-Lebens-Zweck, war mein Antiästhesiakum. Allerdings wurden diese Empfindungen zu einem mächtigen intellektuellen Exzitans — das Übel trieb sein Heilmittel voran — *Eupalinos* 21, *Der Tanz* 22, in aufgewühltem Zustand geschrieben. Wer würde das vermuten?

Hier müßte geklärt werden, was bei diesen Lebensengen auf meinen Charakter geht. Bei solchen Gelegenheiten, solchen *Konjunkturen* erbitte ich vom *Schicksal*, da es ja nun einmal den Zufall der Begegnung und Erfahrung heraufgeführt, die beiden Wesen in einem Punkt zusammengebracht hat, einen Austausch von Lebensenergie und ein Quantum Freiheit, bei Erregung des Geistes und, in eins damit, *Besänftigung des übrigen*. Doch stets noch fand ich am Ende (besonders bei den Frauen, die mich am meisten fesselten) eine sonderbare Neigung, gerade den auf die *Probe zu stellen*, von dem ihnen doch Augen und Verstand sagen mußten, daß er ganz verrückt nach ihnen war. Sie fordern Dinge, die sich unmöglich gewähren lassen und die für sie kein anderes Interesse haben, als ihre Macht zu erweisen. Ich aber möchte, daß diese Macht für mich da ist — Und Beweise zu fordern ist mir unerträglich. Damit verderben sie alles.

Ich wache auf, so wie ein Taucher nach oben kommt.

Traum

Traum — ich träume, daß ein Verleger mir 5000 Franken für ein paar Seiten gibt — er gibt mir einen unverschlossenen Umschlag, in dem die Scheine zu sehen sind. Ich finde die Summe ungeheuer, bin betreten. Beim Nachdenken darüber wache ich halb auf. Ich sehe den Umschlag wieder, und ich merke, daß diese Scheine nicht das Blau der Tausendfrankenscheine haben, sondern die Farbe der Zehnfrankenscheine.
Beobachtungen: a) Warum habe ich nicht von dem Blau der Tausendfrankenscheine geträumt und Zehnfrankenscheine gesehen, wo es sich um 1000er handelte? Da ist ein *Irrtum*.
b) Dieser Traum ist von dem gewöhnlichen Typus: Ich hatte beim Zubettgehen erwogen, verschiedene kleinere Schriften zu veröffentlichen — dies und eine irgendwie geartete Bedrängnis = mein Traum.

c) Indem ich diesen Traum notiere, schreibe ich ihn wie eine Geschichte auf. Ich *resümiere,* gebe die Zusammenfassung einer Geschichte aus der Erinnerung. Dies ist der grundlegende Irrtum bei der Traumaufzeichnung. Bedauerlicherweise kann man es gar nicht anders machen. Um die Synthese eines Traums zu erlangen, müßte man ihn in seinen »atomaren« Konstituenten ausdrücken. Denn die Geschichte, *an die man sich erinnert,* ist lediglich eine Sekundärfabrikation über einem ursprünglich nicht chronologischen, NICHT RESÜMIERBAREN, nicht *integrierbaren* Zustand.

Bisweilen habe ich die Gabe der *seltsamen Sicht.* Sie zu erklären fällt mir nicht leicht. Diese Begabung ist, was mir als Besonderheit eignet — Ich erlebe sie bei anderen nicht. Sie haben andere Gaben. —
Sie besteht darin, die Dinge plötzlich mittels der Einbildung als zu einer Vielheit gehörig wahrzunehmen — das Ding nicht mehr in den »Kategorien«, sondern als besonderen Gegenstand und als besonderen Zustand eines besonderen Gegenstandes, — wobei diese *Tatsache* das *wahre* Ding ist —; und dann zeigt mir dieses wahre Ding die Vielfalt seiner »Rollen«.

Gewisse Wahrnehmungsweisen, so scheint mir, kennzeichnen mich. Zuweilen erkenne ich mein eigenes Denken wieder. Nicht alle meine Gedanken erscheinen mir charakteristisch oder grundlegend, aber einige, derentwegen, wenn sie fehlten, ich ein anderer wäre. Doch sind sie nicht zahlreich. Ich bin manchmal ich; und den Rest der Zeit irgendjemand. Neben diese charakteristischen Gedanken mögen noch die Schmerzen und die ganz starken Empfindungen treten. Alles übrige ist Blattwerk, leichtes Rauschen, Oberfläche.

Erstaunen, du machst mein Wesen aus ...
Immer erwache ich überrascht.

In der Sonne

In der Sonne auf meinem Bett nach dem Wasser —
In der Sonne und im riesigen Widerschein der Sonne auf dem Meer,
Unter meinem Fenster
Und im Widerschein und im Widerschein des Widerscheins
Der Sonne und der Sonnen auf dem Meer
In den Spiegeln
Nach dem Bad, dem Kaffee, den Ideen,
Nackt in der Sonne auf meinem ganz hell erleuchteten Bett
Nackt — allein — toll —
Ich!

Ich bin traurig — aber da ich es schon einmal gewesen bin — sehe ich *gleichermaßen* den Inhalt und die Wiederkehr — und verachte mich.

Ich kann die Vergangenheit nicht leiden —
Ich meine die Vergangenheit im »historischen« Sinne, die sich in Szenen, Situationen —, Berichten von handlungs- und wortreichen Augenblicken bekundet.
Ich kann, was *absolut nicht mehr* ist, nicht als *aktuellen Wert* akzeptieren.
Ich sage *absolut nicht mehr*, weil es eine Vergangenheit gibt, die nur *relativ nicht mehr* ist, die Vergangenheit derjenigen Elemente, welche, da sie in jedwedem Zusammenhang wiederauftauchen und immer verfügbar sein müssen, von der Psychologie des Geistes aus der Chronologie herausgenommen

werden. Die Wörter, die wir eines Tages erlernten, haben die Erinnerung an jenen Tag verloren.
Ich empfinde nicht wie ein Romancier.

Wie ich es auch anstelle, mich interessiert alles.

Strenge der Phantasie ist mein Gesetz.

Ich bin nicht immer meiner Meinung.

Hofmannsthal, der österreichische Dichter, mit dem ich gestern bei Bassianos zum Essen war — plaudert und mustert mich und findet meine Physiognomie typisch Franzose 18. Jh. Er ist sicher der x-te Ausländer, der das zu mir sagt — zu mir, in dessen Adern auch nicht ein Tropfen französischen Blutes fließt.
Es muß wohl etwas Wahres an diesem Eindruck sein — Denn ich nehme an mir Sympathien und Antipathien wahr, — Dinge, die mir liegen, und solche, die mir nicht liegen —, Neigungen und Abneigungen/Schamgefühle und Schamlosigkeiten/, Nobles und Niedriges, was anscheinend ohne weiteres aus mir einen Bürger des Paris jener Zeit machen würde, und dann auch dies, dieses Aus-der-Zeit-und-doch-gegenwärtig-Sein — das mich fremd und vertraut macht, zum Engel und zum bösen Geist, streng und erzskeptisch, schwach und absolut — unruhig und tragisch, aber spöttisch, locker und unbeteiligt, unfähig, etwas ernst zu nehmen, was menschlich ist, und alles aufs Menschliche zurückführend. Et cetera! —

Korsisch-italienische Mischung, genährt, aufgezogen in französischem Milieu.

Ein äußerst mittelmäßiger Schüler war ich. Griechisch fiel mir sehr schwer, auch Latein, ganz zu schweigen von der Mathematik! Meine Lehrer (mit einer Ausnahme) unterrichteten nur mit Gewalt.

Meine »Skepsis« und mein Zurückweichen vor den Dingen der Wirklichkeit oder meine Geringschätzung dieser Dinge, der Tat usw. hängen sicherlich mit meinen Muskeln zusammen. Die Muskeln betont einzusetzen war mir stets verhaßt, und obgleich ich körperlich relativ gut proportioniert bin und auch eine »athletische« Veranlagung habe, nämlich ein Gefühl für die Eleganz der Bewegungen — hat das Gefühl der Muskelschwäche, ob wirklich oder eingebildet, eine entscheidende Rolle in meiner Entwicklung gespielt.

Meine erste Liebe war die Architektur, ebenso die der Schiffe wie die der Bauwerke zu Land. Die Gestaltung des Raums in festen Körpern vorzunehmen, die Strukturierung, die Abstützung in großen Höhen, die wechselseitige Ausbalancierung von Kräften in der Phantasie durchzuspielen; die Kunst, einen Übergang zu schlagen oder eine steinerne Decke einzuziehen; die Kunst, von einer Gebäudeseite zur nächsten überzuführen, der Rausch der Tektonik, der anschaulichen Beziehungen ... davon war ich besessen. — Das Pittoreske zunächst — dann habe ich mich davon gelöst und dem Organischen zugewandt.
Ich kann noch nicht richtig ausdrücken, was ich an den Bauten liebte. Mir scheint, ich habe darin vage eine Vorstellung

von edlen Taten entdeckt, — von Maschinen — von übermenschlichen und ins Wirkliche eingegangenen Bewegungen. Die Werkstoffe waren in Bewegung gewesen, bis sie in eine bestimmte Stellung gerieten, wo sie sich gegenseitig hemmten. Nichts fesselt mich mehr als Herrschaft, ja Willkür und sogar Machtmißbrauch, wenn die darin waltende Freiheit sich dem aufzwingt, was nicht frei ist; wenn sie es durchherrscht und sich mit den Gesetzen mißt.
Über nichts dachte ich lieber und angeregter nach als über Bauwerke. Sie mir vorzustellen erfüllte mich mit Behagen. Aus dieser Befriedigung heraus begann ich den Menschen, den Baum, das Pferd zu erfassen.

Aus einer hitzigen Regung des Stolzes heraus, einer merkwürdigen Anwandlung, die mich mit 19/20 Jahren ergriff, — Reaktion einer *unerweislichen* Kraft, wie ein *Glaube* an irgend etwas in *mir* — angesichts eindeutiger, offen zutage liegender Schwächen meines Geistes —, Vergleichen, die niederschmetternd für mich ausfielen — usw., und in einer Phase der Transformationen, autogenen Bewertungen, habe ich mir ein Wesen, ein Dogma, eine Staatsraison, eine Intoleranz, einen Willen, eine *Insularität* geschaffen, die auf sonderbarste Weise einhergingen mit einer zärtlichen Zuwendung, einer Mühelosigkeit der Beziehungen und der »Sympathie« — einem Sinn für anhaltende und ausgebaute Freundschaften — aber auch mancher Verachtung und großer Scheu, was jene Teile meines sinnlichen und psychischen Implex betraf, die entweder sehr verletzlich waren oder die ich für besonders kostbar hielt.

La raison est l'état où l'esprit opère conformément au réel connu – c.à.d. à l'utile et au probable – l'utile est le probable, le conforme au réel agissant comme [illegible] indépendant dans une tête – comme [illegible]

Reverdy

Complies

[illegible] les convers encapuchonnés et les mains sous le coule

Seauton.

Ich fasse meine Vorzüge und Schwächen zusammen; bezeichnend ist vielleicht folgendes: die Unmöglichkeit, vollständig in einem Objekt aufgehen zu können ... oder in einem Subjekt. Ein rasches Sichlösen, das mehr oder weniger — oder *anders* — durch sich selbst *kompensiert* wird und mich prompt zum prompt Verlassenen zurückführt.

Alle meine denkerischen Unglücks- und Glücksfälle darauf verbucht. Das Überraschende dieser Vibration für die andern. Was ich vertieft habe, ist es durch sukzessive Blitze geworden.

Denn mein wirkliches Thema ist die Liebe zu dem, was im Geist ist.

Die anderen machen Bücher. Ich mache meinen Geist.

Mir liegt daran, für mich zu behalten, was mir das Gefühl vermittelt, ich zu sein, und es gern zu sein.

Wie lange habe ich nicht jene meiner Ideen für mich behalten, die mir am meisten meine eigenen schienen; manchmal auch, weil sie mir wohl sehr wichtig und einleuchtend vor mir schienen, gleichzeitig jedoch zerbrechlich oder absurd vor dem zu erwartenden Blick des Anderen.

Ich dachte, sie taugten einzig für mich, und wünschte auch, sie sollten nur für mich taugen, hegte freilich dabei in mir den Hintergedanken, sie könnten auch für sich selbst etwas taugen, seien vielleicht bloß in einer allzu eigentümlichen Sprache ausgedrückt.

Meine Verfehlungen sind mir wichtiger als meine Ideen.

Ich bin viel mehr Erfinder von Ideen — oder von Sichtweisen als etwas anderes.

Ich existiere, um etwas zu finden.

Die Produktion von Ideen ist bei mir eine natürliche, gleichsam physiologische Tätigkeit — deren Unterbindung meinen körperlichen Zustand ernsthaft beeinträchtigt, deren Ausübung mir unerläßlich ist.

Eine Selbstbeschreibung könnte lauten, ich sei mit einer Empfindsamkeit des Intellekts begabt. Ich meine damit, daß ich für seine Belange so empfindlich bin, wie andere es für Farben, für Gefühle oder für Töne sind. Ich reagiere stark auf Ideen, auf *Typen*; ich habe intellektuelle Leidenschaften, — das Laster des Verstehens, den Hang zu Definitionen, zu Konstruktionen

Bis jetzt habe ich niemanden getroffen, dessen Sensibilität ziemlich genau mit der meinen übereinstimmte. Und ich glaube, ein solches harmonisches Zusammenspiel ist äußerst selten — jedenfalls bei Leuten, die eine eher fein nuancierte Sensibilität haben. Aber man darf es dabei nicht bewenden lassen — Das Problem muß genauer ins Auge gefaßt werden. Es sind Details, kleinste Kleinigkeiten, die für die gröbsten Mißklänge sorgen, denn gerade die Verstärkung ist das Eigentliche, ist sogar die Funktion der Sensibilität. —

Die Nicht-Übereinstimmung wird in der Gemeinsprache mit den Worten ausgedrückt: *ich werde nicht verstanden;* die Wahrscheinlichkeit, nicht verstanden zu werden, ist indessen — im Bereich der erwähnten unendlichen Dinge — sehr hoch. Ein Blick erzeugt Einklang oder Mißklang. Positive oder negative Interferenzen. Und hier sind sie nicht lediglich negativ, sondern — zerstörerisch.

Es gibt Leute, die einem noch so übel mitspielen können; man geht darüber hinweg, als sei nichts geschehen. Und andere werden bei allem, was sie für uns tun und womit sie uns zu Gefallen sind, nicht »stimmiger« für uns; — ja, unsere Bereitschaft, sie unsympathisch zu finden, wächst dadurch noch.

Ich denke mit zuviel Bewußtheit von der *denkerischen Beschaffenheit* meines Denkens, mit einer zu schnellen Wahrnehmung: von der geistigen Natur des Geistigen, als daß ich mich in einer abstrakten oder konkreten Fiktion, Roman oder Geschichte oder Metaphysik, so sehr festfahren könnte, wie es notwendigerweise geschehen muß, um ein längeres Werk solcher Gattungen durchzuhalten, die den Verzicht auf die gleichbleibende Möglichkeit freier Fortentwicklung verlangen und die Nichtbeachtung von Scheidewegen, die sich unablässig anbieten.

Meine Einbildungskraft widersetzt sich in jedem Augenblick jedem Bild, und meine Freiheit zu formulieren jeder Formel. Dies bei mir ursprünglich kultiviert durch das Schreiben von Versen, deren ganzes Geheimnis in der Unterordnung der unmittelbaren Erzeugnisse des Geistes unter die Bedingungen der Sprache als wahrscheinlicher Erregerin liegt.

Ich beurteile gern die Leute — oder genauer ihren Geist — nach dem Präzisionsgrad ihres sprachlichen Ausdrucks.

Was nützt mir all mein Geist? — Er findet noch nicht einmal die Worte, die gut täten.

3. Juni 17.

Ich bin in der bemerkenswerten Lage des Flaschengeistes, dem der Fischer endlich die Flasche öffnet. Ich habe meinen Rauch hinausgelassen, und jetzt will ich den Fischer enthaupten.

Der Flaschengeist, das ist mein Werk. Und der Fischer bin ich.

Spezialität ist mir unmöglich. Ich werde belächelt. Sie sind kein Dichter, Sie sind kein Philosoph, Sie sind weder Geometer noch sonst etwas. Sie betreiben nichts gründlich. Mit welchem Recht sprechen Sie von dieser Sache, da Sie sich ihr nicht mit Ausschließlichkeit widmen?

Ach ja, — ich bin wie das Auge, welches sieht, was es sieht. Es braucht sich nur ein klein wenig zu bewegen, und die Mauer verwandelt sich in eine Wolke; die Wolke in eine Uhr; die Uhr in Buchstaben, die sprechen. — Vielleicht ist das meine Spezialität.

Meine Spezialität, das ist mein Geist.

Bald entfaltet man einen Teil seines Wesens, bald einen andern. Es gibt Zeiten, da mich ich weiß nicht was zum Singen bringt; und andere, da das Kalkulieren überwiegt; solche der Entmutigung und solche des Triumphierens. Ich widerspreche mir innerhalb von 14 Tagen, wenn nicht viertelstündlich. Und dieses zeitliche Intervall hat seinen Wert.

Es gibt in mir Bestandteile eines Tyrannen — im antiken Sinn. Mangels anderer Objekte habe ich lediglich Gedanken tyrannisiert. Aber ich bin sicher, daß es absolutistische Atome in mir gibt, Elemente der Nicht-Diskussion.
Und was ist das, ein Tyrann? — Nichts weiter als ein Mann, der klar umgrenzte Vorstellungen hat (oder der es mit seinem Denken unnachsichtig genau nimmt — was nicht zwangsläufig zur Grausamkeit führt — jedoch zur Kälte — und zur Unmenschlichkeit). Klare Vorstellungen sind unmenschlich.

Ich liebe das tatsächliche Denken, so wie andere das Nackte lieben, das sie am liebsten ihr ganzes Leben lang zeichneten. Es ist für mich das Nackteste, was es gibt; ein Wesen, das ganz Leben ist — das heißt, bei dem man sieht, wie die Teile und das Ganze leben.
Das Leben der Teile eines Lebewesens reicht über das Leben dieses Wesens hinaus. Die Elemente, aus denen ich bestehe, selbst die psychischen, sind älter als ich. Meine Wörter kommen von weit her.

Ich denke mir die Dinge manchmal in einer Art klarer Tiefe, über die schwer zu schreiben ist; es ist aber, als sähe ich das und das — den augenblicklichen Gegenstand — gleichzeitig als zu mehreren Größenordnungen gehörig, und ebenso in Beziehung zu verschiedenen Systemen, gleich wie wenn man sämtliche Verwendungsmöglichkeiten eines gegebenen Körpers wahrnehmen würde, sobald man ihn sieht. Und auch so, als ahnte man ein Ensemble von Verwandlungen des »ganzen Raums« — das heißt von mir »in bezug« auf diesen als Invariante betrachteten Körper. Oder auch das Gefühl, daß dieser Körper mit einer Vielzahl (von Gesichtspunkten, Maßstäben, Vergrößerungen usw.) übereinstimme, dank welcher jedes gegebene System, zu dem er gehört, wieder anders auf-

gefaßt werden kann, und jeder Mechanismus, von dem er einen integrierenden Bestandteil bildet, funktionstüchtig ist, wofern man dabei Eigenschaften beibehält, die ihren Grund nur in mir haben, während er zerfällt oder verschwindet, wenn man einen anderen Standpunkt einnimmt.
Bei solchen Gelegenheiten erkenne ich mich wieder — und dann scheint mir, daß ich ich bin. An dieser Mannigfaltigkeit und an dieser Freiheit erkenne ich mich wieder.

Mein beständigster, ausgeprägtester intellektueller Charakterzug ist folgender: Was immer mir gesagt wird — was immer ich lese, es erscheint mir, als müsse es übersetzt werden.

Jede Behauptung, die nicht von *mir* stammt, holt aus mir einen Widerspruch hervor — oder besser eine widersprechende Regung, und ich brauche dann nicht lange nach einem Ausdruck dafür zu suchen, der logisch ist und sich — — — eingestehen läßt, wenn er schon nicht stark ist.
Wenn ich mich widersetze, dann deshalb, weil in jeder fremden Behauptung ein unausgesprochener Angriff steckt, weniger gegen meine »Ideen« als gegen meine Existenz — gegen meine Behauptungskraft, gegen meine »Freiheit«.

Das Leben so einfach, das Denken so komplex wie möglich, so ist's nach meinem Geschmack.

Ich stelle fest — meine Naivität —, daß meine Themen und Modelle immer nur intellektuelle Gegenstände sind — innere Dinge — Ich widme mich niemals einer Landschaft, einer

Person, einer Szene oder Begebenheit; und ich habe mir diese Art, *innerlich* zu sehen … angewöhnt

Als ich noch ein Kind war, das Männchen in seine Hefte malte, da gab es für mich einen feierlichen Augenblick. Das war, wenn ich meinen Männchen Augen machte. Und was für Augen! Ich fühlte, daß ich ihnen Leben verlieh, und ich fühlte das Leben, das ich ihnen verlieh. Mir war zumute wie ihm, der über den Erdenkloß haucht.

Ich tue mich schwer, Personen zu *schaffen*, denn ich bin mir nur allzu sicher, daß es derlei Geschöpfen an Strenge und Folgerichtigkeit gebricht. Ich sage mir: Wer nicht auf den Kopf gefallen ist, würde doch merken, daß es ganz untaugliche Drahtpuppen sind.
Dagegen ersinne ich mit Leichtigkeit Augenblicksgestalten, freilich mehr ihren Intellekt als ihre Leidenschaften. Vielleicht ist die Leidenschaft in mir selbst allzu übermächtig, als daß ich mich für ihre noch erwärmen könnte.

Meine Geduld ist korpuskulär. Sie besteht aus einer unbegrenzten Menge ganz kurzer Versuche.
Es sind *Photoneu,* die ich anhäufe.
Sie ist nicht stetig.

Wunderlicher Kopf — Ich existiere nur singulär und sozusagen in statu nascendi. Ich verstehe nur, was ich erfinde.

Das mir Unbekannte, das ich bei mir trage, das macht mich aus.

Mein Ziel ist es, auf Dinge aufmerksam zu machen — und mich selbst aufmerksam zu machen — an die man wegen ihrer zu nahen oder ständigen Präsenz — das heißt gerade wegen ihrer Bedeutung — nicht dachte. Gewöhnlich wird unser Denken naturgemäß immer dann auf den Plan gerufen, wenn etwas nicht sofort gelöst werden kann oder eine speziell den Umständen angepaßte Antwort erfordert. Den gleichmäßigen Boden, auf dem wir gehen, beachten wir überhaupt nicht, und eben dieses Gehen läßt uns an anderes denken.

Ich vermochte nie etwas zu lernen, es sei denn auf dem Wege über mich selbst. — Ich begreife nur durch *Neuerfinden aus Bedürftigkeit*. Dann sind für mich allein die erzielten Ergebnisse erhellend und dienlich, so als führte bei mir jeder Weg entweder durch den *Mittelpunkt* oder aber käme nirgendwo an. Schwierig zu erklären und auszudrücken.
Ich bin schrecklich *zentriert*.

An Büchern liebe ich, wie an Gerichten, nur das *Magere*.

Es ist nicht meine Mentalität, in Büchern von der ersten bis zur letzten Seite nach Erkenntnissen zu stöbern, sondern ich hole daraus nur Keime, die ich in mir, im geschlossenen Gefäß, weiterzüchte. Ich fange nur mit wenig etwas an, und dieses Wenige wird in mir produktiv ... Nähme ich reichlichere Mengen, ich würde nichts hervorbringen; mehr noch, was schon entwickelt ist, *verstehe ich gar nicht*.

Meine Geduld besteht aus tausend Splittern.
Ich bin »intuitiv«, *weiß* aber sehr wohl, daß meine momentane Intuition nur ein Moment ist; Verachtung für jeglichen Moment, Verachtung für das Besondere, Verachtung für mich selbst als etwas schon im vorhinein Bekanntes und sozusagen Überholtes — unaufhörliche Erwartung von etwas Endgültigem. Daher erlaube ich mir die Kinderei, das Gegenwärtige zu verachten. Ich verspüre keinerlei Versuchung, etwas umzusetzen, dem ich nicht einen allgemeinen Wert für das Ich beimesse.

Meine »Fehler« — *Ursache* aller (oder fast aller) sind Befürchtungen, und meistens sind sie weniger die Folge einer Handlung als eines Verzichts. (Wobei ich *Fehler* nenne — was meinem Gefühl nach nicht hätte getan werden sollen — oder nicht hätte getan werden dürfen —)
Es geht also darum herauszufinden, wo dieses wertende *Gefühl* herrührt, und wo die *Empfindung* herrührte, der zu *gehorchen* einen Fehler machen hieß.

Wenn »mein Gewissen« oder kategorischer Imperativ aufsteht und zu meinem Begehren sagt: Wolle dies nicht, laß das sein —, dann erscheint ein anderer, nicht minder kategorischer Imperativ und fragt: Warum nicht? Der erste sagt: Fühle, daß es *schlecht* ist. Und der andere erwidert ihm: Wenn du nur ein Gefühl bist, bist du von derselben Art wie mein Begehren, nur noch ein wenig dunkler. Geheime Stimmen, davon habe ich mehrere; alle drängend; alle widersprüchlich; alle hartnäckig; keine rein, keine transparent. Wiewohl ich den einen wie den anderen zuhöre — wiewohl ich einmal dieser, einmal jener gehorche —, verachte ich sie doch alle. Ich weiß nicht, woher sie rühren. Ich weiß bereits, was sie zu erzählen haben, diese Pythien oder schwatzhaften Türsteherinnen auf der Schwelle des Seins. Sie haben stets die größten Worte auf meinen Lippen, aber sie wissen nicht, was sie sagen.

Ich kann nur denken, wenn ich spüre, daß ich Neues finde. Was ich von meinen Gedanken weiß, ändere ich ein wenig, wenn ich sie ausspreche.
Anekdoten zum besten zu geben ist mir zuwider. Ich rede gut, wenn ich denkend weiterbaue, während ich rede. Da liegt auch mein Hemmnis als Schriftsteller. Es fällt mir schwer, zu schreiben, ins reine zu schreiben, mich wiederzulesen — ohne zu erneuern.

Ich fühle mich wohl nur im Reversiblen.

Mein Unglaube ist naturgegeben. Nie konnte ich glauben — oder vielmehr konnte nie im geringsten gelten lassen, was mir Leute erzählten und beibrachten, die doch ebenso beschaffen waren wie ich und nicht mehr als ich über das wußten, was sie erzählten. —
Glauben, das heißt hinzutun, ergänzen — — heißt im Grunde — an sich glauben.

Ich will weder jemanden überzeugen, noch von jemandem überzeugt werden.

Ich erkenne heute — an diesem 31. Dezember 40 — daß ich mein *notwendiges* Leben gelebt habe, das heißt das meines

Körpers, das aus funktionellen, von Trieben und Bedürfnissen bestimmten Akten bestand, und das meines Individuums, mit seinen unvermeidlichen und unentbehrlichen Beziehungen zu seinen Mitmenschen, mit ihren Sitten, ihren Glaubensanschauungen und Institutionen — als sei dies eine Rolle, die zu spielen ich verpflichtet und die mir von einem Zufall auferlegt worden war — dergestalt, daß mir nun mein Leben als einzelner Fall vorkommt, als ein Spezimen unter anderen möglichen, und daß ich bei mir ein gewisses *Ich* spüre, das allem, was ich bin, essentiell unzugehörig ist und in dem ganzen notwendigen Leben, das es mitleben muß und wodurch es überhaupt erst lebt, keinerlei Notwendigkeit erkennt. Und folglich auch keinerlei andere Bedeutung als die einer aktuellen Gegebenheit von beliebig starker Einwirkung auf die Sensibilität, aber doch nur durch sie.

Das ist vielleicht der Grund, weshalb ich die Vergangenheit gering achte; weshalb mir die Ereignisse verhaßt sind, wollen sie mich doch zwingen, mich mir selbst *anzubequemen;* weshalb ich dazu neige, alles auf endliche Wirkungen eines lebenden Systems zu reduzieren, wobei *lebend* heißt: mit besonderer Mechanik, und System die aufgesetzte Rolle oder Marionette ist, von der ich gesprochen habe …
Vielleicht bewirkt Selbstbewußtheit, daß man zum »Engel« wird? Jedenfalls löst es das Ich von seinem Jemand ab. Die Reaktion der Abstoßung und Negierung, die das *reine Ich* ausbringt, ist charakteristisch bei … mir.

Ich arbeite für jemanden, der später kommen wird.

Station auf der Terrasse —
Ich bin emporgestiegen zur Terrasse, zur höchsten Wohnstatt meines Geistes — Hierher führt das Alter, führen die Refle-

xionen, die Voraussagen — bestätigte oder nichtbestätigte, die glücklichen Treffer, die Fehlschläge, das Vergessen der Personen, der Eigennamen, der Kritiken usw.
Und da funkeln am poetischen Nachthimmel die Konstellationen, die allein den Gesetzen des Universums der Sprache unterworfen sind; sie tauchen auf, versinken, werden erneut hervortreten ...
Da, *Hérodiade*, der *Après-midi, Le Tombeau de Gautier* usw., die Autorennamen stehen schon nicht mehr dabei. Die Personen *sind nicht mehr wichtig.*
Und während ich so diese »Zeichen« betrachtete, *fiel* die eingangs formulierte Frage ein —
Fiel ein, wie in einem Augenblick des Innehaltens, der machtvollen Stille, ein großer Vogel, der plötzlich auf meine Schultern geraten ist und unversehens zum Gewicht wurde. Doch dies große Vogelgewicht fühlte sich stark genug an, mich fortzutragen. Und es trug mich davon, mich mit meinen 70 Jahren, mich mit meinen Erinnerungen, Beobachtungen, Vorlieben und mit meiner wesenhaften Ungerechtigkeit.
Und da erfaßte ich den ganzen Wert und die Schönheit, die Vortrefflichkeit *dessen, was ich nicht gemacht habe.* — —
Hier ist dein Werk — sagte eine Stimme zu mir.
Und ich sah alles, was ich nicht gemacht hatte.
Und ich erkannte immer deutlicher, daß ich nicht der war, der gemacht hatte, was ich gemacht habe — sondern daß ich der war, der nicht gemacht hatte, was ich nicht gemacht hatte —
Was ich nicht gemacht hatte, war von makelloser Schönheit und entsprach ganz und gar der Unmöglichkeit, es zu machen.

»Wo ich mich zusammenfasse«

Ich habe den Eindruck, daß mein Leben vollendet ist — das heißt, ich erblicke gegenwärtig nichts, was nach einem neuen Morgen verlangte. Was mir zu leben bleibt, kann nunmehr nur noch Zeit zum Verlieren sein. Schließlich habe ich getan, was ich konnte. Ich kenne

1. ziemlich genau meinen Geist. —

Ich glaube, was ich an Wichtigem gefunden habe — *dieses Wertes bin ich mir sicher* —, wird aus meinen Aufzeichnungen nicht leicht zu entziffern sein — — sei dem, wie dem wolle —

2. Ich kenne auch *my heart*. Es *triumphiert. Stärker als alles*, als der Geist, als der Organismus. — Das ist das *Tatsächliche* … Die dunkelste der Tatsachen. Stärker als das Lebenwollen und als das Verstehenkönnen ist also dieses vermaledeite H — —

»Herz« — das ist schlecht benannt. Ich möchte doch wenigstens den wahren Namen dieses schrecklichen Resonators herausfinden. Es gibt im lebenden Wesen etwas, das *schafft Werte* — und das ist allmächtig — — irrational — unerklärlich, erklärt sich auch nicht selbst.

Eine *gesonderte* Energiequelle, doch kann sich die Energie *ebensogut für* wie *gegen* das Leben des Individuums entladen.

Das *Herz besteht darin, abhängig zu sein.*

Ich fühle mich mithin in einem Jenseits. »Nichts bleibt mir mehr.«

Das heißt: Ich sehe nicht, was mir noch Freude machen würde — in dem, was möglich ist.

Ich, Selbst und die Individualität

Ausgehend von der Betrachtung seiner eigenen Person, gelangt Valéry in den *Cahiers* zu einer überindividuellen Ich-Betrachtung. So ist das Ich, um das es hier geht, nicht mehr das persönliche Valérys, sondern ein allgemeines. Dabei nimmt er aktuelle Konzeptionen der modernen Ich-Psychologie vorweg, die davon ausgehen, daß jeder Mensch aus einem multiplen Ich besteht bzw. sich aus einem Flickenteppich unterschiedlicher Ich-Gestaltungen zusammensetzt. Valéry sagt: *Ich entsteht aus mir*, und zielt somit auch auf die schwer zu beantwortende Frage ab, wie sich unser inneres (Er-)Leben konstituiert. Gleichzeitig läßt sich in Valérys Konzeption des *moi pur*, also des ›reinen Ichs‹, eine gewisse Verwandtschaft zu Edmund Husserls transzendentaler Bewußtseinsforschung erkennen. Man begegnet in den *Cahiers* erneut dem Primat einer kritisch-skeptischen Selbstbetrachtung vor allen vermeintlich sicheren, weil eingeführten und wissenschaftlich anerkannten Selbst-Theorien. Valéry macht es sich bewußt nicht leicht, indem er auf vorgefaßte Meinungen und Erkenntnisse zurückgreift, sondern er sucht nach eigenen Ideen und Lösungen, die (vielleicht gerade aus diesem Grunde) immer wieder den wissenschaftlichen Kenntnisstand seiner Zeitgenossen auf mitunter verblüffende Weise überschreiten.

Das Ich ist vielleicht der Kern des Atoms Mensch. Oder das Zentrum der abstoßenden Kräfte — Dies ist ein Gedanke, der brauchbar sein kann.

In jedem Fall denke ich daran, alle diese Merkmale, die ich am Ich beobachtet habe, zu sammeln und sie zu gruppieren und anzuordnen, falls möglich.

So wie man schließlich »mehrere Massen« unterschieden hat, so muß man es auch mit den ICHS halten.

Es gibt deren ebenso viele, wie es Oppositionen oder NICHT-ICHS gibt.

Ich unterscheide nun deren mindestens drei. Ich unterscheide mich (in einem bestimmten Moment einer funktionalen Entwicklung) von MEIN-KÖRPER, von MEIN-GEIST, von MEINE-WELT.

Und was sich von diesen dreien unterscheidet, ist das REINE-ICH, das Äquidistante und Äquidifferente schlechthin — das man zwar durch ein Wort bezeichnen muß, das aber allen Worten voraufgeht.

Das beste Bild des ICH ist sicherlich die Null, welche einerseits das Attributlose, Bildfreie, Wertfreie des »reinen Ich« ausdrückt, welches durch Ausschöpfung gewonnen wird, da *alles*, was sich dem Bewußtsein darbietet, eben dadurch ein *Antego* ist; und andererseits erhöht die Null die gegebene Zahl um das Zehnfache — wie die Wahrnehmung, daß ein beliebiges Faktum uns persönlich angeht und beschrieben werden muß unter Zuhilfenahme von *ich, mein, mich/mir* usw., alsbald einen unvergleichlichen Wert annimmt. *Mein* Hut hat eine unvergleichlich größere Bedeutung als der Hut von jedem anderen.

Das ist »Hut × ich«.

Das Ich: Wichtigkeitskoeffizient.

Das Ich, welches ich das reine Ich nenne (den Mittelpunkt des Rings), kann nur sein oder nicht sein. — — Es unterliegt keinerlei Wandel. Demenz, Alter, nichts kann ihm etwas anhaben — — Dafür kann es nichts ausrichten — weiß nichts. Es ist reine Identität — keine Eigenschaften, keine Attribute.

Das einzige, was im Bewußtsein fortdauert — was trotz der Zeiten verbleibt, ist von der Natur einer reinen Form — und gerade das Gegenteil einer Person. Das allerewigste Ich ist das allerunpersönlichste. Das Portrait, das ich von mir habe, ist ebensowenig Ich wie das Portrait, das ich von dir habe.

Ich und *ich*

Man könnte schreiben:	*ich*, um seine Person zu bezeichnen
und	ICH, um den Ursprung im allgemeinen und das nicht weniger allgemeine *Feld* zu bezeichnen.

Nichts UNPERSÖNLICHERES *als dieses* ICH.

Das *i* ist eine bestimmte Person, definiert durch Gedächtnis und allen Fluktuationen des Gedächtnisses ausgesetzt — bei diversen Störungen durch Er bezeichnet.

Das *I* ist Invariante, Ursprung, Ort oder Feld, es ist eine *funktionale Eigenschaft des Bewußtseins.*
Die Person *i* unterscheidet sich normalerweise von allen durch ihre Beziehung zu I.
Kein Bewußtsein ohne I.
Der berühmte kartesianische Zweifel ist wohl nichts als ein mentales Spiel zwischen I und i.

Ich ist diese *sich* vorherahnende potentielle Klassifizierung.

Ich

Wir nennen »Wir-Selbst« die Notwendigkeit, in der wir uns befinden, letztlich alles auf ein einziges *Objekt* zu beziehen, das stets *dasselbe* ist.
Würden wir die wirkliche Variation dieses *Objekts* wahrnehmen, das sich in sich notwendig wandeln muß — wir hätten kein *Ich* mehr.
Doch nimmt es sich ganz so aus, als wäre es unbeweglich. Es genügt hierfür, daß die *Wandlungen* der wahrgenommenen Sache und diejenigen des Wahrnehmenden gleich und entsprechend sind.
Man kann also sagen, daß das *Ich* die *Gleichung* dieser Wandlungen ist. Man sieht dann, daß die Hauptsache diese *Dualität* ist.
Aber die Gleichung unterliegt Fluktuationen. *Das Ich ist nur als Mittelwert konstant* —, ist *Ich* nur als Mittelwert.

Wenn ich mir sage, ich könnte auch weniger dumm sein, dann sehe ich und wünsche mir, daß ein *Ich* modifiziert würde, doch ein anderes nicht, daß ein ICH beibehalten würde.
Es gibt also ein *Ich*, das gleichsam *Eigenschaft* eines anderen ist und insofern modifiziert vorstellbar ist — wie ein Attribut.

Dies ist das Ich, das ich *signifikativ* nenne. Das andere ist das *reine* oder *funktionale* Ich — das *eine Eigenschaft ist und nicht ... jemand.*

Wenn man ihm denselben Namen wie den anderen ICHs gibt — dann in einer Art von unbewußter Figur und im übrigen mangels feinerer Analyse.

Dieses *Ich* unterscheidet sich von den *Attribut-Ichs*, wie das Zeichen *gleich* sich von den Zahlen unterscheidet.

Die spezielle Sensibilität zieht uns nach *draußen*, die allgemeine *zu uns* hin. Das *Ich* wird von letzterer ausdrücklich, ausschließlich an-, auf- oder hervorgerufen, herausgefordert. Es ist wesenhaft die Antwort darauf. *Ich* ist die wesenhafte Antwort auf jede Modifikation der allgemeinen Sensibilität. *Kein Schmerz ohne Ich.*

Ego und Ich

Was man für *Sich* hält, ist ein Besonderes: ein Haufen Bestimmungen, die auch *anders sein könnten*, ein anthropometrisches Datenblatt von intimer Art, und komplexer als alles. Darauf ist eingetragen, was man »von Sich« vom Hörensagen weiß — Geburtsdatum, Name — usw., und das Mosaik der wahren und falschen Erinnerungen, der Berichte, Dokumente; und dies teils erzählt, teils geträumt oder mehr oder minder bizarr empfunden, mehr oder minder »tief«, mit hier und da aktualisierbaren Gemütsbewegungen oder *Werten*, Bedauern, Haß, Scham. — Gemisch aus *Geschichte*, aus Legende, gefärbt mit Sensibilitäten; mit Lücken, verbotenen Zonen und Ängsten, die im Schatten spürbar sind, und dieser Schatten weist den Annäherungsversuch des Blickes ab — das Auftreffen der Erregung, welche diese Augenblicke oder Details aus ihrem Schlummer risse, die doch verleugnet werden sollen.

Sodann findet sich darauf auch der *gegenwärtige* Zustand, vom Augenblick selbst bis zu den Tendenzen, den Vorhersagen verschiedener Arten, das *vorhin*, das *heute abend*, das *morgen*, das *in einem Jahr*, und die Absichten und Möglichkeiten ohne Datum — und die Dinge, die in residuales Leben übergegangen sind, (solche, die die auszuführende Handlung noch modifizieren —). Hier stehen auch die *realen* Potentiale: Stand der *Kräfte*, der *Mittel*, der Verfügbarkeiten, der Behinderungen, so wie man glaubt, daß sie seien — Die Abhängigkeiten und Verbindungen — welche vom Milieu herrühren, von den *Anderen*, von dem, was man von sich weiß und erwartet — mit all den daran geknüpften Irrtümern und Illusionen — und die Vorstellung des physischen — organischen Zustands, der sichtbaren Person (Gesicht usw.), vom *Geist* als Ressource — Jede dieser Vorstellungen mit ihren Koeffizienten möglicher Potenz. Ebenso das Bewußtsein der Mittel (Kraft, Charakter, Geld, Beziehungen, Verführung, verschiedene Fähigkeiten, Kenntnisse). Die Behinderungen ebenso; die Manien, Phobien, Schwächen, geheimen Torheiten; — eine ganze diffus andrängende Vorstellung von dem, was von sich zu verbergen, zurückzuhalten, zu fürchten ist, sei es als Gewesenes oder als mögliches Künftiges; und auch dessen, was zu zeigen ist, zu benutzen, zu vergrößern, zu erhellen oder zu verschönern —

Man sollte nicht ohne Bedenken sagen: ICH *denke* —, denn *Ich* ist nicht dasjenige von ICH *bin* Jacques —
es ist ein *ich*, das lediglich dazu dient, denken auszudrücken, und mehr sagt es nicht.

Ich — Gefühl, zu sein, was außerhalb von allem ist, *anders* als alles, was es auch sei —
— unbegrenzt anders, unerschöpflich anders — und das Selbe.
Derart, daß es kein Ding geben kann, nicht einmal das ähnlichste, welches das Selbe des Selben wäre. Kein Portrait. Das Ich ist Negation.

Über die Gefühle

Untersuchungen über dieses Thema bergen die Schwierigkeit (die zugleich das Anziehende daran ist), daß sie die Einbeziehung des gesamten gleichzeitig in Bewegung versetzten Systems des Menschen verlangen.

1. Wenn ich mich zu erkennen glaube, erkenne ich nur, was die im Augenblick simulierte Erregung aus mir hervorholt. In meiner Vorstellung bin ich umgrenzt, *finit*. Ich denke mir Fälle aus, wie sie eintreten können, meine Antworten usw.

Aber ich kann aus mir nicht hervorholen, was eine bestimmte nicht-ausgedachte oder mehr-als-ausgedachte Erregung hervorholen könnte.

Und dann verändert sich Ich, dieser Felsen Horeb, auch im Verborgenen. Ich weiß nicht alles, was ich weiß.

— Die Musik macht aus mir, was ich nicht bin, als was ich mich nicht kenne, sie steuert von außen, was bei konkret wirkenden Umständen aus mir einen beträchtlich *anderen* macht. Oftmals vertraut man sich dem Augenblick an und dem, was er aus einem selbst herausholen wird. Und dieses *man-selbst* wird dann als unbekannt aufgefaßt und dennoch als gesichert. Unter der und der Voraussetzung werde ich Ich sein.

2. Auf der anderen Seite bildet sich in mir eine bestimmte Idee oder Vorstellung oder ein System der Welt, das von mir abstrahiert —, mich unberücksichtigt läßt. Die Gesamtabfolge meiner Erfahrungen bewegt sich auf eine immer deutlichere und unabhängigere Anschauung meiner selbst zu. In jedem Augenblick bin ich zwar vermischt mit allen Dingen, bin aber ebenso aus ihnen verbannt. Von meinen Empfindungen schließen sich die einen wieder ihren Gruppen an oder treten in sie zurück, die anderen sind gleichsam zufällig und gelten mir als »persönlicher«. Ich unterscheide seltsamerweise z. B. die Empfindung der Härte dieses Eisens von einer bestimmten Empfindung von Kälte oder Schmerz. Das ist kein Unterschied an Realität, Intensität oder Qualität — *Es ist ein Unterschied an Zukunft.*

Die einen neigen dazu, sich zu verstärken oder sich in stabilen Organisationen anzuordnen; sie vertragen sich mit meinem normalen Funktionieren — sie sind gleichsam einer beständigen Daseinsform angepaßt.

Es sind die, die in einem klaren Bild der Welt zusammenlaufen. Und diesem klaren Bild entspricht eine normale, *unpersönliche* Arbeitsform für meine Organe. Der regelmäßige Herzschlag.

Sie bilden schließlich eine Art Mittelwert, charakterisiert durch organische Unempfindlichkeit und durch die Objektivität und das stationäre Gleichgewicht von Empfindungen oder durch eine Art Stabilität in ihren wie auch immer gearteten aufeinanderfolgenden Substitutionen.

Wenn ich mich zu erkennen glaube, fasse ich diesen Mittelwert ins Auge, und ich mag die Vorstellung davon noch so sehr erweitern auf die ungewöhnlichsten Zustände, die sich aus der Erinnerung wiedereinstellen, ich unterstelle sie, um mich selber zu entwerfen, notwendigerweise der Bedingung, einem stetigen exklusiven Funktionieren von *mir* zu entsprechen.

— Die anderen sind gleichsam Störungen und lassen sich nicht einbinden. Sie sind es, die verhindern, daß der Mensch einem automatischen System ähnlich wird.

Wie okkasionelles Leben, das sich einschiebt zwischen permanentes.

3. Ein Gedanke: fast nicht zu trennen von Empfindungen, die damit auf nicht-rationale Weise zusammenhängen, ein Gedanke, der leiden macht, der einen auffahren läßt, der Reflexe provoziert, die dem Gegenstand dieses Gedankens nicht entsprechen, sondern zu der Annahme nötigen, daß der Gedanke, stärker denn als Gedanke und stärker als auf andere Gedanken, auf einem anderen, gewöhnlich nicht spürbaren Weg gewirkt hat — und daß das normale System nicht mehr genügt, daß die eindeutige Welt nicht die ganze Welt ist, daß der gleichwertige — und eindeutige Austausch nicht mehr möglich ist — noch auch die Trennung der Bereiche.

Bereiche von Gegenwart, Vergangenheit und Zukunft; Bereiche des Ich und des Nicht-Ich; Bereiche der Reize und der Reizbeantwortungen; Bereiche der regelmäßigen Aufeinanderfolge von Ordnung und Unordnung; Bereiche von sich

addierenden Empfindungen und von isolierten; Bereiche des Persönlichen und des Unpersönlichen — Alle diese Bereiche vermischen sich bisweilen, und es entsteht Konfusion.
Dann ist, was ich wahrnehme, außerhalb aller Kategorien, früher.

4. Die Gefühle lassen auf einen Zustand der Unordnung oder Unbestimmtheit schließen, in welchem es scheint, daß die Phänomene (die gewöhnlichen, wie gewöhnlich wahrgenommenen) über einen Umweg, auf den verborgenen Maschinen meines Wesens, Aktionen in Gang setzen, die schließlich durch entfernte Reaktionen zutage treten. Diese Aktionen, irregulär, undeutlich, einzelgängerisch, unkontrolliert … wie sie sind, geraten in Gegensatz zur normalen Daseinsform, zum Gleichmaß des Austausches. Das Bewußtsein hat zeitweise nicht genügend Ressourcen, um sie aufzufangen. Man schafft es nicht, sie mit den Durchschnittswerten in Übereinstimmung zu bringen. Es bleibt ein Rest oder ein Intervall zwischen diesen komplexen Wahrnehmungen und dem System bzw. Bild der stabilen Welt.
Vor allem sind das Psychische und das Physische durcheinandergeraten; Gedanken borgen sich den Nachdruck bei Empfindungen, Empfindungen stellen (indirekt) sich durch Gedanken ein.

5. Diese Unordnung unterbricht die wachsende Ordnung, das Anwachsen der eindeutigen Entsprechung, dem die Tendenz innewohnt, die reflexe Systemstruktur auf das ganze Wesen auszudehnen — und die wahrgenommene Welt nach dem Modell des permanenten organischen Austausches zu konstruieren. Sie läßt sich als Erhaltung der Variabilität auffassen — Vgl. Träume.

6. Daß ein Gedanke verletzt, gefällt, beklemmt, überrascht, sich hegen läßt, dominiert, lähmt, erhitzt, erbleichen läßt, das Leben beschleunigt — oder daß eine Empfindung von Schmerz, Wohlsein, Rührung oder Unbehagen, für die man keine Erklärung hat, sich einen Gedanken sucht —
Oder der Gedanke scheint zu handeln wie ein Fremdkörper, Gift, Dolch, Alkohol … und setzt mir zu; oder eine Empfin-

dung ist Zeichen für einen verborgenen Vorgang, den man schließlich durch einen Bewußtseinswandel — einem bestimmten äußeren Wesen oder Ereignis *zuschreibt*.

In all diesen Fällen fehlt ein Glied in der Kette. Aber man merkt es zuerst nicht. Die *direkte* Wirkkraft eines Gedankens auf meinen Körper, der *direkte* Einfluß einer unverarbeiteten Empfindung auf den Intellekt werden als natürlich aufgefaßt. Aber vielleicht ist das, was ich hier *Intellekt* nenne, nur die Art von *sensiblen* Modifikationen, die in mir ad libitum hervorzubringen oder anzuhalten ich (in einem bestimmten Augenblick) befähigt bin. Das ist das Sensible, insofern es *umkehrbar* sein kann. Ich kann mich dahin bringen, zu empfinden und nicht mehr zu empfinden und erneut zu empfinden.

7. Wie dem auch sei, diese Auswirkungen, Widerständen im regelmäßigen Lauf der Dinge entsprechend — die durch Akte oder signifikative Substitutionen abzudämpfen nicht gelingt die in die Daseinsform meiner Welt Störungen bringen, Lükken, plötzliche Variationen, unerlaubte Perspektiven — — sie erzwingen *Dauer*, das heißt, sie erzeugen (wie durch Trägheit des Subjekts) eine Reaktion von der Art, daß dieses Subjekt oder System die ungeordnete Vielfalt in den durchschnittlichen Ablauf *zurückruft*. Es ist dieses Zurückstreben zum normalen Rhythmus, was die Dauer wahrnehmbar macht. Etwas zieht mich in die Gegenwart zurück, von der etwas anderes mich abdrängt, und dieser Kraftaufwand bedeutet Dauer. Aber bald entfliehe ich mehr der Gegenwart, bald mehr der Nicht-Gegenwart, und es ist eine innere Flucht. Mein Herz hält inne oder drängt voran, als wollte es dem Ganzen seinen Gang aufzwingen.

8. Im Verlauf dieser außerdurchschnittlichen Modifikationen, aufgrund dieser Unordnung scheinen Seelisches und Körperliches wechselseitig aufeinander einzuwirken. Dabei ist die Regel ganz im Gegenteil ihr kombiniertes oder koordiniertes Wirken. Tut sich ihre Verbindung überraschend kund, so gerade in dem Augenblick, in dem sie gestört ist.

Es gibt psychische Insuffizienzen — und physiologische — Manchmal aus Überfluß, manchmal aus Mangel.

9. Nun können diese Modifikationen nicht verlängert werden. Könnten sie es (stetig), ein Gedanke brächte mich zu Tode. Man stürbe, buchstäblich, vor Vergnügen. Die geringste Nicht-Gleichgültigkeit führte zur Zerstörung des Menschen. Und diese Modifikationen können auch nicht stationär bleiben — ich meine gegenwärtig.

10. Die Durchschnittszustände lassen sich auffassen als zusammengesetzt aus sehr kurzen, sehr zahlreichen Störungen in verschiedenen Richtungen.

Betrachtet man das klare Bild der ohne mich geschehenden Welt aus der Nähe, so entdeckt man sich gleichwohl selbst darin, und die Objektivität löst sich auf in eine Unzahl von Empfindungen, deren jede eine kleine Lust oder Unlust ist, eine kleine Anziehung oder Abstoßung — kleine Überraschungen, kleine Erregungen.

11. Es gibt Reflexe, die von Empfindungen ausgehen (und zwar additiven: wie sie die objektive Welt bilden) — und andere, die von Gedanken ausgehen; und diese Reflexe haben nichts zu tun mit der besonderen Erkenntnis dieser oder jener Sache — und falls sie auf sie zurückwirken, dann gleich auf das gesamte Erkennen. Zum Beispiel: sie schalten alle Erkenntnis aus oder bringen sie durcheinander oder treiben sie an.

Dieses Ganze oder dieses allgemeine Erkennen oder das Bewußtsein — bildet also etwas wie eine funktionelle Einheit, die en bloc gelähmt oder belebt werden kann durch einen Widerhall, dessen Ursprung ein besonderes Ereignis dieses Bewußtseins ist. Der Teil wirkt auf das Ganze. Also: den Schlaf herbeiführen durch einen monotonen Klang; Panik durch einen plötzlichen Schrei; Ohnmacht durch einen Gedanken.

Es sieht so aus, als wäre das Ganze dem Körper *mehr* verbunden als das Detail. Das Detail wirkt auf das Ganze, auf die Fähigkeit selbst, auf dem Umweg über den Körper und also ohne mögliche Erklärung. Oder besser gesagt: das *Tatsächliche* wirkt auf das *Mögliche*; die Aktivität auf die Funktion; die besondere Übung auf die Fähigkeit.

12. Objektivität — dem Gefühl entgegengesetzt. Es ist bemerkenswert, daß die *Objektivität* — die Berücksichtigung

von allem *abzüglich* des Gefühls, einfach darin besteht, die Sache einem bestimmten System von Bedingungen oder Elementen *anzugleichen.* Sie ergibt sich aus der Präzision und dem finiten Charakter dieser Definition.

Und es gibt eine Art zu sehen — eine Einstellung des Bewußtseins — die, *wenn sie möglich ist,* diesen Zustand verwirklicht. Als ob das Gefühl abhinge vom Rest oder vom Intervall zwischen etwas vom Objekt in Freiheit Gesetztem und etwas von mir Aufgenommenem. Gefühl wäre die Ungleichheit oder der positive oder negative Überschuß, der dann sichtbar würde.

Wo es nicht irgendeine Störung oder Verwirrung oder Unbestimmtheit gibt — da ist kein Gefühl. Zum Beispiel: wenn es unmöglich ist, organische Empfindungen als Indizien, Befehle, Voraussagen — usw. zu nehmen. Denn das Gefühl ist *vage* Funktion von etwas — massive, quantitative Auswirkung — von Wahrnehmungen, die nicht bis zur Klarheit gediehen sind oder zumindest nicht *vollständig* in klare Ideen umgesetzt werden können. Etwas bleibt unaufgelöst, bleibt imstande, bei mir nicht-bestimmte Modifikationen zu verursachen — übersteigt die Definition.

13. Das Objekt wird erkannt oder wiedererkannt, und dann bewegt es mich. Und das Fehlen des Objekts wirkt auf mich zuerst unbestimmt und dann präzise.

Das Gefühl birgt stets dasselbe Quiproquo in sich wie der Alptraum.

14. Wer das Wort *Gedanke* erfand, der hat damit sicherlich ein Gefühl getilgt, einen inneren Vorgang begrenzt.

14'. Umgekehrt nimmt alles Vage die Form des Gefühls an — das Nicht-Begrenzte.

15. Das fängt an und hört auch wieder auf — — Das ist nicht immer. Das weicht ab von einer Art mittlerer Gangart und durchläuft mich, setzt alles auf einmal in Bewegung — statt einzeln nacheinander.

16. Das Gefühl gibt mir nur Auskunft über sich selbst. Ist also nicht mittelbar, ohne festen Bezugs- oder Markierungspunkt. Wenn ich es als Auskunft für etwas anderes nehme, wenn ich glaube, daß meine Gefühlsbewegung mir etwas über den Ge-

genstand sagt, der sie hervorruft — dann bin ich Metaphysiker — oder Mystiker.
Beispiel: Vorahnungen. Mein Stolz sagt mir nichts über mein Werk, meine Angst über die Nacht, meine Erwartung über das Ereignis, meine Liebe über die Frau usw.
Oder auch — was sich da einstellt, liefert eine Reihe von subjektiven Definitionen. Gott ist ein gewisser Kitzel.

17. Im Zustand der Entstehung ist das Gefühl nicht zu unterscheiden von der Empfindung. Am Anfang regen sich ein Geruch und ein Gedanke auf die gleiche Weise. Die Besetzung des Bewußtseins ist quantitativ — intensiv.

18. Alles, was sich auf das Gefühl bezieht, setzt die Existenz von zwei Zuständen voraus, das Vage und das Klare, die Koexistenz dieser beiden Zustände und den Übergang vom einen zum anderen.

19. Gefühle nennt man jede nicht unpersönliche Wahrnehmung; und obwohl sie vollkommen wirklich ist, läßt sie sich als weggefallen, inexistent annehmen, ohne daß daraus Veränderungen des Wirklichen entstünden. (So daß man, um ein sehr intensives Gefühl auszudrücken, genau das Gegenteil sagen wird, nämlich daß es das Wirkliche verändert.)

19'. Daß ein bestimmter Gedanke eine bestimmte Wirkung hervorruft, die identisch ist mit der Wirkung einer *bitteren* Substanz.

20. Die Erfindungen, die Fruchtbarkeit gehen aus einer Art Mischung oder Unordnung oder Konfusion hervor, kommen nur in einer Art notwendiger Ignoranz zustande. Aber es gibt eine, bei der (im Gegenteil) das Erzeugnis an der Grenze einer klaren, folgerichtigen Annäherung erscheint.
Alle Lösungen von Problemen des Raumes, des Ortes ... sind enthalten in der Vorstellung der Voraussetzungen.

21. Mischung — Mischung von ganz aktuellen Eindrücken und von Gewußtem, Geahntem, Vorweggenommenem — Mischung von unendlich kleinen Augenblicken als solchen und von Vertieftem, Durchdrungenem — Mischung von Werten und Variablen, von Zahlen und von Bereichen, und von Funktionen.

Mischung von dem, was Objekt *sein wird*, und von dem, was Subjekt sein wird — aber *geschrieben* in der Sprache, in der sie seit Adams Zeiten getrennt sind! — Mischung der Zeiten. Mischung in einem Satz, aber *Einheit* vor ihm. Das verliert seinen Sinn bei der Reflexion, schwemmt jedoch jede Reflexion fort.

Entstehendes und Totes, gemischt. Die Sonne, meine Körperhaltung, meine Sorgen, mein Herz.

22. Warum Mischung? — Lust und Unlust, wie sie ineinander verschwimmen.

23. Wenn ich Musik höre und es bei Musik bleibt, keine Emotion. Zu *allem* bringt mich das Ohr, tritt es nur erst dort heraus. Wo man durch Musik sein Ohr wahrnimmt, da hört die Musik auf.

24. Gefühl, nur halb Phänomen. Reiht sich nicht genau, nicht vollständig, nicht mühelos in die Gruppe der Phänomene ein. — Was ist diese Gruppe? —

Die gewöhnlichen Phänomene sind untereinander vollständig austauschbar, decken sich, lösen einander ab.

25. Das Gefühl — Wert, Macht der dumpfen, stumpfen Empfindungen — — der spontanen Invasionen von Bildern und organischen Wahrnehmungen. Unmöglich, zum Eindeutigen zu gelangen — oder sich dort zu halten. Instabilität des Stabilen.

Bewußtsein der Unfähigkeit, durch etwas klar Begrenztes eine gewisse Modifikation oder Tendenz zur Modifikation auszugleichen — — Keine genauen Äquivalente.

Man weiß nicht, wohin diese Modifikation geht — etwas *Größeres* als jede ausgebrachte Handlung oder Vorstellung.

Unbegrenzte Modifikation in jedem Augenblick — in Wirklichkeit begrenzt, aber man weiß nicht wann noch wie.

Es handelt sich um eine Art *nicht kompensierter Transformation*. Denn Akte oder Erklärungen können die Gefühle zwar hemmen, aber nicht direkt. Sie richten sich nicht auf die Gefühle selbst und wirken nicht entgegengesetzt. Nichts also kompensiert oder tilgt ein Gefühl, es versickert vielmehr, verläuft sich …

26. Es umfaßt verschiedene Zustände, mehrere Zeittakte, ein Kontrastelement. Das ist wie ein Klischee, auf dem ich in verschiedenen Posen erscheine, in gestellten oder zufälligen. Daher ist es der Bewegung vergleichbar …
27. Ein kleines Ereignis — physisch vergleichbar dem Durchschnitt der Ereignisse — macht mich weitgehend zu einem *anderen* … Dieses bringt mich zur Resonanz, die anderen nicht. Eine Art von Diskontinuität im Ablauf der Wahrnehmungen.
28. Sensibilität und Resonanz.
29. Das Gefühl, Minderung der inneren Freiheit. —
Man hat einen Transformationsmodus, der sich nicht völlig in gleichwertigem Austausch ausdrückt. Bestimmte präsente Gedanken können weder kompensiert noch annulliert werden. Sie bringen *isolierte*, nicht kompensierbare Empfindungen mit sich oder folgen ihnen.
Diese Empfindungen besitzen keine selber wirkungsfähigen Bewegungen, auch keine virtuellen, die sie abschwächen. Sie haben keine Reflexe in der Gegenrichtung — sondern sie sind selbst schon Antworten.
Die Freiheit, um die es sich handelt, besteht in einem mehr oder weniger schnellen, leichten Übergang von einem Zustand in irgendeinen anderen.
30. Das Lachen; die Tränen; die emotiven, konvulsivischen Erscheinungen; die Verspannungen und Kontrakturen, die Bewegungen, alle irrationalen Vorgänge bei bestimmten psychischen Zuständen — spielen die Rolle degradierter Energie — im Hinblick auf diese Zustände. Sie treten an die Stelle klarer Vorstellungen und quantitativ definierter Akte, sind deren Zerstreuung — in der gleichen Art und Weise wie Abstrahlung und Vibrationen einer Maschine hinsichtlich ihres Nutzeffekts.
Überraschung, Schmerz, Freude, das Unausdrückbare, das Unsagbare usw. sind die Wirkungen oder das Sichtbarwerden dieser Qualitätsvariationen oder Degradierungen des abgeschlossenen Denkens.
Aufmerksamkeit ist die dem maximalen Ertrag entgegengesetzte Tendenz. Und sie wird erreicht oder bezahlt dadurch,

daß Energien unkoordinierter Bewegungen teilweise in Form von Kontrakturen absorbiert werden.

31. Das Gefühl als Vergessen von allem, was nicht es selbst ist, Gleichgültigkeit gegenüber allem anderen — Logik, Intellekt, Erinnerung an ... — Hingerissensein, Entzücken, eine Art von Vergessen — die berechnende Kälte — Gegenwart des Geistes.

Zentrifugierung des Ich

Da das Bewußtsein sich unablässig von seinen Gegenständen abhebt, neigt es dazu, an sich selbst zu glauben, daran, von jedem Gegenstand trennbar zu sein. Ich denke unweigerlich an eine Masse in Rotation, die ihre Anstrengungen fühlte, bei sich eine Beschleunigung unterschiede, welche sie von ihrer Achse entfernt, und eine andere, die sie dahin zurückführt.

Das Ich ist der einzige Kreislauf, der empfängt, was er aussendet.

Wenn wir *Ich* sagen, dann setzen wir noch jemanden anders, der das Ich und das Nicht-Ich unterscheidet — und folglich außerhalb beider, verschieden von beiden ist. Folglich gibt es stets noch anderes als ... das Ganze.

Das »Ich« ist vielleicht eine Fiktion, ebenso nützlich und ebenso bestreitbar wie der Äther. Es dient uns dazu, an eine absolute Bewegung zu glauben, und dieser Glaube ist *notwendig*. Unsere Identität ist unser erstes Denkinstrument, ohne das wir materiellen Körpern ähnlich wären und unser Denken selbst nur eine Abfolge wäre oder vielmehr eine unbegrenzte Substitution

Das *Ich* kennt fast nichts von dem Individuum, dessen *Ich* es ist; sein Gesicht, seinen Rücken, seine Anatomie, seine Geburt, seinen Stand — die meisten seiner *Implexe*.
Es ist also *eng an Unbekannt gebunden*. Dies wirft auch ein Licht auf die Fragen der »Verantwortung«, des Verdienstes und im übrigen auf jede Frage, welche voraussetzt, daß derjenige, der weiß, kann, will und handelt, auch *derjenige ist, der ist*, das heißt, gesellschaftlich gesprochen, *der erscheint* — — und selbst, juristisch gesehen, der durch ein äußeres Gesetz definiert ist.

Polarität —
Was ich »Ich« nenne und was ich »Welt« nenne — diese beiden symmetrischen, entgegengesetzten Bestimmungen — die niemals zusammenfallen können, die sich niemals voneinander trennen können, die unteilbar und irreduzibel sind — und die unablässig seltsame Elektronen und Ionen austauschen — die überhaupt nur durch diese Absonderung sind.

Was mir *mich* am besten zu kennzeichnen scheint — Ich meine dieses Grenz-Ich, dieses Ich, das sich will und das in dem Maße *ist*, in dem es sich will und sich von Zeit zu Zeit im augenblicklichen Ich wiedererkennt oder sich weigert, sich wiederzuerkennen, oder darunter leidet, das wiederzuerkennen, was oft statt seiner da ist — — — Dieses Ich ist dadurch gekennzeichnet, daß es alles auf ein begrenztes Problem reduzieren will, worin, egal wie, *alle* Variablen des Intellekts, des Nervensystems, ja des Organismus ausdrücklich genannt/unterschieden/werden —

30 déc Ce temps trop clair – bizarres nues
aux éclats blancs, aux ombres légères, avec
du bleu et soleil argenté
me vivifie et m'attriste.
Souvenir des terribles xxii, xxiii, xxiv
de V. –
Le mal est mort. Est-il bien mort?
Mais le bien est mort.

Was man ICH nennt, ist eine Variable von konstanter Präsenz (die gradweise *variabel* ist, vom Bewußtseinsgrad beim Erwachenden oder beim Betrunkenen bis hin zum höchsten Grad geordneter Erinnerungsfülle usw.)
Es ist sozusagen eine distributive funktionale Produktion, die der Verschiedenheit der Empfindungen und ihrer Wirkungen entspricht.
Vor allem jedoch ist es ein WORT, welches das einzige von allen anderen unterschiedene Objekt bezeichnet, das einmalig ist in seiner Art, unvergleichlich.

Das Ich ist vielleicht nichts als eine einfache Bedingung des Denkens — ein Anfangspunkt im geometrischen Sinn — die *Skala* des Denkens, die in jeder Determinierung impliziert ist. Doch anstatt es beim Nachdenken über Dinge, für die es die Invariante ist, erst einmal aus dem Blickfeld zu nehmen —, muß man damit beginnen, es überall anzusetzen — es *herauszuheben*, denn was man auch tut, es ist darin enthalten.
Dann kann man sich Fragen wie den folgenden zuwenden: die Situation des *Ich* in einem gegebenen Augenblick bestimmen. Gesetz des automatischen Loslösens der *Ichs* in jedem Zustand.

Allein. Ganz für sich —
Man muß zugeben, daß das Ich — nur ein — Echo ist.

Das Ich ist nicht die Person. Das eine kann man durch Wahnsinn verlieren; das andere behält man bis zum Nichts. Dieses Ich ist ebenso inexistent, ebenso notwendig wie es beispielsweise … der Massenschwerpunkt eines Ringes ist.

Meine vertraute Unterscheidung zwischen Ich und Person läßt sich erweitern bis zu einem Analyseverfahren.
Das Ich, wie ich es definiere, ist das, was sich von einer Invarianz in bezug auf die Mannigfaltigkeit der möglichen Erfahrungen ableiten läßt. Es ist das System der allgemeinsten Existenzbedingungen. Es ist eine analytische *Form*.
Meine Person oder Persönlichkeit ist ein Teil *meiner* Erkenntnis, und dieser Teil ist die Person, und dieses Ganze ist das Ich. Das Ich ist das Ganze, wovon die Person ein Teil ist. Die Person ist der Teil, wovon das Ich das Ganze ist.
Die Person ist dadurch vergleichbar, kombinierbar mit jedem Erkennbaren — Und das Ich ist unerkennbar.

Meine Person ist eine Rolle, die ich auswendig weiß — oder vielmehr der Charakter einer Rolle, eher als die genaue Erinnerung.

Ich bin das nicht — oder wenig —
Ich bin eher eine Reaktion — auf mich — und nicht auf andere. Ich setze mein Ich meiner Person entgegen.

Welches ist dieser »Punkt«, zu dem ich zurückkehre?
Ich *glaube* zu ihm zurückzukehren.
Das Fundament des Selbst ist also zu glauben, daß man nicht anders ist, daß man sich zwar ein wenig von sich selbst entfernt, aber dorthin zurückkehrt; und daß das, was selbst im Innersten, Nächsten, Spürbarsten sich wandelt, daß gerade dies nicht Ich ist.
Sonderbar — es gibt eine gewisse Vorstellung oder ein Gefühl von sich, das wir als wahrer, genauer ansehen, oder vielmehr als Kriterium des Selbst.

Das Ich erlaubt, sich das *System Selbst* als ein *Punkt-Selbst* vorzustellen.

Es gibt also ein *Selbst*, das sich durch die Ergebnisse dieser Assimilation definiert, und ein *Nicht-Selbst*, das sich durch die Gegenstände definiert, die diese Assimilation anregen. Das Nicht-Selbst heißt auch *unvollständig* und das Selbst *vollständig* oder gleichgewichtig. Der Traum gelangt im allgemeinen nicht dazu, zu ergänzen (das heißt, er gelangt dazu ein Mal von 10^{x}). Er ist unablässig in Transformation.
Also ist das Dreieck Selbst oder Ich, wohingegen die 3 Punkte Nicht-Selbst sind. Nichts schwieriger, als rein auszudrücken, was Nicht-Selbst ist: Alles steht diesem Versuch entgegen: Sprache, Reflexion, Gedächtnis; all das *ergänzt.*
— Gibt es eine gegenteilige Tendenz? Nicht einfach. Man neigt zwar dazu, das gegebene Vollständige zu entassimilieren, aber mit der Tendenz, daraus ein Neues zu machen.
— Jegliche Assimilation ist darauf aus, unsere Assimilationsmittel zu vergrößern.

Das Ich
Sich selbst nicht wiederzuerkennen in dem, was aus dem Selbst hervorgeht, ist wesentlich in der Mystik. Und Mystik jeglicher Art verlangt es. Dies ist vergleichbar mit der Tatsache, daß jeder in Unkenntnis seines Gesichtes und seines Organismus lebt. Und die Frage besteht darin, den Sinn dieses Wortes *Selbst* recht zu verstehen.
Ich glaube, daß das Ich die dem Organ der Sensibilität eigentümliche Sensibilität ist — wie die Empfindung des Auges und des Sehens im Gegensatz zur visuellen Empfindung; *das Sehen der Dinge lehrt uns nicht, daß wir Augen haben*, und alle Schauspiele der Welt können es uns nicht lehren — uns, *die wir abwesend sind von allem, was wir sehen,* und von *allem, was man sehen kann.*

(Zum Bereich des Gehörs ließe sich demgegenüber feststellen, daß unsere Stimme Töne hervorbringt, wodurch *wir nicht aus allem, was wir hören, abwesend sind.* Ich höre mich. Ich sehe mich nicht. Denn es genügt ja nicht ein Spiegel, um SICH zu sehen, man muß sich auch darin wiedererkennen. Und das ist nicht leicht —)

— Somit — ist das *Ich* nur in den Fällen im Spiel (sie sind übrigens sehr häufig), in denen die Wahrnehmung (oder irgendeine andere Ursache) *spürbar macht, was wahrnimmt,* so wie das Auge für uns zunächst eine besondere Empfindung ist (Ermüdung zum Beispiel), die eine Beziehung zu den Objekten (dem Gesehenen) hat und sich ihnen dann gegenüberstellt, *was immer sie sein mögen.* Die Funktion *Sehen* löst sich von ihrer Ausübung (oder dem *Gesehenen*) ab und vermittelt uns den Gedanken einer Allgemeinheit oder Möglichkeit von höherer Ordnung als alle beliebigen Schauspiele.

Grundlegendes Faktum des Erinnerungsvermögens ist, sich beim Erwachen wiederzufinden, seinen Körper und sein Selbst wiederzufinden.

Die psychische Existenz hat keinen Anfang. Es gibt keinen ersten Gedanken.

Die Person ist gebildet aus Erinnerung und Gewohnheit — während das Ich sich stets aktuell bildet. Das Ich kennt nur augenblickliche Organe und Mittel — und selbst das klarste und begehrteste Ziel ist nur ein Mittel für es. Das *Ich* sagt nichts über die Person.

Man findet sich wieder. — *Man* wird zu *Ich*. *Man* findet *Ich*. Wie derjenige, der in einem Spiegel jemanden sieht und darin sich wiedererkennt, dann damit verschmilzt und aus zweien einen macht. Wie die Bilder eines Körpers, die von zwei Augen oder zwei Prismen stammen, sich abstimmen, zusammenfinden, so baut sich das *Wirkliche* des Tages auf; es vollzieht sich die Koinzidenz oder die Adjustierung der Wahrnehmungsempfindung mit der Empfindung des tieferen Körpers, mit der werdenden Erinnerung und der Erinnerung des Werdens. Wiederfinden — Rekonstituieren. Die Hierarchien stellen sich wieder her. Die Ordnung bildet sich neu.
Nichts müßte uns mehr Einblick in den Geist verschaffen — in die »Erkenntnis« —

Was ist es schließlich, das mich am engsten definiert?
Nicht meine *präzisen* Erinnerungen — denn die verliere ich. Einzig ein Zufall könnte Jahre und Leute wiederherstellen, die ich vergessen habe. Selbst meine nicht zerstörten Erinnerungen sind darauf angewiesen, aufgerufen zu werden, das heißt abhängig von äußeren Ereignissen. Mithin wäre ich eine Folge von Zwischenfällen, wäre ganz außerhalb von mir.
Nicht meine gegenwärtigen Gefühle. Die Erinnerung macht mir klar, daß ich andere gekannt habe.
Meine Ideen? Allzu unbeständig, allzusehr entlehnt — allzu gelegenheitsabhängig.

Die Erinnerung, die ich von mir habe, die mich als Person und Persönlichkeit ausmacht, Erinnerung an meinen Namen, meinen Stand, meine Vergangenheit, meine Gesichtsausdrücke und Kleider, meine Aufenthaltsorte, meine Sorgen usw.
diese Erinnerung hat für die Bildung dieses *Ich* nur insofern Kraft und Wirksamkeit, als sie auf mein Empfindungsvermögen noch Einfluß zu nehmen vermag. Wenn eine solche

Erinnerung an einen Vorfall, der mich vor vierzig Jahren erröten ließ oder zittern machte — und wenn ich zudem empfinde, daß derselbe Vorfall heute keineswegs mehr jene Wirkungen hervorbringt.

Worin unterscheidet sich Erinnerung von einer alten? Muß man dȧ eine bestimmte Materialität der Spur annehmen und eine Art Veränderung des aufbewahrten Produkts?

Man sollte sich stets vor Augen halten, daß Empfindungen einzig durch das Gedächtnis Dienste leisten: Empfindung ohne Erinnerung ist wie eine unbekannte Sprache.

Das Gedächtnis hat seine Geschwindigkeit. Die Empfindung die ihre. Die Reflexantwort die ihre.
Das Gedächtnis ist die erfahrungsbedingte, figürliche, d.h. Bedeutung zuteilende Beantwortung, die normalerweise die größte Produktionsgeschwindigkeit hat — an zweiter Stelle nach der Empfindung. Das »Vergangene« ist das, was von der Gegenwart wieder emporkommt — seine *Rückkehr zu ihr.*
Wir sind diesen Ausbreitungsgeschwindigkeiten ausgeliefert — Genie, Freiheit, Entscheidungen usw.;
eine zu schnelle oder zu langsame Antwort, eine verfehlte Rückwirkung *entscheiden.*
— Diese Geschwindigkeiten hängen andererseits vom Zustand ab — wie in einem gespannten Milieu, Saite oder Luft — mehr oder weniger. Was *schöpferisch* ist, ist die Ausbreitung. Sie durchquert den leeren Raum, die Wüste.

Das Gedächtnis wächst regelmäßig und zerstört sich unregelmäßig.

Das besondere Gedächtnis ist im allgemeinen Gedächtnis enthalten, das in der Fähigkeit besteht, wieder man selbst zu werden.
»Zu sich zurückkehren« — wieder man selbst werden.

Das Denken ist der Mißbrauch der bemerkenswerten Fähigkeit des zerebrospinalen Systems, *auf sich selbst wirken* zu können: Der Mensch spricht mit *sich* und hört sich zu; lernt sich kennen und konnte also auch nichts von sich wissen.
Was ICH *bin*, belehrt, erstaunt *was ich bin*. Und es gibt Zeit zwischen mir und mir. Ich entsteht aus mir.
So sind die Beziehungen zwischen *mir* und mir *nicht* wesentlich anderer Natur als die Beziehungen zwischen Dir und mir und mir und Dir —?
Für beide braucht es eine *Sprache*.
— Ich induziert Mich — schafft ein Ander-Ich.
Außerdem sind die geheimnisvollen Verhältnisse dieser Wechselbeziehungen und Phänomene mit den zerebrospinalen Systemen indirekt und im übrigen *vermischt*.

Unsere Idee des Willens und der Begriff selbst entstammen unserer Unwissenheit über den Mechanismus, der zwischen Ich und Ich besteht.

Meine innere Sprache kann mich überraschen, und ich kann es nicht vorhersehen. Wenn sie spricht, dann nenne ich *Ich* nicht das, was spricht (den unbekannten Dritten), sondern den Hörer. Das Ich ist der erste Hörer der inneren Sprache — nicht derjenige, der antwortet — sondern derjenige, der antworten wird. Sobald er antwortet, ist er nicht mehr Ich.

Von den Formen des Selbst

— Die »Person« — Kontrastwirkung — durch Unterschiede definiert — und Kombination aus *Erbvergangenheit*, *Gedächtnisvergangenheit* und Gewohnheiten — verschiedene Reaktivitäten: besonderes Mögliches — Phobien — Neigungen — Potenzen usw.

— Das Augenblicks-Ich — das Reagieren an sich

— Das reine Ich — Self-consciousness

Das Einzige — und das Alleinige — und Identische-*in-potentia*.

Jedes Individuum kann, indem es sich zum *integralen Zuschauer*, zum *integralen Opponenten* macht, — das heißt, indem es als Lösung für sich einzig den Akt der Opposition gegen alles Beliebige nimmt, Person und Reaktionen als Zufälle auffassen, Einzelfälle, *Fremdartigkeiten* — und sie zu *Phänomenen* erklären.

Wer seine Hand betrachtet, sie bewegt und die Hand und ihre Bewegungen betrachtet wie eine Merkwürdigkeit und sich sagt: *Wieso nur ist dies Ich oder von Mir?*

Person — Gruppe von Antworten (Erinnerungen, Merkmale, Eigenschaften, Ticks), teilweise modifizierbar, vergeßbar (*nicht augenblicksgebunden*)

welche *normalerweise* — sich in die geordnete Reihe der Reaktionen von jemandem einfügt, um auf die Antworten des reinen Ich zu antworten (welches bisweilen die Person überrascht).

Unsere Person ist die Gemahlin des Ich, das ebensogut eine andere hätte heiraten können.

Person — es gibt in uns mehr Faktoren, mehr Funktionen, als nötig ist, um unsere *Person* zu konstituieren, das heißt *eine* Person — vgl. Pathologie. Und gerade durch diesen Überfluß bestimmt sich unsere Person — Ich wäre nicht ich, könnte ich nicht auch ein anderer sein.

Narziß — die Konfrontation des Ich und der Person. Der Konflikt zwischen Erinnerung, *Name*, Gewohnheiten, Neigungen, der geschauten Form, des angehaltenen, fixierten, festgeschriebenen Wesens — der *Geschichte*, des *Besonderen* mit — dem universellen Zentrum, der Fähigkeit zum Wandel, der ewigen Jugend des *Vergessens*, dem Proteus, dem Wesen, das nicht angekettet werden kann, der drehenden Bewegung, der wiedererstehenden Funktion, dem Ich, das völlig neu und sogar mehrfach sein kann — in mehreren Existenzen — in mehreren Dimensionen — in mehreren *Geschichten* — (vgl. Pathologie). Ich kann neue Gesten lernen.

Ego. In mir gibt es einen Fremden, einen allem Menschlichen Fremden, der stets darauf gefaßt ist, nichts von dem zu begreifen, was er sieht, und alles als Sonderfall, Kuriosität, lokales und willkürliches Gebilde anzusehen; und handle es sich gleich um mein Land, meine Sprache, mein Leben, mein Denken, meinen Körper, meine Geschichte, es gibt nichts, was mir nicht hundertmal am Tag zufällig, fragmentarisch, aus einer unendlichen Zahl von Möglichkeiten herausgeschält erscheint — — gleichsam ein Muster zur Ansicht — —

Es ist *jemand* oder etwas in mir, der *will* nicht (schon 10 oder 20 Mal hat er verweigert) mit dieser Arbeit anfangen, die ich tun *muß* — wofür die Ideen schon da sind — ja sogar aufgeschrieben. Aber dieser Widerspenstige sträubt sich. Er liefert die *Form* nicht — die Ausgangsform. Jegliche Richtung, in die er aufbrechen könnte, mißfällt ihm. Der Widerwille ist stärker. Jeder abgebrochene Versuch steigert die Unlust.
— Überlegung. Ich habe gesagt: *jemand*. Denn es ist natürlich — urtümlich — wild —, einen Wunsch oder eine Abneigung, die sich einem mit der *Person* konformen Willen entgegenstellen, zu personifizieren; die Person ist das Vernünftige — das Gesellschaftlich-Gesellige — das Vorausschauende.

Je »bewußter« eine Person ist, desto mehr erscheinen ihr ihre Meinungen, ihre Akte, ihre Merkmale, ihre eigenen Gefühle als besonders und fremd — *fremdartig*. Sie scheint dazu zu neigen, über das, was ihr Eigentliches ist, wie über äußerliche Dinge zu verfügen.
Es ist wohl unerläßlich, daß ich Meinungen, Gewohnheiten, Annahmen, Zuneigungen, Abneigungen, eine Weltanschauung habe, so wie es notwendig ist, daß die Wand meines Zimmers eine bestimmte Farbe hat. Ich verhalte mich zu all diesen Bestimmungen so, wie sich das Licht zu dieser Farbe verhält. Es ist schwierig, sich vorzustellen, daß das Licht ebenso notwendig sei wie die Farbe. Es könnte ja alles Beliebige erleuchten.

Ich weiß nicht, was sich nicht ändert — in mir.
Die Religionen, die Gesetze, die Gesellschaft usw. bedürfen der Identität der Individuen, sonst keine Verantwortung, keine Verträge, sondern Beziehungen zwischen variablen Systemen, und zwar unregelmäßig variablen ...

(Die Rassen mit starkem Gedächtnis waren wohl als erste organisiert.) Doch nichts garantiert diese Identität *in bezug auf*…

Ich bin ebenso der *Selbe*, wie dieser Tisch hier derselbe ist wie gestern, für *Mich*.

Ipseität

Inwiefern bist du der *Selbe* wie *derjenige*, der zehn Jahre, fünfzehn Jahre alt war — usw.? Und wie *derjenige*, der da Embryo, Fötus war —?

Und wie derjenige, der getan hat, was getan zu haben du jetzt als den Akt eines Fremden von dir weist? Oder der nicht mehr tun kann, was du tatest?

Folglich gibt es in deinem Selbst, in dieser *Ipseität*, Teile und Elemente, die dir so fremd sind, als würden sie anderen als dir gehören; und du wirst von den Träumen überrascht, in denen es vorkommt, daß du mit Leuten zu tun hast, an die du nie denkst, und in Situationen gerätst, die du gar nicht kennst. Warum sagen: *Ich habe geträumt* — wo man doch sagen müßte: *Es ist geträumt worden* —?

Zu sagen: *Ich* habe *vergessen*, ist ein ungewöhnlicher Ausdruck. Das hieße: DER SELBE IST UND IST NICHT MEHR DER SELBE. (Im übrigen hieße dies, in Form eines Aktes auszudrücken, was *das Gegenteil eines Aktes ist*.)

Und so sind der *Selbe* und das *Ich* recht verschieden. Das Ich bezeugt und der Selbe wird bezeugt; und der Selbe ist eine Negation der Vielheit.

Ich bin es leid, an diese Person gebunden zu sein, die ich bin.

In den besten Augenblicken, auch in den schlimmsten, wirkt man auf sich selbst nicht mehr wie man selber; sondern man verschwendet oder man erleidet irgendein — unwahrscheinliches Ich.

Ich — man stellt sich sich selbst zugleich als bekannt und als unbekannt vor — Als Alles und als Teil: als Spieler und als Figur im Spiel der Welt; und bald des Welt-Spiels, bald des Gesellschafts-Spiels, bald des Geist-Spiels, bald des Beziehungs-Spiels, bald des Liebes-Spiels. Usw. Und jedesmal mit anderen Regeln und Konventionen und alle diese Spiele derart miteinander verflochten, daß sie sich verwickeln, und in jedem ist man Spieler und Spielfigur.

Herr Teste hatte die merkwürdige Angewohnheit, sich selbst als einen Stein in seinem Spiel zu betrachten, oder doch als eine Figur in einem bestimmten Spiel. Er sah sich zu. Er schob sich auf dem Brett umher. Manchmal verlor er das Interesse an der Partie.

Der Ruhm macht aus dir einen andern. Er schließt dich von dir selbst aus.

Es spielt sich in dir, wer du auch seist, gewißlich ein großer Kampf halb im Verborgenen ab. Etwas in dir will seine Freiheit verlieren; und etwas anderes will sie bewahren.

Es gibt keine widersprüchlichen Handlungen, denn Handlungen sprechen nicht und treffen nicht aufeinander. Ich kann mich unschwer von 8 bis 10 für einen Philosophen halten und am Abend für einen Mystiker. Meine Vorstellung von mir kommt nicht ohne ein halbes Dutzend Meinungen aus, deren enges Nebeneinander mir geradezu notwendig und »funktionell« erscheint.

Es gibt Ichs, die mehr Ich sind als andere.

Mein Geist ist unitarisch, in tausend Stücken.

— Manchen erscheint ihr eigenes Innenleben, ihre eigene, gesonderte Welt als eine Art Wald, in dem sich allerlei geheimnisvolle Begegnungen ereignen können, unerhörte Überraschungen — Zufälle, Jagdvorkommnisse, Entdeckungen, Abenteuer, nie geahnt — Manchmal ein Fasan — manchmal ein Monster.
Dabei ist es ein kombinatorisches System.

Das psychische Leben ist ein unaufhörlicher *Austausch* unter 2, 3 oder 4 Personen oder Dingen. Ich weiß nicht, wie ich die *Pole* nennen soll.

Hätte ich eine absolute Seele — das heißt eine unbedingte Einheit in sich, dann könnte ich an alles zu gleicher Zeit denken. Dann gäbe es keine Augenblickseinheiten des Denkens — das heißt — kein Denken!

Es ist kindisch, im Hirn an einem bestimmten Ort eine bestimmte Fähigkeit ansiedeln zu wollen.
Damit ist nicht gesagt, daß dieses Gefüge aus Zellenmassen nicht aus spezialisierten Teilen und aus Verbindungen dieser Teile aufgebaut ist — sondern daß die »psychologischen« Begriffe, die man unterbringen will, im allgemeinen sehr grobschlächtig sind.
Das ist, als wollte man in einem Stromkraftwerk (ohne von Elektrizität etwas zu verstehen) die Maschine suchen, die das rote Licht einer bestimmten Lampe *macht.*

Ein Individuum ist ein RAUM *von Möglichkeiten —*

Man bedarf eines *Anderen*, um *Selbst* zu sein. Somit sind *Anderer* und *Selbst* zusammengehörige Bedingungen — für das Funktionieren der mentalen Maschine, die zwischen diesen beiden Polen arbeitet.
Das Selbst ist einfach das Nicht-Andere, und darin liegt seine Identität, seine Einzigartigkeit. Und das Andere ist unendlich veränderlich. Dies ist wie beim Auge, das dem unendlich vielen Sichtbaren entgegensteht — *eines gegen alles*, und das durch alles oder alles Erblickte determiniert wird als das Nicht-zu-ihm-Gehörige.

Zum höchsten Punkt seiner selbst gelangt man nur auf dem Umweg über die anderen und mit ihrer Hilfe.

Sprachliches – Allzusprachliches

Der Titel dieses Kapitels ist eine Modifikation des zum Topos gewordenen moralistischen Begriffs von Friedrich Nietzsche: ›Menschliches, Allzumenschliches‹. Als Schriftsteller wie als Sprachforscher eigener Provenienz hat Valéry mit besonderem Nachdruck das zentrale, den Menschen eigentlich erst zum Menschen machende Medium einer Wort- und Begriffssprache untersucht. Dabei ist ihm eine kritische Vorwegnahme sprachphilosophischer Positionen gelungen, wie sie später der sogenannte Wiener Kreis und Ludwig Wittgenstein vertreten haben. Wie diese nach ihm, beschäftigt er sich mit der Macht einer metaphernbildenden Sprache, die in der Regel selbst heute noch aufgrund einer naiven Vorstellung von Objektivität unterschätzt wird. Anders als die meisten schulbildenden Wissenschaften, hat sich Valéry jedoch immer wieder die Frage nach den der Sprache eigenen Grundlagen und Voraussetzungen wie den zwangsläufig darin enthaltenen Unbestimmtheiten und Unzulänglichkeiten gestellt. Obwohl die Sprache das Medium des Dichters Valéry ist, gelingt es ihm, sich dem (vernebelnden) Zauber eines eigenen Duktus zu entziehen, ihm zu widerstehen – im Gegensatz zu manchen Philosophen, wie zum Beispiel Martin Heidegger oder Theodor Wiesengrund Adorno. So war es Valéry ein zentrales Anliegen, sich ein eigenes Wörterbuch zu erschaffen, in welchem die verwendeten Begriffe wirklich geklärt sind. Bezeichnenderweise hat er als Mitglied der Académie Française auch am offiziellen französischen *Dictionnaire* (Wörterbuch) mitgearbeitet, wobei er sich – dies lassen seine *Cahiers*-Einträge deutlich erkennen – stets einen kritischen Abstand zu diesem hehren, in Frankreich oftmals als ›nationales Heiligtum‹ angesehenen Unternehmen bewahrt hat.

Die Sprache ermöglicht uns, nicht *hinschauen* zu müssen.

Würde man (in Worten) genau ausdrücken wollen, was man wahrnimmt, man wäre unverständlich.
Denn man sieht ja keine *Bäume*, sondern grüne *Formen* — das heißt *vage Gesten* des Umreißens und Umschreibens, und dazu Farben. Wir wissen alsbald, daß das »Bäume« sind; *aber sehen können wir das nicht.*

Die wahre *Definition* muß aus der Sprache hinausführen, also zu einer Austauschsituation von *Wort* gegen *Sache*, gegen Mimik der Bezeichnung oder der Imitation, und von *Sache* gegen *Wort.*
Jede Definition, die nicht in *äußere Wirklichkeit* auflösbar ist, das heißt in *Zeigen* durch ein *Tun* (Akt x Wahrnehmung), ist bloß treuhänderisch und unbeständig.

Jedes scharf ins Auge gefaßte Ding verliert seinen Namen. Denn der *Name* und das *Wiedererkennen* sind *Umstände für die Eliminierung* der Sache selbst.

Ich halte es für unsinnig, an die Existenz von Dingen zu glauben, die uns nur durch *Namen* vorgegeben oder vorgestellt werden.
Es kann nicht die Aufgabe von Namen sein, »Dinge« hervorzubringen. Allerdings muß man einräumen, daß — wegen des Vertrauensmißbrauchs, an den wir von Kindheit an gewöhnt sind, Wörter als Sachbezeichnungen zu gebrauchen — der Geist die Menschen zu der Annahme verführt hat, daß jedem Namen eine Sache entsprechen müsse.

Gerade die Sprache verdunkelt, weil sie zu Fixierungen zwingt und weil sie dort verallgemeinert, wo man es nicht will.

Wie sehr wird doch alles, was sich durch Worte ausdrücken läßt, vergröbert — selbst von den stärksten Geistern!

Nietzsche — verkörpert keine »Philosophie« (zu seinem Glück) — sondern einen Komponisten, der sich selbst »komponiert«, einen »Dichter« des Nervensystems —
und alle seine Wirkungen sind Transpositionen (mittels Sprache —) von Reaktionen, Kontrapositionen, Antworten, Assoziationen durch Kontrast — von zahllosen *Fluchten* usw.

Die Worte sind noch mehr Teil unserer selbst als die Nerven. Wir kennen unser Gehirn ausschließlich vom Hörensagen.

Die Sprache beherrscht mich und ich beherrsche sie. In dem Maße, wie ich sie für meine Perspektive zurechtbiege, verändert sie diese auch.

Sprache verbindet drei Elemente: ein Ich, ein Du, ein Es oder Etwas — Jemand spricht zu jemandem über etwas.

Der Philosoph glaubt an das Wort an sich — und so sind denn seine Probleme die Probleme der *Wörter an sich*, Wörter, die sich, wenn man sie festhält und isoliert, semantisch verdunkeln — und die er, so gut er es vermag, erklärt, indem er, so gut er es vermag, künstlich und in reflektiert imaginativer Weise das hinzuerfindet, was seine *beharrenden* Zweifel den Wörtern geraubt hatten — nämlich ihren *transitiven Charakter* — ist doch Sprache nichts anderes als Übergang — Kommunikationsweg.

Denken und *das Gedachte* ausdrücken sind kaum voneinander zu unterscheiden. Dazwischen gibt es keine klare Trennlinie. Zwischen »denken« und »sein Denken ausdrücken« liegt nur eine Sprachnuance. In dieser Nuance ist alle Philosophie, alle Literatur enthalten, darin werden sie überhaupt erst möglich.

Wie wunderbar ist doch das Wechselspiel der Wörter, die einen Satz bilden! Das übersteigt unsere Phantasie — diese Komposition von Bildern, von Operatoren-Zeichen.

Sprache — Gegenstand unendlicher Meditation — denn sie ist das *Universum* des Denkens.

Sprache als Abgußform — Verfälscher begrenzter Wahrnehmungen. Vorgefertigte Begrifflichkeiten und Entwicklungen. Und zwar Sprache 1. als *Sprache* — das heißt als endliche diskrete Pluralität — zum Zweck der Kombinatorik durch Reihung,
2. als besondere *Einzel*sprache, die einem Sprachtypus oder einer Sprachfamilie zugeordnet werden kann — läßt die Wahrnehmungssensibilität für mögliche Transformationen verkümmern. Sie durchsetzt die Dinge, ersetzt sie — führt die Gleichartigkeit von unterschiedlichen Dingen ein — und redifferenziert sie wiederum durch Sätze nur für Augenblicke, nur teilweise und allein zu einem besonderen unmittelbaren Zweck.

Ich denke auf französisch — das bedeutet, daß in mir französische Worte spontane, wirkliche, unübersetzte Phänomene direkt hervorbringen und zugleich durch sie hervorgebracht werden. Zwischen solchen Zeichen und den Bildern findet also ein *direkter Austausch* statt.

Die Metaphern, die mir am natürlichsten beikommen, sind die, die in sinnlichen Dingen intelligible Zusammenhänge zur »Anschauung« bringen.

Die Rückwirkung der Sprache auf das Denken wurde bisher weit weniger bedacht als die Wirkung des mit Sprache vermengten Denkens.
Ich meine, und habe das auch vorgetragen, daß in der Mehrzahl der Fälle die Präexistenz der Wörter und Formen einer gegebenen Sprache, die wir von klein auf so innig in uns aufgenommen haben, daß wir sie von unserem organisierten Denken nicht unterscheiden — eben weil sie, sobald das Denken sich organisiert, schon mit im Spiele ist, schon im Keim unsere mentale Produktion einengt, sie *auf Begrifflichkeiten einstellt, die uns in der Illusion wiegen, wir seien überaus klar* oder *überaus stark* — dieses Denken mehr gestaltet, als daß sie es ausdrückt — und es sogar in eine andere Richtung entwickelt als die, die es zu Beginn eigentlich nehmen wollte.

Die Gefahren und verfänglichen Fallstricke der Sprache.
Wenn du sagst: das *Leben* UND der *Tod*, so vermittelt das Wörtchen UND zu einem *ersten mentalen »Zeitpunkt« Symmetrie, Äquivalenz* zwischen den beiden Termen; Gegensätzlichkeit zu einem zweiten, auch Widersprüchlichkeit, Unverträglichkeit — — — Dies resultiert aus der substantivischen Form, in der diese beiden Ideen ausgedrückt werden. Denn eigentlich kommen sie aus der Erfahrung, und in der Erfahrung sind *Leben* und *Tod* keineswegs zwei gegensätzliche Figuren, die in einem Monument nebeneinander stehen könnten. Sie sind — oder zumindest sollten sie es sein — Sachverhalte, von denen einer den anderen modifiziert, ja ihn *benötigt*. Durch diese Bezeichnungsweise wird eine ganze metaphysische Rhetorik ins Leben gerufen. Entsprechend: die *Ruhe* UND die *Bewegung*, der *Tag* UND die *Nacht*, usw. Das *Gute* UND das *Böse* — die Materie UND der Geist — Ja und Nein — Für und Wider.

Dieser Punkt ist von größter Wichtigkeit. — Man beobachtet diesen groben Fehler bei den Philosophen, sie haben lange Zeit ihre Notationssysteme und Schreibkonventionen verwechselt mit — der Welt! Die ganze Metaphysik ist eine solche Verwechslung. Als ob ein System die Dinge umzustürzen vermöchte! Betrachtet man indes diese Mittel als Werkzeuge — und diese Schriften nicht als Welten, sondern als — Anspielungen, dann ist alles in Ordnung!

Die Philosophen glauben, daß Wörter — wie *Realität* — etwas Wichtiges enthalten, das man aus dem Wort extrahieren muß, als ob das Wort nicht ein aufs Geratewohl, durch Bilder, durch Diskussionen und unkoordinierte Verwendungen fabrizierter Gegenstand wäre — und als ob es gottgegeben wäre. So die »Zeit«, so die »Welt« und der Geist und die Dinge ...
Und sie glauben auch an die LOGIK.

Grundideen wie Zeit, Bewegung, Raum, sind vage und *beobachtungsfern*. Gebildet vielleicht durch reichliche Benutzung von figürlichen Wörtern.

Sämtliche Wörter resorbieren, denen in der Erfahrung nichts entspricht.

Verwende nur Wörter, die du auch in deinem Denken verwendest.

Welchen Sinn hat dieses Wort: Universum?
Verfolgt man den Faden dieses Wortes, so bemerkt man die ganze Naivität des Denkens.
Nachdenken über die Redewendung »Alles, was ist«.
Ist — sichtbar, vorstellbar, *denkbar.*
Denkbar im Gegensatz zu *sichtbar* — *vorstellbar*, damit wechselt man in Wirklichkeit das Terrain.

Ego
Alles, was ich gedacht habe, läßt sich in einem mehrteiligen Wörterbuch zusammenfassen.
Ausgeschiedene Wörter
Beibehaltene Wörter
Neugeschaffene Wörter

Sprache ist ein Glaubensunternehmen, das sich auf zwei Erfahrungen gründet
— die eine, die erste, besteht in der durch Annäherung bewirkten Verknüpfung eines sinnlich wahrnehmbaren *Dinges* mit einigen durch einen bestimmten *Akt* hervorgebrachten *Lauten*, woraufhin jeder dieser drei zunächst voneinander unabhängigen Faktoren die beiden anderen sowie die Vorstellungen dieser beiden anderen hervorrufen kann —, und dies gilt ein für allemal;
— die andere, nicht weniger notwendige, besteht in dem durchschnittlich erfolgreichen Gebrauch dieser Verknüpfung im Umgang jedes Einzelnen mit seinesgleichen. Und eben dieser Erfolg festigt den Begriff, den jeder sich davon macht, *seinesgleichen* zu haben.

Der berühmte Satz: *Ich zweifle an der Existenz der Außenwelt* hat nach meiner Auffassung keinen eigentlichen Sinn. Er legt die Wörter *Existenz* und *Welt* fest. Man gibt diesen Wörtern solche Werte, daß man für sie neue Bedeutungen *erfinden* muß, die die gewöhnlichen Bedeutungen zugleich bewahren und verändern. *Existenz* bedeutet nicht mehr: *Beobachtbarkeit*, und *Außenwelt* bedeutet nicht mehr: *reziprok* zu meinen empfindungproduzierenden Akten. Äußeres = Handeln.

Dem philosophischen Zweifel (an der Existenz) liegt die falsche oder übertriebene Vorstellung zugrunde, die man sich vom Wert des Wortes *Existenz* gebildet hat. Monstrum.
Man siedelte in diesem Wort eine Art Unendlichkeit an — Nichts war existent genug, um zu existieren.
Was man aus diesem sprachlichen Faktum alles folgerte — das Bedürfnis nach dem Verb *sein* für die Definition alles Beliebigen — Vergottung des Verbums *sein*, das ist die Hälfte der Philosophie.
Man hat diesem Idol das unerreichbare *summum* an Wichtigkeit verliehen — obschon es konstituiert ist durch die Unmöglichkeit, definiert zu werden.

Das Wort *Existenz* hat viel Schlimmes angerichtet. Da die Sprache es überdies ermöglicht, daß man an *Dinge* zu *denken* glaubt, während man sich doch lediglich *Namen* vorsagt und nochmal vorsagt — und Faktoren zu trennen vermeint bzw. für trennbar erachtet, welche nun einmal nicht trennbar sind —, hält man für eine Analyse der Dinge, was bloß eine Analyse einer bestimmten Sprache oder eines konventionellen Notationsverfahrens ist. So die Pseudoideen *Sein, Wesen, Substanz, Existenz* und die gesamte Logik des Leeren.

Naivität macht uns glauben, daß die Wörter *Seele* oder *Universum* oder *Denken* usw. eine ihnen eigentümliche Tiefe besäßen, während sie im Grunde ebenso handlich und verfügbar sind wie *Bleistift, Brot* usw. Dies ist es, was ihnen den Eintritt in nicht wenige akzeptable Sätze verschafft.

Ein Wort ist ein Baustein in einem Satz. Der Satz ist eine (nach Möglichkeit zureichende) Bestimmung eines Gedankenbildes, und das Bild ist an ein Referenzsystem gebunden, *aktuelle* Empfindung und *Akte*.

Die meisten »philosophischen« Probleme und Schwierigkeiten lassen sich auf Irrtümer über die wahre Natur der Sprache zurückführen, insbesondere auf den, der dazu verleitet, die Wörter aus ihrem Zusammenhang zu lösen und sie als etwas anderes denn als rein transitive Tauschmittel zu gebrauchen. Und zwar aufgrund des Glaubens an den intrinsischen Sinn dieser Wörter.

Man verleiht zum Beispiel dem Wort *Realität* eine eigene, abtrennbare Eigenschaft — während es doch nur der Beobachtung bedarf, um zu sehen I. daß dies das eine Glied eines Gegensatzes ist, 2. daß derjenige, welcher sich daraus ein Idol macht, ihm offensichtlich seine eigene Erregung mitteilt, und dem Tisch, auf den er schlägt, eine Existenzempfindung entlehnt, die er unbewußt und verbal auf irgendeinen … verbalen und stets anfechtbaren Gegenstand überträgt.

Festzuhalten ist nämlich, daß der Philosoph auf diese Weise nur dem Realität verleiht, *was keine hat* — andernfalls er sich nicht diese Mühe machen würde, ja gar nicht auf die Idee kommen würde, sich Mühe zu machen. Er entnimmt es dem, was davon mehr als genug besitzt! Das ist eine Überweisung. Es genügte, sie zu beschreiben, ihre Handhabung zu formulieren, um die ganze Sache mit der »sinnlich wahrnehmbaren Welt« lächerlich zu machen.

Es gäbe keine Metaphysik, wenn nicht einer *Frage* die Form einer *Antwort* gegeben werden könnte.

Notwendiger Überfluß
Die Metaphysik (ebenso wie die »Religion«) ergibt sich daraus, daß die Sprache *weit mehr der Form nach verständliche* Kombinationen bilden können *muß*, als sich in allgemeingültige reguläre Erfahrungen auflösen lassen.

Was denken Sie bei den Worten: »*Deus creavit mundum*«? Können Sie sich das vorstellen?
Oder: *Die Seele ist unsterblich*. Machen Sie sich das einmal klar. Was stellen Sie fest? — Beschreiben Sie mir, was Sie in sich wahrnehmen — Beachten Sie, *was nicht verbal ist*.

Nicht daß ich dabei die Täuschungen sprachlicher Präzisierung ignorierte. Aber aus solcher Beurteilung der Menschen — und nicht aus dem, was sie produzieren — wird mir ersichtlich, womit sie sich zufrieden geben und welche intellektuelle Stärke ihrer Aufmerksamkeit zugrunde liegt.

Was ist die Zeit? — Es ist ein *Wort*. Das erklärt, weshalb Augustinus wußte, was sie ist, wenn er nicht darüber nachdachte, und es nicht mehr wußte, sobald er über sie nachzudenken begann. Er dachte über das Wort mittels des Wortes selbst nach, das heißt, er suchte eine *klare Idee* an die Stelle eines Behelfs zu setzen.

Die Frage im Grunde — lautet nicht: *Was ist die Zeit?* was absurd ist. Was ist ein Wort??! Die Frage — oder vielmehr die Fragen — kann aber *vernünftigerweise* so lauten:
Wie lassen sich die Verschiedenheit der Veränderungen, die Möglichkeiten und Unmöglichkeiten der Veränderungen je nach ihren Arten ausdrücken — sowie die Möglichkeiten und Unmöglichkeiten von Koexistenzen?

Vorwort zur Theorie der Zeit

Was man ZEIT nennt, ist ein ebenso grober und verworrener Begriff, wie es der Begriff der Kraft war, bevor es die Dynamik gab.
Als *Kraft* bezeichnete man insgesamt das, was sich schließlich in Kraftaufwand, Kraft, Arbeit, Intensität, lebendige Kraft, Potenz, Beschleunigung usw. zerlegen ließ.
Eine solche Differenzierung muß jeder Philosophie oder Metaphysik der Zeit vorhergehen.

Leben

Freitag, 30. Mai
Ich gehe zum *Dictionnaire* — wir sind zu fünft — Doumic, Goyau, Bédier, Hermant und ich. Das Wort Leben ist an der Reihe — Im Entwurf folgendermaßen »definiert«: Leben = Zustand der organisierten Wesen, solange sie fühlen und sich bewegen! —
Ich erhebe Einspruch — *organisiert? — sich bewegen? fühlen?* All das ist unannehmbar —
Hermant überlegt, ob man zur Formel des früheren Textes zurückkehren sollte — in welchem es *animiert* hieß statt *organisiert*. Erneuter Einspruch von mir.
Alles geht durcheinander.
Mir fällt ein, ich könnte ihnen vorschlagen, den Beistand Bergsons zu erbitten — erstaunte Gesichter. Doumic meint,

Bergson würde uns etwas rechtschaffen Subtiles liefern. Hermant ist weitgehend gewonnen und meint nein. Kurz, man beschließt, sich an Bergson zu wenden. (Sie wollen nichts hören von dem, was sie *wissentlich nicht wissen*, und akzeptieren, was man gemeinhin nicht weiß.)

Das Wort; *êtres* (Wesen) ist noch heikler als das Wort *vie* (Leben) —

Die Sprache unterliegt nur einer Bedingung, *nämlich das aufzurufen, was genügt, um hindurchzugehen.*

Leben — und Akademie —

Auf der Wörterbuchsitzung vom 31. Mai habe ich die Abfolge der Wörter bei dem Wort *Vie* (Leben) angehalten — das ganz lächerlich definiert worden war: Zustand der organisierten Wesen, solange sie fühlen und sich bewegen — Ich habe gefragt: Und was ist mit der Karotte? — In der eingetretenen Verwirrung kommt mir ein Einfall, und weil er mich amüsiert, sage ich ihn sogleich auch laut, nämlich die »Definition« von Bergson zu erbitten. Doumic ist bestürzt, wagt aber nicht nein zu sagen und meint: »Er wird uns etwas rechtschaffen Subtiles liefern«. Es wird dafür entschieden. Ich schreibe an Bergson, um ihn vorab zu verständigen — Er antwortet mir mit ein paar reizenden Zeilen — Am Donnerstag (6. Juni) verliest Doumic Bergsons Definition. Ich setze mich neben Baudrillart, der Nüstern und Ohren aufgesperrt hat und sich zur Attacke rüstet.

Bergsons Definition ist vornehmlich biologisch — Unser Erzbischof sagt zu mir: Aber das göttliche Leben — der lebendige Gott, von dem die Bibel spricht? Und er sagt es dann auch laut. Er sagt: Das ist materialistisch! Ich erwidere: Nein, allenfalls energetistisch! — Er meint: Es muß doch eine Definition bei Thomas von Aquin geben — ich weiß sie nicht mehr — ich werde sie suchen! Die Debatte wird vertagt.

Ich weiß nicht, wie mein Denken aussähe, wenn ich in China aufgewachsen und in der chinesischen Sprache unterwiesen worden wäre.

Ich spreche tausend Sprachen. Eine mit meiner Frau, eine mit den Kindern, eine mit der Köchin, eine mit meinem idealen Leser — und jede Gruppe von Freunden, von Kaufleuten, Geschäftsleuten … bekommt die ihre.
Im kommunikativen Kontakt verändere ich mich sofort, und ich spreche von Fall zu Fall anders. Eine bestimmte Sprechweise ist schüchtern, stets vage — eine andere überaus rein oder allzu klar oder auch allzu sanft.
So fehlen denn einer Sprache einfach ganz bestimmte Wörter.
Was nun das Innere anbelangt … (Der möchte ich sein, der das beschreiben könnte!)
Was ich mit mir spreche — welch ein Labyrinth! Da wird das eine Mal ein folgsames Ich projiziert, zugrunde gelegt, geschaffen. Ein andermal eines, das entsetzt ist über die Dummheit des verhüllten Sprechers; dann wieder eines, das bezaubert nach Wiederholung verlangt. Wieder ein andermal kommt ihm alles dunkel vor.
Aber dann treten im selben Maße auch fremde Sätze auf. Eine schwierige Formel spreche ich für mich nach.
So wiederhole ich sie mir, trotzdem gelingt es mir nicht, *sie zu denken.*
Und schon will ich sie verjagen, doch es gelingt mir nicht, von ihr wegzuhören — oder sie nicht *zu denken.*
Was für Resonanzen, Echos und Schwingungsschläge, welch harmonisches Zusammenspiel in diesem Reich!

— Was sich dem Geiste *darbietet* — sind Wörter, sind Sätze, Formen, melodische Abfolgen, Anfänge …
Je nach Augenblick und Laune findet die Ausarbeitung des einen oder anderen statt.

Man verschlüsselt und entschlüsselt unaufhörlich. Immerzu dieser Übergang von den Worten zu den Gedanken und von den Gedanken wieder zu Worten.

Sprachentstehung

Das Kind (30 Monate) fragt: *Was is' das?*

Man sagt ihm: Das ist eine Gießkanne.

Es wiederholt: *Gießkanne.* Und gibt sich zufrieden.

Die Aneignung des Namens genügt ihm. Das Objekt hat sein Geheimnis verloren — —

Denn das Kind hat gelernt, daß der einfache Besitz des Namens hinreicht, um über die Sache in dem Maße zu verfügen, wie die »großen Leute« darüber verfügen, die durch sie angetrieben werden. Das Gefühl, die Sache beim Namen genannt zu haben, stellt es zufrieden.

Dies führt mich zu der Frage, was für eine Vorstellung sich dieses Kind von den *großen Leuten* macht, und von sich selbst und der Ungleichheit zwischen sich und ihnen, und von der zunehmenden Verringerung dieser Ungleichheit. Eine Frage ohne Antwort. Die großen Leute sind schließlich die Wesen, welche die Namen *für alles* kennen.

Später kommen dann die Fragen nach dem *Warum.*

Das Kind spielt mit seiner Sprache ebenso wie mit seinen Gliedern, es *spricht mit sich selbst,* — und das ist der Anfang des »Denkens« — dieses Monologs oder Beiseitesprechens, das sein Leben lang andauern wird und es glauben läßt, *Jemand* zu sein. Zwar können wir nicht zur Sprachlosigkeit zurückkehren, aber wir vermögen uns auch nicht an den Gedanken zu gewöhnen, daß sich dieses *Wir* mit der Sprache zusammen bildet, daß es uns vom anderen übertragen wird, bzw. *es SICH ÜBERTRÄGT.* Wir empfangen unser erkennbares und wiedererkennbares *Ich aus dem Mund des anderen.* Dieser andere ist die Quelle, und er gehört so substantiell zu unserem psychischen Leben, daß er in jedem Gedanken die *Dialogform* fordert.

Mit sich sprechen. Es geschieht nicht selten, daß mit sich selbst sprechen ein Sprechen *gegen einen bestimmten Anderen ist*, der manchmal sogar klar ins Auge gefaßt wird. Diskussion und Kontroverse entsteht bruchstückhaft und immer ungleich.

Diese seltsame, unmittelbare Funktionsweise des *Zu-sich-Sprechens* ist das Zeugnis dafür, wie grob unsere Vorstellung vom Ich ist, wie unbefriedigend die »psychologischen« Notierungen sind. Wie kann ES SICH etwas sagen? Und wer ist überhaupt ICH, das des Sprechers oder des Hörers? das der Quelle oder das des Trinkenden? — Welche Beziehung zwischen diesen Gliedern des Augenblicks?

Ist dies der Dialog zwischen dem Spontanen und dem Überlegten? Zwischen *meinem* Unvorhergesehenen und *meiner* Voraussicht?

Rolle der Reaktionszeit.

Da nun einmal ICH mit MIR spricht, ist es wohl so, daß ICH etwas weiß, was MIR nicht weiß. Es liegt ein Unterschied des internen Zustands vor. So geschieht es, daß MIR das vermutet, was ICH klarstellt — *artikuliert.* Es gibt dabei Gegensätzlichkeit und Komplementarität.

Bisweilen kommt es vor: wenn MIR *wartet*, bringt es *im ICH sein Warten zur Sprache*! Unsere inneren Personen haben jede für sich nur einen Mund und ein Ohr — jedoch mehr als eine *Sprache*

Ich stelle fest, daß mein literarischer Ehrgeiz (technisch betrachtet) darin besteht, meine Sprache derart zu organisieren, daß sie ein Instrument für Entdeckungen wird —

TT

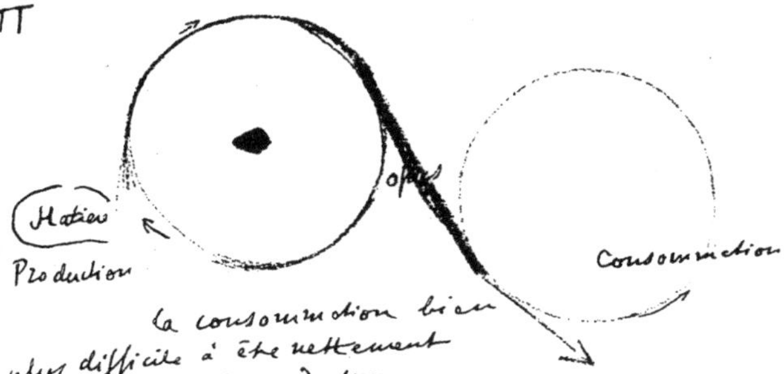

la consommation bien plus difficile à être nettement représentée que la production.

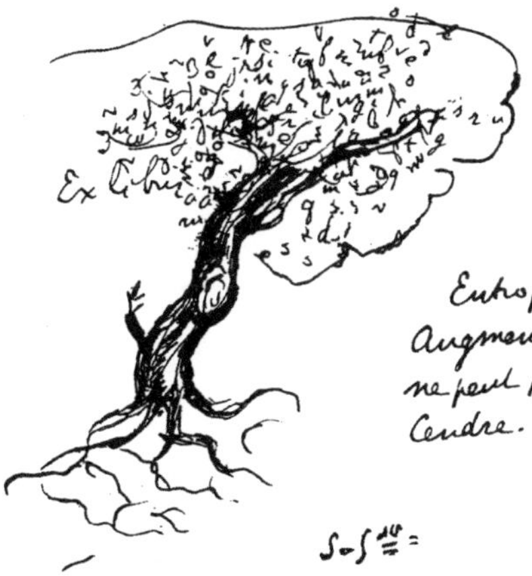

Entropie : âge des choses
Augmentation de ce qui
ne peut plus se transformer
Cendre.

$S = \int \frac{dQ}{T} =$

Die Suche, die endlose Suche gilt dem, wovon alles Gesprochene lediglich die Übersetzung ist.

Schriftsteller — das heißt, Stellung beziehen an einem Punkt, von dem aus man zur Linken alle Dinge, zur Rechten alle Sprache sieht —

Und wird ein Thema gegeben — aus diesen Dingen, so sehe ich, wie durch diese Vorgabe aus der Gesamtmenge der Wörter sogleich eine bestimmte Gruppe aufgerufen wird.

Und zwar die Gruppe, der jedermann — ganz natürlich und ohne darüber nachzudenken Elemente entnehmen würde, um damit die Vorgabe auszudrücken.

Doch du, Schriftsteller, bist es dir schuldig, diese Elemente zu verwerfen — und wählerischer zu sein. Du mußt vor allem wissen oder ahnen, daß diese dem Anschein und der Gewohnheit nach notwendigen Wörter lediglich eine besondere Unterteilung der Dinge bezeichnen, eine Verarbeitung der in ganz bestimmter Weise aufgenommenen Eindrücke, nicht die Dinge selber.

Damit es Wörter gibt, bedarf es einer Fixierung der Dinge — Diese lassen sich nun aber auf ∞ viele Arten fixieren und darbieten.

Mein System ist ein Wörterbuch.

Fragen an das Wörterbuch

Das Wörterbuch beantwortet die Frage: was bedeutet dieses oder jenes Wort? In umgekehrtem Sinne gibt es keine Antwort: welches Wort bezeichnet diese oder jene Sache? Es gibt Wörterbücher Wort → Idee, aber es gibt keine Idee → Wort. Wie ein solches Wörterbuch erstellen —? — Auf enzyklopädischem Wege.

Dieses wunderbare Wort ON, das allein die französische Sprache besitzt — Singular und Plural, maskulin und feminin oder wen auch immer bezeichnen kann — und das trotzdem nicht »der Mensch« ist, obgleich es etymologisch wohl daher stammt, denn ON meint nicht so sehr den Menschen als vielmehr das unpersönliche Subjekt, dem das Verb folgt und das durch dieses Verb definiert wird — (und im Grunde den SUBJEKTLOSEN Satz zuläßt).

Mängel der französischen Sprache —
Ungeeignet für Wortbildungen — vgl. répétible oder répétable — es fehlt ein Äquivalent für *Self*.

Der Gebrauch des Verbs (und nicht das Verb an sich) zeigt naiv das Verhältnis des Handlungsgedankens zur Sprache: »Der Hagel hat die Fensterscheiben zerbrochen. Dieser Tisch hat 100 Francs gekostet. Das Nichts erschreckt Pascal.«
Dies sind, so wird man sagen — *Figuren*. Aber es sind Figuren, die uns durch die Struktur unserer Sprachen aufgenötigt sind, deren hauptsächlicher Charakterzug der Handlungs-Typus ist.

Problem

Bei den Verben, die gelegentlich reflexiv gebraucht werden, ist es so, daß das Ich, direktes oder indirektes Objekt des Verbums, etwas *bezeichnet — bildet*, das nicht der *Selbe* ist, sondern ein *Anderer*... Aber ein *Anderer*, der in besonderer Beziehung zum Selben steht — (dem Ich). Dieser *Andere* ist dieser oder jener, je nach Sachlage.
Diese Verschiedenheit gilt es näher zu bestimmen. *Denn dieses Ander-Ich ist eine Variable.*

Ich sehe MICH — MICH ist eine Vorstellung von Gesicht, von Körper.
Ich sage MIR — MIR ist ein Hören, bei dem der Hörer komplementär zum Sprecher ist.
Ich erhebe MICH — MICH ist *Körper*, System von Vermögen und Widerstand —
Usw.
In allen Fällen ist das MICH/MIR (denke ich) *eine Spezialisierung*. Denn das ICH-ICH und das ICH-MICH müssen eine Differenz aufweisen — und eine Identität! Dualität des Einen; Einheit des Zwei; Identität des Einen und des Anderen; Differenz des Selben. — Manchmal spielt in den reflexiven Ausdrücken das Selbe einerseits die Rolle des *Bekannten* und andererseits die Rolle des *Unbekannten. Ich sage Mir* = *Mir* weiß nicht, was *Ich* weiß.

Zeichensetzung

Mein Gebrauch (oder Mißbrauch) der Interpunktion wird kritisiert — unterstrichen, kursiv gesetzte Wörter, Gedankenstriche, Anführungszeichen.
Im Grunde sage oder zeige ich damit, daß ich die gängige Interpunktion für unzulänglich erachte.
Wenn wir echte »Revolutionäre« (auf russische Art) wären, würden wir es wagen, uns an den Konventionen der Sprache zu vergreifen.
Unsere Interpunktion ist mangelhaft.
Sie ist zugleich phonetisch und semantisch begründet und in beiderlei Hinsicht unzureichend.
Beim Lesen (zum Beispiel) gibt es keinen Hinweis, daß man einen bestimmten Ton am Satzbeginn nach einer mit anderem Ton gesprochenen Zwischenbemerkung wiederaufnehmen soll.
—Warum verwendet man nicht Zeichen wie in der Musik (wo übrigens ebenfalls ein Mangel an Zeichen herrscht)?

Zeichen für das Sprechtempo, für starke Artikulation — Pausen von unterschiedlicher Dauer. Notierungen wie ›vivace‹, ›solenne‹, staccato, scherzando.
Eine Übung in der Schule könnte darin bestehen, einen Text so zu annotieren.

Stil —
Offenbar verhält es sich so, daß sprachliche *Originalität*, Stil, überwiegend davon abhängt, welchen Gebrauch der Autor oder der Mensch *sich selbst gegenüber* von der Sprache macht.??
Ich bin mir jedoch dessen nicht sicher, was ich da sage.
Auf alle Fälle ist Stil mit Geistestätigkeit verbunden, insbesondere mit dem individuellen Empfinden der Distanz, die zwischen der Sprache und dem *nicht verbalen* Denken besteht. Wer vorrangig in Worten denkt, hat wenig oder keinen wirklichen *Stil*. Redner haben in der Regel wenig Stil. (Ich meine nicht die, die ihre Reden schriftlich konzipieren —) Stil entsteht aus Denkschärfe, die sich der Unzulänglichkeit, der Trägheit, dem vage *Durchschnittlichen* der Sprache entgegenstellt und ihr erfolgreich Gewalt antut. Stil entsteht aus Kampf.

Klarheit
Die französische Sprache ist ein System von Konventionen unter Franzosen. Die englische Sprache — unter Engländern. Wenn man sagt, die französische Sprache sei klarer als die englische, dann bedeutet das, daß das französische System der Konventionen bequemer ist — daß die Übertragung schneller ist und daß die Entsprechungen klarer faßlich sind. Gleichförmigkeit und Schnelligkeit.
Wie kann man sich dessen vergewissern?
Dafür gibt es kein direktes Mittel. Man müßte alle möglichen Fälle untersuchen, dazu alles, was die Sprache ausdrücken

können sollte, und müßte obendrein Franzose und Engländer gleichzeitig sein.
Man sollte freilich die Konsequenzen in Betracht ziehen. Schnelligkeit und Genauigkeit sind *Praxis*. Und nun finde man einmal heraus, daß die Praxis bei den Engländern von geringerer Qualität ist!

Es gibt nur ein Mittel, um sich eine klare Vorstellung von der Sprache zu bilden — *die Geste*. Man könnte versuchen, einen hinlänglich vollständigen Satz aus Gesten zu komponieren.
Die Geste verlangt die Anwesenheit 1. des Senders — 2. des Empfängers — 3. im allgemeinen des Objekts, dessen Veränderung oder Klärung das Ziel des Diskurses ist.
Die Stimme kann daran ebenfalls beteiligt sein, jedoch nur als Zubehör — wie etwa bei *Ausrufen*: Los! — Nun denn! (expletive Geste).
Mimik tritt hinzu.
Die Rede durch Gestik ist *nie rhythmisiert* oder sie verändert sich funktional völlig.
Innere Gebärdensprache hat keinen Sinn — außer in der *konventionellen* Gestik.
Die nichtkonventionelle Gebärdensprache umfaßt 2 Arten von (mimetischen) Mitteln:
A. Designative Gesten — (Substantive)
B. Exekutive Gesten — (Verben)
Den großen Fortschritt brachte die Konvention. Die verbal artikulierte Sprache geht von der Geste aus — und verlangt sie *ein für alle Mal.*
Sobald man sich diese Beobachtung vergegenwärtigt und sich nun der konstituierten Sprache sowie ihrem Wortschatz zuwendet, wird einem das Ausmaß des Fortschritts deutlich — aber auch die Distanz, die den Ausdruck von den *wirklichen* Grundlagen der Referenz trennen kann.

Das *allen gemeinsame externe Milieu* ist die einzige und entscheidende Basis jeder Kommunikation. Einschließlich der Kommunikation von mir selbst mit mir selbst. —
Alles, was nicht in Gestik ausgedrückt werden kann, ist instabil, errichtet eine Sphäre des *Phantastischen*, z.B. die *Vergangenheit*, die Zeit im allgemeinen.
Die Wissenschaftssprache, d.h. die Sprache wissenschaftlicher Strenge, *zielt darauf, ausschließlich* Sprache von Akt-Gesten zu sein.
Der Akt des Physikers oder Chemikers ist mehr als nur ein Akt — *Er ist eine signifikative Geste.* Zweifellos TUT er etwas, aber dieses TUN intendiert *Wiederholbarkeit* oder ist selbst WIEDERHOLTES TUN. Die Geste hat nur zum Ziel, regenerierbar zu sein. Ziel der Geste ist also, das Phänomen zu determinieren, das durch diese Geste hervorgerufen wird. Der Physiker kocht Wasser — entweder für seinen Kaffee oder um das Sieden zu studieren.

Von der Sprache der Götter.

Diese Sprache ist komplizierter als das Chinesische und die »symbolischste« Algebra.
Weil er ihrer nicht mächtig ist, hat der Mensch oder das Wesen des Menschen Approximationen geschaffen = die Tränen, das Lächeln, das Seufzen, den Ausdruck des Blickes, den Kuß, die Umarmung, das Aufleuchten des Antlitzes, das spontane Singen, den Tanz, ja selbst den Liebesakt (der in seiner Intensität und Kompliziertheit durch die Fortpflanzungsfunktion allein nicht erklärbar ist, ebenso wie die Heftigkeit des Zahnschmerzes zum eigentlichen Schaden und seiner Erheblichkeit in keinerlei finaler Beziehung steht ...).
Die erhabenste Poesie versucht diese Dinge zu stammeln und diese *Effusionen* durch *Ausdrücke* zu ersetzen.

Metander —

Metander hatte von den Göttern die einzigartige Gabe empfangen, nicht die Wörter zu hören, die keinen *Sinn* haben (*Universum*, usw.). Er vernahm sie lediglich als Geräusche (als ob er die Sprache der Leute, die sie gebrauchten, nicht verstünde), auf die er seine volle Aufmerksamkeit lenken konnte. Wörter für sich selbst genommen sind seltsame Phänomene — —Welche Intelligenz, die sie beobachtete und von ihren signifikativen Eigenschaften nichts wüßte, käme auf den Gedanken, nach ihrer Rolle und dem Geheimnis ihrer Hervorbringung zu forschen — — der Lautfolge in ihrem bunten Wechsel? Den Menschen zuhören, wie wir den Vögeln oder den Blättern lauschen.

Metander vernahm freilich auch die sinnvollen Wörter in dieser abgehobenen Weise. Er verstand *ganz natürlich* ihre Bedeutung als einen *Akt* des Sprechenden — (einen mehr oder weniger reflektierten und vollständigen Akt) —, *bevor* er erwog, ob sie etwas repräsentieren. Er gewahrte also *vor* der ausgedrückten Sache die augenblicklichen Bedingungen — den Impuls, das Auswahlverfahren, die Hintergrunddisposition — und die versteckten Restriktionen oder die mehr oder minder geheime Spannung — dessen, *Was da eigentlich spricht …*

Das Studium der Sprache — ich will sagen, schon einfaches Aufmerken auf die Sprache würde genügen, den sogenannten literarischen und philosophischen Unterricht aufs vorteilhafteste zu ersetzen, und es würde auch helfen, die Fundamente der Wissenschaften deutlich zu machen, die grundsätzlich Konzessionen gegenüber der Umgangssprache einschließen und bei der Einführung klarer Konventionen auf deren Hilfe angewiesen sind.

Die Betrachtung der Sprache macht offensichtlich, daß jeder mögliche Gedanke ein bereits vorhandenes Feld auf dem Spielbrett besetzt.

Das wirklich *Neue* wäre vollständig unausdrückbar.

Ein japanischer Professor hält mich anscheinend für einen Buddhisten. Einst hatten mich Theosophen (infolge der *Jungen Parze*) als unwissentlich Eingeweihten qualifiziert ... Ich weiß nichts von Buddha und der Theosophie. Aber die Leute, die »denken«, bewegen sich mit verbundenen Augen in dem sehr kleinen Zimmer des menschlichen Geistes — und bei diesem metaphysischen Blindekuhspielen rempeln sie aneinander — stoßen sich ab, ganz einfach deshalb, weil sie sich bewegen und weil der Raum sehr beschränkt ist. Es ist ein Raum von einem Dutzend *Wörtern*.

Man kann sich wohl keinen »tieferen« Gedanken als den vorstellen, der in der grammatischen *Form* der einfachsten *Sätze*, die der einfältigste Mensch denkt und äußert, implizit beschlossen liegt und der bislang nicht formuliert wurde, ja nicht einmal von den fähigsten Köpfen vermutet worden ist. — Die Sprache kann ihre Grundlagen und ihre Möglichkeit nicht ausdrücken.

Nachdenken über das Denken

Das Denken bildet gewissermaßen das Verbum des menschlichen Geistes, denn es ist die ihm eigenste und charakteristischste Tätigkeit. Mit dem cartesianischen *Cogito, ergo sum* möchte sich Valéry jedoch nicht begnügen; ihm geht es – wie seine deutschen Herausgeber angemerkt haben – um eine genaue Analyse des sich selbst denkenden Denkens und damit um eine *Sensibilität des Intellekts*. Das führt zu Fragen der Art: Wie konstituiert sich beispielsweise ein Gedanke? Aus welchen Quellen schöpfen wir, wenn wir selbst, das heißt auch: eigenständig denken? Was bedeutet es eigentlich zu denken, und wie ist dieses mentale Tun mit Phänomenen wie Bewußtsein und Gedächtnis verbunden? Valéry möchte hierbei *sämtlichen Bedingungen eines Gedankens* nachgehen und das Staunen als eine neue Form des *Cogito* einführen. So zeigt sich beim Nachdenken über das Denken nicht zuletzt Valérys Leidenschaft für die ›Mechanik des Geistes‹, die bei ihm stets mit einer gewissen Reserviertheit gegenüber konventionellen Philosophen einhergeht. Auch deswegen steht er den philosophischen Theorien und Traditionen skeptisch gegenüber, weil es ihm mehr um das *Wie* als um das *Was* des Denkens geht.

Was das »Denken« betrifft, sind *Werke* Verfälschungen, denn sie schalten das Vorläufige und Nicht-Wiederholbare aus, das Augenblickliche und die Mischung von rein und unrein, Ordnung und Unordnung

Projekt meines *Dictionnaire philosophique* oder das einfachste Mittel, mir den Stoff dieser Notizbücher vor Augen zu führen — und mir das Übel, die Mängel und das im Innersten (mir gegenüber) Lächerliche eines Systems zu ersparen — will sagen einer im wesentlichen künstlichen Fabrikation. Denn es besteht doch keinerlei Wahrscheinlichkeit, daß die Tätigkeit des Denkens an einem bestimmten Punkt haltmacht — aus anderen als akzidentellen Umständen. Sollte das Denken nämlich glauben, an einem solchen Punkt die Vollkommenheit der Analyse und des Ausdrucks erreicht zu haben, so ist das eine Empfindung und kein *Gedanke* —. Das ist dann außerhalb der Gruppe.

System bedeutet Architektur, was Ordnung, Symmetrien, *Vollendung* voraussetzt — das heißt Ergänzung durch Hinzufügungen, wie sie nahelagen oder notwendig wurden durch andere Sichtweisen als die unmittelbare Wahrnehmung der Bedürfnisse, die die wahrhaft lebenswichtigen Gebäudeteile erzeugt haben — es ist dies eine Arbeit zweiter Stufe, oder manchmal sind es im Gegenteil die organischen Teile. Der *Nutzen* und die *Wirkung*.

— Eine »Philosophie« muß in der Hand transportierbar sein.

Vielleicht ist es ein schlechtes Zeichen für die »Wahrheit« eines Denkens, wenn es in einem System zum Abschluß kommt — das heißt, in einer Einheit.
Alles läßt uns ja diese Einheitlichkeit anstreben. Dabei sollte uns doch alles davor zurückhalten und warnen, wie unendlich wenig wahrscheinlich es ist, daß wir sie entdecken und ausdrücken können, ohne dem Wahren Zwang anzutun, ohne zu konstruieren, dazuzugeben, wegzunehmen — zu *handeln*.

Der entscheidende Einwand gegen die Philosophen, Kant eingeschlossen, ist der, daß ihre Systeme Symbolsysteme sind und daß ihre Symbole nicht korrekt definiert sind.
Eben dies erklärt die scheinbare Logik oder Harmonie dieser Systeme und ihre Existenz — ihre Abstraktheit und die Einwände, die man daraus herleitet, den Anschein einer neuen Welt, den sie vermitteln, und die Entfernung von den realen Problemen. Mit einem Wort die Scheinordnung.

Mein philosophischer Gesichtspunkt ist die Vielfalt der Gesichtspunkte. Ich meine zum Beispiel, daß die Psychologie auf *n* verschiedene Weisen betrieben werden kann — und insbesondere dadurch, daß man die Probleme — bis hin zu ihren Grundgegebenheiten — in einer anderen Weise aufschreibt als der bekannten.

Nicht der Autor, der andere soll seine Gefühle beisteuern. Das Ziel eines — ehrenhaften — Werkes ist einfach und klar: zum Denken bringen. Den Leser gegen seinen Willen zum Denken bringen. Akte im Innern provozieren.
Das ist das napoleonische Ziel des Geschriebenen.

Ich wäre nicht, was ich bin, wenn ich nicht so an mir zweifelte, wie ich es tue.

Die beste Philosophie ist meines Erachtens jene, die uns lehren würde, jedes Problem *in Gleichungen* zu setzen — durch Aufdeckung der bei jeder mentalen Transaktion gleichbleibenden Elemente — und der immer wieder ausgeführten Figuren.
Das würde mir genügen. Mir leuchtet nicht ein, daß die Probleme, selbst die gewichtigsten, nur eine einzige Lösung haben sollten, und nicht auch mehrere oder gar keine oder unendlich viele.
Doch die Neigung zur einzigen Antwort hat zum Ergebnis, daß seit Jahrtausenden die Probleme in einer Weise erörtert werden, daß man sich für sie, bei Strafe des Widerspruchs, nur eine einzige Lösung vorstellen kann.
Dabei sehen wir doch, wie die »Natur« die mannigfachsten Arten der Fortbewegung, der Fortpflanzung usw. für die Lebewesen offen hält. Und auch die Kunst ist, etwa bei der Darstellung eines geschlossenen Raums, keineswegs auf einen einzigen Stil angewiesen usw.

Philosophieren ist möglich, weil es unmöglich ist, die Intuitionen zu notieren. Sie sagen viel mehr, als sie denken.
Sähe man, während der Denker über das Sein — usw. — spricht, genau, was er in diesem Augenblick denkt, was fände man dann anstelle der Philosophie?
Was ist denn das Cogito? Allenfalls die Übersetzung eines unübersetzbaren Zustandes?

Das Cartesianische Cogito darf nicht als solches analysiert werden. Es ist keine sich selbst genügende Überlegung — und für sich genommen bedeutet es nichts.

Es ist ein herrlicher Aufschrei, ein Dramenwort, eine literarische Bewegung — ein entscheidender Akt oder psychologischer Staatsstreich.
Es markiert die Verschmelzung des Menschen mit dem Philosophen —

Philosoph ist einer, der weniger weiß als die anderen — (und in gewisser Weise auch *weniger als der Mensch, der er ist*) — da er doch über Jahre hin davon überzeugt war, für Probleme, deren Äußerung immer absurd ist, Lösungen bereitgestellt zu haben, die folgenlos bleiben.
Ob ich meine Existenz bezweifle oder nicht, ob ich diesen Tisch für wirklich oder für imaginär halte, ob ich die Möglichkeit, daß er sich bewegt, in Zweifel ziehe, ob ich mich als frei oder als determiniert wahrnehme, als Tier oder als Geist, als flüchtiges Phänomen oder als Herr des ewigen Augenblicks, ob ich meine Gedanken dem Universum zuschreibe und dabei auf meiner Flöte spiele, einem Dämon, der mir innewohnt, einem Wirbel des Lebens ... dadurch ändert sich nichts. Weder das Seiende, was es auch immer sein mag — noch mein Handlungsvermögen.
Der philosophische Zweifel ist eine Art Pantomime oder Komödie, die von dann bis dann gespielt wird. Dieser gymnastische Zweifel weckt den Gedanken, es gebe eine Gewißheit — und man versucht sie zu finden — gerade aufgrund dieses Zweifels, was absurd ist. Der Zweifel *führt* nicht zur Gewißheit — beides sind wechselnde Einstellungen; sie nutzen sich von selbst ab, so wie man abwechselnd vom Sitzen oder vom Gehen müde wird.

Weiß denn der größte Philosoph nicht mehr als der erste hergelaufene Handlanger?
Vielleicht ist sein Vorteil der, weniger zu wissen. Zu wissen, daß er weniger weiß.

Oder — was dasselbe ist — zu wissen, daß das, was in diesem Handlanger vor sich geht, wenn der Handlanger beunruhigt, erstaunt, verwirrt ist — daß sich das in jeden Zusammenhang bringen läßt, in jedem Augenblick und systematisch.
Philosoph ist derjenige, der in jedem Augenblick haltmachen kann.

Philosophie ist nach meiner Ansicht die Suche eines Menschen nach einer Form, die aufnehmen soll, was er weiß.
Im allgemeinen geschieht es, daß der Suchende sich vorstellt, etwas ganz anderes zu verfolgen. Er meint, die gegebene Realität zu vertiefen oder zu vermehren: manchmal verweigert er dieser gar die Bezeichnung Realität und verschiebt sie auf das, was er sich vorstellt. Er macht aber nichts anderes, als an der Form dessen zu arbeiten, was er weiß.
Zu behaupten, beispielsweise, alles sei nur Traum, Illusion — oder alles sei nur reziprok zu unserem Auffassungsvermögen usw. — heißt bloß, ein gewisses Notationsverfahren zu gebrauchen, das an den Sachen nichts ändert, das einzig unsere Darstellung des Systems der Welt betrifft und nicht diese Welt selbst, noch unsere Macht über sie — —

Historischer Abriß

Nachdem ich festgestellt hatte, daß mir weder die Philosophie noch die Psychologie, noch die Geschichte bei den Problemen nützen konnten, die sich mir *persönlich* stellten, die *aus mir selbst* hervorgegangen waren, habe ich sie als fremd — und ihre Werte — als Konvention angesehen.
Ihre charakteristischen Probleme erschienen mir im übrigen recht beliebig. Ihre Schwierigkeiten waren nicht die meinen: ich hätte sie nicht erfunden. Und ihre Lösungen in meinen Augen kraftlos.
Zum Beispiel: Ich wäre nie darauf verfallen, über die *Realität der sinnlich wahrnehmbaren Welt zu diskutieren*… Ebensowenig

wäre ich darauf verfallen, dem Wort *Realität* eine andere als endliche und beobachtbare Bedeutung einzuräumen, die zu keinerlei Hypostase Anlaß geben würde.

Ich behaupte, daß Philosophie notwendigerweise auf Beobachtung und innerer Erfahrung beruht —

Zenon. Teilbarkeit — Die gesamte Argumentation dazu vermeidet es, über diese Teilbarkeit präzis zu sprechen.
Wo geschieht sie? Wer führt sie durch? —
Wenn man sie präzisiert, verflüchtigt sich alles. Was heißt es, die Zeit zu teilen? Die mentale Operation des Teilens verträgt sich nicht mit der Operation des Linienziehens — ist sogar unvereinbar damit.
Eine Zeit teilen heißt vorgeben, eine Linie zu teilen. Eine Linie teilen — heißt sich eine Linienführung vorstellen; und *anschließend* Punkte vorstellen — *Zwei alternative Ideen.* Nichts daraus zu folgern.
Die Überprüfung von Zenons Positionen zeigt, daß es sich um ein *Wort*problem handelt.
Das ließe sich auf den Bereich der Farben übertragen, unter Zuhilfenahme der Komplementärwerte.

Zenon. Meine Ansicht ist folgende:
Ich unterscheide die reale Bewegung von der vorgestellten.
Die erste steht nicht in Frage. Sie ist.
Die zweite wird aus zwei unabhängigen Vorstellungen gebildet.
Die des (endlichen, begrenzten) Kontinuums — die der Teilung (und der Verlängerung).
Die eine ist eine Handlung A. Die andere eine weitere Handlung B.

Einen fliegenden Pfeil denken heißt 1. einen Pfeil denken, der nicht fliegt, 2. einen Flug ohne Pfeil; eine Bewegung mit einer bestimmten Richtung. Die Bewegung ist ohne Bewegtes. Sie ist unteilbar oder nur in endliche Bewegungen teilbar — in Schwingungen — und im übrigen ist ihre Teilung nachträglich; sie bringt nichts in Gang.

Eine Bewegung denken heißt, etwas anderes als eine Linie denken, obwohl es auch heißt, eine Linie denken. Die Linie ist anschließend teilbar, allerdings durch eine künstliche Synthese, wie ich schon sagte.

— Aber wer Linie denkt, denkt Bewegung. Man kann sich also nicht der Teilung der Linie bedienen, um einen Einwand gegen die Bewegung zu erheben. Wenn die Bewegung unmöglich ist, dann gibt es keine Linien — wenn keine Linien, dann keine Unmöglichkeit.

Das klare Ergebnis der Argumente Zenons ist die Demonstration einer Verwirrung in der Sprache. Wenn man sorgfältig die Momente unterscheidet, sowie die psychologischen Komponenten, die dazu dienen, sich an solchen Fragen zu versuchen — sieht man, wie sie sich auflösen. Und es treten andere Probleme auf.

Zenons Trick ist schrecklich einfach. Er besteht darin, die Länge der Strecke, die der bewegte Körper durchlaufen muß, mehr oder weniger geschickt verschwinden zu lassen — und sie durch die Teilung — oder vielmehr durch die Teilbarkeit der Länge zu ersetzen.

Es ist klar, daß ein Körper, der gezwungen wird, eine Teilung oder vielmehr eine unendliche Summierung vorzunehmen, über diesem Geschäft viel Zeit verliert und nie damit anfängt / *am Ende* gar nicht erst damit anfängt.

Zenon setzt den Meß- und Teilungsakt an die Stelle des Gemessenen und stellt fest, daß dieser Akt unabhängig ist von der Länge.

Der Teil geht dem Ganzen, von dem er sich doch ableitet, vorauf. Man unterstellt unwillkürlich, daß die Bewegung die Teilung vollziehe, während die Teilung ein Stillstand ist und die Bewegung voraussetzt.
Man unterstellt, daß die Linie und der Weg früher existieren als die Bewegung, aber sie sind nur ein Aspekt der Bewegung.
Zusammengefaßt — 1. Vorstellung einer Linie und einer zu durchlaufenden Strecke A → B. 2. Vorstellung eines unterteilten Lineals, das an die Stelle der Linie tritt. 3. Man *sagt*, dieses Lineal sei unendlich unterteilt.
Und tatsächlich kann man teilen — Nein. Man kann diese Teilung als identischen und von jeder Materie unabhängigen Akt nicht einführen. Das Durchlaufen der Strecke und der Meßakt sind inkompatibel. Ebenso der fliegende Pfeil. 2 getrennte, nicht zusammensetzbare Momente der Vorstellung. Man hält den Pfeil an, um ihn zu sehen. Keine Argumente gegen die Bewegung, doch vielleicht gegen die Mathematiker.
Ich behaupte, daß in einer Zeit = 0 der Pfeil nirgendwo ist.

Präambel — Ich nehme mir hier vor, Argumente des Zenon in einer vielleicht neuartigen Weise zu erörtern. Ich will die Konfusion aufzeigen, deren Auswirkungen sie im wesentlichen sind, und von der auch sämtliche Kommentare, Glossen und Überlegungen oder Widerlegungen ausgehen, zu denen sie geführt haben; und nicht nur entstehen diese Darlegungen ebenso wie ihre Vorwände aus dieser Konfusion, sondern *fast die ganze Philosophie* — IST — *diese Verwirrung.* Ich behaupte, daß alles sich verflüchtigt und daß weder Thesen noch Antithesen noch Schwierigkeiten zurückbleiben, wenn man sich unterfängt, diese Fragen in einer REINEN Sprache *aufzuschreiben* oder auch nur aufschreiben zu *wollen, versuchsweise* aufzuschreiben, d. h. in einer Sprache, welche die realen Bereiche des Bewußtseins deutlich voneinander geschieden hält und uns daran hindert, ahnungslos vom einen in den anderen zu

geraten, Vorstellungen, Behauptungen und Notationseigenschaften durcheinanderzubringen.
Um sich vor dieser Verwirrung zu schützen, genügt es, den Definitionen den Hinweis beizugeben (oder in die Definitionen als Element aufzunehmen), welchen Bereichen die Dinge entstammen, welcher Natur sie sind, ob gedacht oder beobachtet, ob hier oder dort *gesehen*, ob abstrakt oder deduziert.

Zenon
Einen Raum zu durchqueren, oder vielmehr sich zu bewegen mit dem Durchqueren als Resultat, ist etwas anderes, als ihn zu teilen. Durchqueren ist in jedem Moment unabhängig von der Gesamtausdehnung des Intervalls. Erst *danach* stellt sich heraus, *daß man ihn durchquert hat.* Teilen setzt dagegen eine Operation voraus, die sich auf das *Ganze* des Intervalls richtet. Und auch bei Achilles ist die Bewegung des Achilles unabhängig von der der Schildkröte.
Wenn wir uns die Ortsverschiebung vorstellen, stellen wir uns die *Teilung* nicht vor. Die Bewegung ist unvereinbar mit den Unterbrechungen.

Die Sache mit Zenon besteht in der Behauptung, man könne die *Nichtexistenz* eines Phänomens (dessen Existenz sich *unseren Sinnen* aufdrängt) beweisen, indem man (durch eine unangreifbare Argumentation) die *Unmöglichkeit* dieses Phänomens aus den *Termini* ableitet, *die es beschreiben.*
Man kann jedoch nicht von Unmöglichkeit sprechen, ohne zuvor die Möglichkeit gedacht zu haben. Um sie allein geht es aber.

Die zenonischen Paradoxa gehen auf einen Beobachtungsfehler oder vielmehr auf eine Unordnung in den Beobachtungen zurück — was macht, daß man die Operation des Teilens von etwas vor der Existenz dieses Etwas ansetzt und gleichsam als Voraussetzung dafür. Man setzt voraus, daß die Linie Teile hat ... *bevor sie da ist!* Und man stellt diese Teilung einer Bewegung auf der Linie gegenüber — einer Bewegung, *die nichts anderes ist als die Linie selbst.*

Man markiert Punkte auf ihr. Aber weder hängt sie von ihnen ab, noch diese von ihr. Denn nachdem ich die Linie $\overline{AB}$ mittels Punkten geteilt habe, kann ich sie verschwinden lassen — genauso, wie ich sie auch ohne diese Punkte ziehen konnte.

Wir wissen zwar, daß der Pfeil fliegt und daß Achilles die Schildkröte einholen wird — aber wir wissen auch, daß dann, wenn wir wirklich an den Pfeil denken, uns der Flug verlorengeht.

Wir wissen, daß es nicht wahr ist, daß der bewegliche Körper zuerst die *Hälfte* des Wegs durchläuft, die Hälfte der Hälfte usw. Denn Hälfte bedeutet ein Innehalten, das die Bewegung ausschließt. Das ist eine andere Operation, da ich das Teilen der Strecke auch unterlassen kann. Sie ist ebensogut *teilbar* wie sie überwindbar ist, und das macht 2 Dinge, deren Überlagerung rein verbal ist. Wenn ich $\overline{AB}$ teilen kann, dann durch einen von $\overline{AB}$ unabhängigen Akt.

Die ganze Angelegenheit des Zenon gründet in der folgenden Merkwürdigkeit ... philosophischer Art.

Sich zu bemühen, ein konstantes und banales Beobachtungsphänomen (Flug des Pfeils usw.) *als unmöglich vorzustellen.*

Wie soll man es anstellen, um Achilles zu suspendieren und den Pfeil in der Luft anzuhalten? — Es genügt, den Pfeil klar zu denken.

Das erreicht man durch Vertauschung wie beim Taschenspieler ... Man spielt mit einer »Bewegung«, die keine Bewegung ist — mit einer »Zeit«, die sich in ein teilbares Objekt verwandelt und danach wieder zur Zeit wird.
Und zwar indem man das Verfahren anwendet, Eigenschaften einander als *widersprüchlich* entgegenzusetzen, die es nur dann sind, wenn man unterstellt, sie seien *gleichzeitig* oder sie manifestierten sich gleichzeitig durch die Operationen, die sie zum Vorschein bringen — wie die Teilbarkeit, die eine Möglichkeit zum Zeitpunkt *t* ist, und die Ungeteiltheit, die zum Zeitpunkt *t'* gehört. Genausogut könnte man eine offene Türe ihr selbst als geschlossene gegenüberstellen.

Wie stellt sich einem Tier die Zeit dar?

Was Augustinus über die Zeit sagt — daß er nicht mehr begreifen kann, was sie ist, sobald er innehält, um über sie nachzudenken — gilt für alles.
Das Innehalten wirkt wie ein Mikroskop mit unbeschränkter Vergrößerung, das an die Stelle des Endlichen das Unendliche setzt.
Selbst bei den wohldefinierten Begriffen bringt, da sie nun einmal per Konvention definiert sind — und gleichsam insgesamt durch diese Konventionen hervorgebracht wurden — ein *Innehalten* das Unendliche ins Spiel.

Unsichtbarkeit der wahren Philosophie —
Die Philosophie ist nicht wahrnehmbar. Sie ist niemals in den Schriften der Philosophen — man spürt sie in allen menschlichen Werken, die keinen Bezug zur Philosophie haben, und sie verflüchtigt sich, sobald der Autor philosophieren *will*. Sie

erscheint in der Verbindung zwischen Mensch und jedem einzelnen Gegenstand oder Ziel. Sie verschwindet, sobald der Mensch sie verfolgen will. — Demonstrieren läßt sich dies an den Berufsphilosophen, die eines Tages bei einer überraschenden Gelegenheit der Philosophie gewahr wurden. Nun wollten sie fortfahren mit ihr — und standen doch schon außerhalb.

Philosophie als Unterricht
Die Philosophie im Unterricht — als festgelegtes Fach, Lehrplansache, *Kontrollmittel* für Examina, Titel, Broterwerb honoriert und vulgarisiert — mit all den üblichen Unsinnigkeiten, Abrissen, Referaten — und all dem Zwang zum Nachbeten, Wiederkäuen
Nachäffen der positiven Wissenschaften, nicht mehr das *individuelle* Erzeugnis par excellence. »Überblick über die Philosophie«!
Daher die unausweichliche Einstellung zur »Geschichte«, zu vergleichenden Studien! — usw.
Dies alles staatlich gefördert — kontrollierte Philosophie.

Der Unterricht in Philosophie ist antiphilosohisch — beruht auf der Verwechslung von Unterricht durch den *inventor* (Plato usw.) und Unterricht durch den *professor*.

Die Philosophie und ihre Wörter und ihre Probleme sind in Epochen entstanden, da die Physik und die Physiologie noch in den Kinderschuhen steckten.

Rezept, um die Philosophen zu destruieren

Man kann ein philosophisches Buch von Anfang bis Ende lesen — im Sinne einer möglichen Entwicklung. Man kann aber auch, statt so zu verfahren, es befragen, es mit Fragen traktieren, die man sich selbst gestellt hat, und von ihm Antwort verlangen. Das ist die Gefahr für die Philosophen, der keiner standhält. Diese Prüfung ist eine *Funktions*prüfung. Man fordert von einem System, daß es im ganzen arbeitet — und sich einem Bedürfnis anpaßt, nicht einem Leser.

Es gibt zwei Sorten Philosophie: einerseits die erläuternden, andererseits die sogenannt kritischen.
Der Fehler der ersteren besteht darin, mehr in Anschlag zu bringen als notwendig ist und sich weder Bedingungen noch Sanktionen vorzugeben.
Der Fehler der letzteren ist oder war, sich hinter einer scheinbaren Strenge der Sprache zu verstecken.
Es gibt auch noch die quasi mystische Sorte — die dazu neigt, die Erläuterung zu ersetzen — durch die Identifikation — die behauptet, die Welt zu *empfinden*.

2 Werkzeuge gerieten in der Philosophie durcheinander — dasjenige, mit dem man Entdeckungen macht, und das, mit dem man sie ausdrückt. Und zwar geraten sie ganz von selbst durcheinander. Es sollte absolute Regel sein — niemals zu versuchen, in dem Sinn eines Wortes ein Ding, ein Etwas zu suchen. Die Probleme müssen natürlich sein — d.h. abtrennbar, unabhängig von der Sprache und niemals allgemein.

Philosophie heißt der Ort der Probleme, die man nicht *ausdrücken* kann. Es geht gar nicht darum, sie zu lösen.

Wenn der Name *Philosophie* verschwinden würde — was würde man dann *heute* erfinden, um ihn zu ersetzen?

Wissen und Wachen

Ich habe früher einmal in einem anderen Heft gesagt, daß das *Wissen* nichts als das *Wachen* sei. *Der Zustand des Wissens* ist nichts anderes als die Vervollkommnung und Stabilisierung der Merkmale des *Wachzustandes.*

Man kann den Gedanken in umgekehrter Richtung verfolgen und die Merkmale des Wachens von den Merkmalen des Wissens her ermitteln.

Der Wachzustand entwirrt in jedem Augenblick (oder vielmehr: in kurzen Zeitabständen von *begrenzter Größe*) die Bereiche des *Objekts* und diejenigen des *Subjekts*. Diese Unterscheidung verliert sich und kommt wieder zustande, verstärkt sich dabei stets — wohingegen sie sich abschwächt, wenn es auf den Traum zugeht.

Das Wachen ist also in erster Linie *Klassifizierung*. Es bedeutet auch: sichere Rezepte. Es ist mithin *Vorschau.*

Ohne die Unwissenheit keine Fragen. Ohne Fragen keine Erkenntnis, da die Antwort die Frage voraussetzt.

Wer »alles« weiß, weiß nichts, da der Akt des Wissens sich in ihm nicht ereignet: eine wesentliche Bedingung fehlt ihm. Der handelt nicht, dem nicht irgend etwas fehlt.

Die metaphysische Frage: Wer bin ich? oder: Was für einer bin ich? — was wird aus mir werden? Wer hat das gemacht? — läßt sich stets durch die Frage ersetzen: Wer fragt dich das? Was ist die Triebfeder dieser Fragen? Hast du das Recht, sie zu stellen? Begreifst du diese Frage? Können wir echte Fragen stellen, wenn uns die Art der Antwort gar nicht bekannt ist? Eine Frage hat nur dann Sinn, wenn wir die Klasse der Dinge voraussetzen, von denen eines die Antwort wäre. — Wir müssen diese Klasse kennen, um die Frage aussprechen zu können. Wenn dem nicht so ist, dann *erzeugt* unsere Frage diese Klasse, und das ist dann keine Frage mehr, sondern ein verhüllter affirmativer Aussagesatz. Wer hat die Welt erschaffen —? Das ist eben keine Frage. Das ist ein Dogma.

Versuchen wir doch, einen Gott herzustellen, der so wenig wie möglich dem Menschen nachgebildet ist. Der uns Fremdeste sei uns der Göttlichste! Solange du dein Begehren, deine Gefühle, deine Erwartungen in deinem Gott wiedererkennst, zerbrich ihn.

»Ursache« — Es gibt keine Ursache für das Ganze. Ursache impliziert eine Welt und den Menschen.
Dafür gibt es einen psychologischen Beweis. In der Geschichte der kosmologischen Metaphysiken trifft man auf Lehrmeinungen, welche die Schöpfung auf *Formen* beschränken; die *Materie* ist unerschaffen, als ob sie vorgegeben wäre. Die so denken, sind vor der Schöpfung des Ganzen zurückgewichen. Sie haben naiv haltgemacht an der Grenze des *Machens* … d. h. der Vorstellung von Akten.

Zerschlage unversehens einen Teller. Zwei Bruchstücke. Fügt man sie wieder zusammen, erst mit Geschicklichkeit, dann mit Kraft — verbinden sie sich so genau, daß das Ganze wieder intakt erscheint. Wenn nun einer nur das Zusammenfügen miterlebt hätte — was würde der von der erstaunlichen Reziprozität der Bruchformen denken? Und wenn er davon überzeugt wäre, die beiden Stücke seien einzeln, zu verschiedenen Zeiten und an verschiedenen Orten geformt worden — wie würde er sich der Empfindungen erwehren, mit denen dieses wunderbare Zusammentreffen seinen Geist rühren muß?

Ursache
Der Gedanke der Ursache, so wie man ihn gewöhnlich darstellt, ist sinnlos.
A ist niemals das einzige Phänomen, das, sobald es hervorgebracht ist, B hervorbringt. Und außerdem besitzt dieses Phänomen keine Individualität aus sich selbst, vielmehr wird ihm diese ohne Regel zugewiesen.
Der Schlag des Hammers sei die Ursache — so wird man behaupten — für das Eindringen des Nagels. Man kann aber diesen Hammerschlag nicht isolieren ohne eine weitere Handlung, die in dem Satz nicht erwähnt ist. Man kann es bei ihm bewenden lassen oder nicht; mehr oder weniger weit zurückgehen; beliebig vieles als Ursache annehmen. Setzt man nämlich einen allgemeinen Zusammenhang des Universums voraus, so gibt es keine Partikel und kein zu irgendeiner Zeit ersichtliches Phänomen, welches für das hervorgebrachte Phänomen nicht notwendig wäre.
Man führt also *immer* (unbewußt) eine andere Bedingung der Ursache ein — in Wirklichkeit nennt man Ursache, was dem Hervorbringen des Phänomens und zugleich einer weiteren Frage genügt.
Und diese Frage ergibt sich aus der Betrachtung des hervorgebrachten Phänomens, der *Wirkung*, und zwar als Bestandteil eines bestimmten Sachzusammenhangs unter anderen.
So wird der Hammerschlag zur *Ursache* für das Eindringen des Nagels, in bezug auf einen menschlichen Akteur betrachtet. Die Bahnabweichung eines Planeten ist die Auswirkung der Existenz eines anderen Himmelkörpers, ich habe das Sonnensystem nicht endgültig erforscht — — und bin weniger auf

die Erklärung der anormalen Bewegung als vielmehr auf die Entdeckung eines neuen Sterns aus.
Insgesamt stellt sich die Frage nach der Ursache — in Wirklichkeit dann, wenn man etwas Unbekanntes, nicht Vorgegebenes sucht, das meiner *Frage* genügen soll — viel eher als dem Phänomen.
Der Beweis dafür ist, daß die Suche nach den Ursachen und die erkannte Ursache begrenzt sind, während die Bedingungen des Phänomens sich so weit erstrecken, wie man nur will … oder vielmehr das Phänomen selbst.
Man begnügt sich mit dem, was die Frage beantwortet, statt damit, was das Phänomen von Null aus konstituieren könnte.
Die Ursache ist deshalb eine *Antwort*; sie ist nicht das, was das Phänomen erzeugt.
Die Ursache eines Phänomens benennen heißt, unter den Phänomenen, die dieses voraussetzt, eines auswählen.

Was die Sache mit der Willensfreiheit so verworren macht — ist die Manie, die Ereignisreihe nach dem alten Muster von Ursache und Wirkung als linear zu deuten.
Bereits das kleinste physikalische Phänomen zeigt jedoch eine unentwirrbare Vielzahl von konstitutiven Einzelheiten.

Das Kausalitätsprinzip hat unserem Geist recht seltsame Streiche gespielt.

Von der Realität der Außenwelt sprechen heißt, den Urmeter messen wollen. Welches ist die Länge des Urmeters? Das Instrument, das man darauf ansetzt, entstammt ihm selbst.

Die antiken Philosophen waren auf verschiedene Weise dahin gekommen, alles Sinnliche als Erscheinung zu betrachten; im allgemeinen aber unterlegten sie diesen Phantomen irgendeine verborgene »Realität«, die *Ideen* oder *Gesetze* oder *Sein* hieß — und die der Relativität der sinnlichen Erkenntnis entzogen war.

Die Welt ist meine Vorstellung.
Die Welt umfaßt, produziert, benutzt — mich, mithin meine Vorstellung.
Einerseits analysiere ich sie als Funktionen von mir, und bin ich weg, geht sie unter.
Andererseits analysiere ich mich als Wirkungen von ihr, und es gibt da Veränderungen, die mich zerstören und nicht sie.

Von den Definitionen —
Die Definitionsarbeit beginnt mit der Geburt.
Wenn ich im Alter von 40 Jahren eine Definition aufstellen will — so impliziert dieser Akt der Aufmerksamkeit *direkt* eine Arbeit, die sich durch meine ganze bisherige Geschichte zieht. Die Zahl zu definieren heißt, sich dorthin zu versetzen versuchen, wo man war, bevor man wußte, was eine Zahl ist, und gleichzeitig nicht vergessen, was ich heute über die Zahl weiß, schließlich von jenem ersten Zustand der Unwissenheit zum heutigen Stand übergehen, ohne noch einmal alle Umwege und Irrwege seines Lebens zu gehen, ohne es erneut zu durchleben, vielmehr letztlich den tastenden und streuenden, sich über Mittelwerte voranarbeitenden Erwerb der Begriffe durch ein finites Verfahren, durch ein strikt zureichendes System von Akten ersetzen. Das ist eine Verkürzung.

Vor allem geht es in meiner »Philosophie« um die Bedeutung der Wörter wissen, können, erklären.

Die Uhr setzt nur für denjenigen einen Uhrmacher voraus, der weiß, daß sie ihn voraussetzt. Ein Wilder findet eine Uhr, doch für ihn ist es keine Uhr. In dem Maße, wie man ihm beibringt, was es ist, d.h. den Bezug dieses Gegenstandes und seiner inneren Bewegungen zum *Menschen*, zur menschlichen Uhrzeit oder zur abstrakten Zeit — wird er zum *Uhrmacher*. Die Anordnung der Teile, die Federn, die *Zweckhaftigkeit* des Gegenstandes zeigen sich ihm in dem Maße (und reziprok), wie er sein naives, unmittelbares Wissen über den Gegenstand verändert. —

Die Schlange beißt sich in den Schwanz. Aber erst nach einer langen Zeit des Kauens erkennt sie in dem, was sie verzehrt, den Schlangengeschmack. Dann hört sie auf ... Aber nach einiger Zeit fängt sie, weil sie ja nichts anderes zu fressen hat, erneut damit an ... Schließlich ist sie so weit, daß sie ihren Kopf im Maul hat. Das nennt sie dann »eine Theorie der Erkenntnis«.

Leibnizens Mühle

Angenommen, man könnte die Gehirn-Mühle in Betrieb sehen. Noch würde nichts das »Denken« zeigen. Wenn man aber das dort Gesehene vergliche — mit dem damit einhergehenden inneren Zustand, dann halte ich eine Entsprechung sehr wohl für vorstellbar; (zwar ohne Ähnlichkeit —) aber vergleichbar der Übereinstimmung von Wort und Geste, die ja ebenso verschieden sind wie ein Gedanke und eine Bewegung — oder wie eine (*fühlbare*) Temperatur und ein (*sicht-*

bares) Sieden oder Verdampfen. Wer nur das Brodeln und die Luftblasen sieht, könnte der auf eine thermische Sinnesempfindung schließen?

Ein Philosoph sagte: ihr könnt das Gehirn noch so gründlich erforschen, ihr werdet darin keinen Gedanken sehen. Ihr untersucht diese Maschine und entdeckt darin Räder, Hebel, Ritzel und Bewegungen — nicht jedoch das Denken.
Man kann ihm antworten: Untersuchen Sie das Denken, sogar Ihr eigenes — und Sie finden darin keine Spur von — Denken. Sondern Bilder und Empfindungen, die ebenso in sich geschlossen, ebenso positiv, ebenso undurchdringlich sind wie ein Stück Eisen, außerdem Resonanzen, Zusammenstöße, Auslösungen — — Verzahnungen wie in einer Maschine und Zufälle wie auf der Straße.
Sollte dieses ungreifbare Denken eine optische Täuschung sein, hervorgerufen von einem bestimmten Punkt, von dem aus man sich selbst sieht?

Wenn ich sage, daß mein Denken aus meinem Kopf kommt, in meinem Kopf ist, formuliere ich nicht eine Hypothese, sondern ich mache eine Beobachtung. Ich stelle fest, daß das, was ich mir soeben gesagt habe, was ich soeben wahrgenommen habe usw., sich *dort abspielt,* immer *dort,* nur *dort* ... Was ist *Dort*? Dieser Ort hat merkwürdige Eigenschaften ... darunter die ... sich selbst zu enthalten.

Wie über dem Gesehenen das Auge vergessen wird, so über dem Gedachten das Denken.
Das Auge ist nicht in dem, was es sieht — Das Denkende ist nicht in dem, was es denkt. Und werden sie spürbar, so tritt eine andere Ordnung der Dinge ein.

Montmirail – avril 31

Comment coter les degrés du clair ou du sombre?

Fenêtre – série – planches (0 0 0)

Chercher formule de ce qu'il y a à *viser*, à ne voir que… dans un ensemble. Ici la théorie ou réflexion peut servir – par *modification* de l'*observateur*; rôle de l'intelligence – qui prend et laisse. – L'inspiration est la vivacité de l'acte d'intelligence qui accommode au plus vite les sens directeurs des actes: ~~voit~~ Celui *qui voit ce qu'il y* ~~a~~ a à *faire* – l'occasion, le fil, etc.

Syn

C'est là un vrai *sens* si l'on définit *sens* un système de valeurs bornées et dont chacune est symétrique d'une autre. (*Ici* cependant le système est complexe, car les valeurs symétriques ne sont pas du même ordre. Un dispositif vu est traduit en syst. moteur, tactile etc. pour réponse des actes. Une porte ouverte *se fait* fermer; fermée se *fait* ouvrir. On voit la *liberté* et les *liaisons* – et l'acte possible y répond.

»Das Auge« wird dann zu einer Empfindung, die mit dem Sehen interferiert.
Das Denkende tritt dann dem Denken gegenüber; es wird erregt, indem es aussetzt, auf Hindernisse, auf seine eigenen Grenzen stößt.

Im *Innern* des Denkens und dahinter ist kein Denken, ebensowenig wie im Telephondraht eine Stimme ist.

Konzert für Sologehirn —
Manchmal kann ich wie unter einem Kräfteschwall im Kopf den Genuß des Denkens um des Denkens willen ganz und gar auskosten — des reinen Denkens — — eines Denkens, gleich dem Entspannen und wieder Anspannen eines Schwimmers, der sich frei im körperwarmen Wasser bewegt —

Wie hat man nur denken können, daß das Denken durch Denken auf etwas anderes stoßen würde als auf sich selbst?

Nichts ist zu sehen, das »göttlicher« wäre als das Denken und das Erwachen des Denkens und die Übung, die Beherrschung des Denkens, sein exakter Vollzug und seine Genauigkeit und seine Art der Freiheit; und alles, was sich diesem Vollzug *tatsächlich* entgegenstellt — sei es Zwang oder Scheinfreiheit —, ist mit diesem *gegenwärtigen Modus*, das »Göttliche« zu fassen, unverträglich.
Dabei spreche ich vom Denken mit all seinen Formen; es geht hier nicht um die »Intuition« noch um die »Vernunft« — die für sich allein unzulängliche, ohnmächtige Bruchstücke sind.

Was und wieviel von dem, was man nicht denkt, hat Einfluß auf das, was man denkt?

Wieviel Macht habe ich über mein Denken?

Ich denke MICH: also bin ich.

Ich mache mich anheischig, zu beweisen, daß der berühmte Satz — Ich denke, also bin ich, absolut keinen Sinn hat. Und daß, allgemeiner noch, jede Spekulation und jeder Zweifel dieser Art keinerlei Sinn hat — es sei denn als *schlechte und unvollständige Übersetzung* eines Zustands des Individuums.
Woraus soll man einen Sinn gewinnen für das Verb — ich bin?
Welches ist das zweite Glied der Operation? Null.
So muß der wahre Gedanke Descartes' anderswo gesucht werden als in seiner Formel — und *gegen sie.*

Das Wichtige und das Schöne an der Geometrie ist, daß sie (aufgrund ihrer *Reinheit*) ein Denkinstrument ist — ein Bearbeitungsmodus — eine Art und Weise des *Sehens* und Weiterführens und nicht ein äußerer Gegenstand — Alles, was Operationen des Geistes klar zu unterscheiden und festzuhalten ermöglicht, ist geometrischer Natur — Und alle *wahren* geometrischen Definitionen sind Konstruktionen oder Operationen — Wir vermögen *nichts* darüber hinaus.
Das bedeutsame Ergebnis dieser Herstellung reiner Instrumente oder Elemente ist die Unabhängigkeit der Entwicklungsregeln vom Thema — daher immense Erweiterungen — nicht absehbare Konsequenzen — Handlichkeit, Freiheit.

Mathematik ist Beschreibung der mentalen Operationen, insofern sich diese exakt aufzeichnen lassen.

Denken ist nur deshalb möglich, weil man den Ursprung seiner Elemente nicht mehr wiedererkennt — ihre »Geschichte«. Sie haben sich verselbständigt.

Den Intellekt könnte man so zu definieren versuchen: Alle Operationen und Transformationen, die unsere innere Tätigkeit an etwas Gegebenem durch Repräsentation, Symbole, Verknüpfung und Relationen vornimmt und die wir auffassen können als von Maschinen nicht ausführbar.
Wenn das nicht die Definition ist, dann könnte man es wenigstens für die Definition einer Eigenschaft nehmen, die wir besitzen, und sodann mit Hilfe dieses 1. Begriffs den Intellekt zu bestimmen versuchen. Es wäre eine Etappe.
Man merkt, wenn man den Status Maschine präzisiert, daß der Gedanke der Konservation der entscheidende ist.

Das Material des Denkens darf nicht mit seinen Operationen verwechselt werden. Eine Vorstellung ist an sich nichts. Aber das Setzen, Wiederholen, Abwandeln, Unterteilen dieser Vorstellung, die Bedingungen ihrer regelmäßigen Wiederholung und vor allem das Beleuchten, Konditionieren oder Bearbeiten durch die *Aufmerksamkeit*, ihre *Analyse* und ihre Verknüpfungen.

Denken zu können heißt, dem Zufall die Schätze entreißen zu können, die er in uns eingekapselt hat.

Geistige Leistung ist auf die unzähligen Zufälle des Denkens gegründet.
Der Geist spielt ein höllisches Spiel, und es steht tausend zu eins, daß er trifft.
Ohne Zufall keine Reflexion.
Nachdenken heißt, beharrlich auf die gleiche Farbe, das gleiche Pferd, die gleiche Zahl setzen.
Ohne diese Zufälle und dieses Hin- und Herwürfeln, ohne dieses Durchschütteln von Unvorhergesehenem, unscharf Erkanntem, Vergangenem und Gegenwärtigem — keine »Vernunft« — kein Nicht-Zufall.
Diese Zufälle sind an den Menschen selbst gebunden, wie seine Augen, seine Ohren, seine Kräfte. Sie sind eine Art Funktion.
Wie sonst würde ich den Nicht-Zufall, eine fortlaufende Kombination, eine Berechnung zustande bringen, wenn ich nicht jederzeit für mich, in mir und um mich genug hätte — um an alles nur Wahrscheinliche zu denken, es vorauszusehen und mich dagegen zu wappnen —?
Was täte mein Geist, wenn er nicht tausend unabhängige Mutmaßungen anstellte?
Ein Mächtiger, der die Würfel schüttelt und wirft.

Alles scheint sich weitgehend zu klären, sobald man die Zustände in Betracht zieht und nicht lediglich die Gedanken.
Verstehen hängt von den Zuständen ab, nicht von den Gedanken.
Das Denken ist also ein Phänomen, das als wechselseitige Beziehung zwischen den Werten mehrerer distinkter *Felder* auftritt.

Jeder Gedanke ist Teil eines oder mehrerer Systeme (oder Symmetriegruppen) (oder Funktionen in meiner Sprache von 1904).
Die Assoziation ist das Erscheinen mehrerer Elemente einer Gruppe. Die Analogie — Erscheinen einer anderen Gruppe.
Es ist also so, als hätte man 1. ein regelmäßiges komplexes System von verbundenen Substitutionen, 2. einen Schnitt oder Einblick in dieses System. Der scheinbare Zufall des Denkens ist jener, den die perzeptible Zone des Systems (1) ins Spiel bringt.
Etwas — eine Zahl *zufällig* denken heißt daher, ein latentes Gesetz aufrufen.

Natur des Denkers.
Der »Denker« von Natur — ist ein Mensch, bei welchem ein spontaner Gedanke (häufig) ein Bedürfnis, eine Aufforderung, eine Verführung mit sich bringt, ihn durch einen reflektierten Gedanken zu verlängern. Selbst der glücklichste Einfall oder der belangloseste erfordert, nach-gedacht zu werden.
Denker ist, wer nach-denkt — aus Freude am Überdenken.

Ein in seinem Denken gewandter Mensch, der weiß, daß es naturgemäß unregelmäßig, beliebig ist — — Das Denken braucht einen Herrn und Meister; ein Triebziel; ein Modell; Gewohnheiten. Fehlt dies, so gleicht es dem Traum — nutzlos, schreckenerregend, eine Bewegung im Kreise, einfältig.
Es ist dann eine unendliche Gruppe. Ähnlichkeiten verkleinern diese Gruppe ... Denken an und für sich hat keinerlei Wert.

Die Suche nach sämtlichen Bedingungen eines *Gedankens*, die nicht *dieser bestimmte Gedanke* sind.

»Tiefer Gedanke« ist ein Gedanke von *gleicher Mächtigkeit* wie ein Gongschlag in einem gewölbten Saal. Er läßt Räume spüren, wo Dinge vorhanden sein mögen, die man nicht sieht und die, obwohl unbekannt, von Bedeutung sind.

Andererseits *gibt es keinen isolierten Gedanken*. Ein isolierter Gedanke hat keinen Sinn. Jeder Gedanke ist ein Zentrum, das eine Umgebung erfordert, eine Kreuzung, ein Beginn, ein Teil, der mit einem Ganzen verbunden ist, das zwar vage, aber unendlich und beliebig präzisierbar ist —

Jeder Gedanke ist ein Fragment oder eine Ansicht eines Systems von Relationen.
So wie wir jedesmal, wenn wir mit einem Gegenstand zu tun haben, nur etwa diejenigen Eigenschaften des Gegenstandes wahrnehmen und auf uns ausrichten, die wir im Augenblick benötigen — so ist jeder Gedanke nur eine augenblickliche Entnahme aus einem komplexeren Gegenstand. Er ist ein Teil eines größeren Ganzen.

Bemerkung — Wenn man übt, unabhängige Bewegungen simultan auszuführen (rechte und linke Hand zum Beispiel). Die Unabhängigkeit ist um so schwieriger zu wahren, je schneller die Bewegungen sind. Im äußersten Fall — ist während eines *Augenblicks* ein einziges Bewegungsgesetz denkbar. Aber ich frage mich, ob das auch für die Hervorbringung von Gedanken gilt.

Ablösbare und nicht ablösbare Gedanken

Was in dir, in mir abläuft, was in uns vorkommt, erscheint, spricht, vorbeigeht, frappiert — teilt sich in Kategorien auf; und ein Teil dieser Gedanken ist mit den *örtlichen* Umständen so eng verbunden, ist so *partikulär* — das heißt so sehr mit der mehr oder weniger vagen Kenntnis unzähliger gegenwärtiger, vorübergehender, undefinierbarer Umstände vermischt, daß wir diese Gedanken nicht davon ablösen und ihnen die Würde eines in sich vollständigen Ausdrucks verleihen können, der sich weitertragen ließe, ohne durch das Gedächtnis Schaden zu erleiden, der Verwendung auch außerhalb des Augenblicks fände, — der von Augenblick zu Augenblick und von Mensch zu Mensch mitteilbar wäre.

Es gibt keinen unendlich kurzen Gedanken: damit meine ich, daß jeder Gedanke eine Zeitstrecke zurücklegt.

Die wichtigsten Gedanken sind diejenigen, die unseren Empfindungen widersprechen.

Es gibt nichts diesseits der Empfindung.
Keine Empfindung ohne geeignete Organe.
Die Empfindung ist keine Auskunft, sondern ein Anfang. Sie setzt etwas in Gang, bringt zur Entwicklung, was in der Folge seiner Modifikationen bestrebt ist, sie aufzuheben — worunter auch Erkennen oder Bewußtsein ist.

Alles Mentale ist wesenhaft provisorisch — und, wie ich für mich sage: *transitiv.*

So wie die Atembewegung in jedem Augenblick durch die Einwirkung von CO_2 auf das verlängerte Rückenmark angeregt wird und der Fortgang des Lebens alle zwei Sekunden eine *Intervention von außen* erfordert, — so wird das Bewußtsein durch ständige Ereignisse immer wieder angeregt.

Das Bewußtsein bei den Tieren SCHEINT mit dem Sehorgan zu entstehen, welches einzig eine *Gesamtsituation* zu beurteilen erlaubt.
Das Gehör gibt einen Impuls. Einzig das Auge erlaubt dem flüchtenden Tier, sich nach hinten umzusehen und den Anfangsimpuls zu korrigieren.
Das Gehör, der Geruch erlauben einiges Vergleichen, einiges Suchen und Unterscheiden.
Die Vielfalt ist der Beginn des Bewußtseins. Ein Nebeneinander unvereinbarer Impulse — das also einen Stillstand erzeugt und an die Stelle der behinderten Bewegung ihren Entwurf setzt, ihn dabei vom Akt abschneidet, wie wenn ich einen Stein werfe, der an meinem Handgelenk durch eine Schnur befestigt ist — der angehaltene Stein wirkt auf meinen Arm durch den Stoß seiner Trägheit.

Welches sind die Bedingungen dafür, daß es Bewußtsein gibt?

Bewußt zu sein, das heißt in jedem Augenblick die Beziehung herzustellen zwischen dem, was man denkt oder tut, und dem, was man denken oder tun könnte.

Das *Bewußtsein* zeigt uns das Denken als Denken.

Es hebt also in jedem Augenblick den, der denkt, von jedem besonderen Gedanken ab.
Es ermöglicht ihm, jeden Gedanken, jede Relation oder Emotion als einen Einzelfall zu betrachten. Es verpflichtet ihn in der Folge zur Annahme oder Vorstellung jeder anderen Kombination derselben Terme, oder sogar völlig verschiedener Terme.
In gewisser Hinsicht ist die Anwendung der zur Debatte stehenden Eigenschaften eine Entwicklungsübung oder ein Entwicklungstypus.

Bewußtsein besteht darin, sich über die Operationen des Gedankens, den man denkt, Rechenschaft abzulegen — fast zur gleichen Zeit.
Man fragt, ob dieses Bewußtsein seinerseits in derselben Weise erkannt werden kann?

Wie wissen wir, daß wir wach sind? Oder auch: was bedeutet dieses Wort: wach?

Der große Reiz am Studium des Traums ist die Definition des *Wachens*.

Und in den Traum geht ein Teil der *vollständigen Wirklichkeitsfragmente* (Erinnerungen) und der *aktuellen Atome* ein.
Mithin könnte man ihn definieren durch diese Zusammenstellung von Teilen mit verschiedenem Maßstab, verschiedener Herkunft und verschiedenem Widerstand: Bild, auf dem ein Kopf in Normalgröße neben einer Ausschnittsvergröße-

rung erscheint, ein Blick durchs Teleskop und ein anderer durchs Mikroskop nebeneinander — ein *stets einsturzgefährdetes Monument*, wo Granitquader auf einem fettigen Untergrund stehen; ein Universum, welches — wie von Gewissensbissen — von allerlei Unerfüllbarem bedrängt wird, das mir Schläfer verborgen ist, das aber doch dumpf in mir, in meiner Masse schafft — negiert und protestiert, diese Lebensform vergiftet.

Traum. Die Existenz des Traums gibt die Bedingungen für das Wachen vor. Sie zeigt, daß das Bewußtsein sich nicht allein durch seine Gegenstände definieren kann.
Der Traum ist in gewisser Weise *ein Bewußtsein von Dingen anstelle eines Bewußtseins von sich* (vom »Körper«?).
Aber da es genügt, daß dieses Bewußtsein von den Dingen *ist*, damit ein bestimmtes Ich notwendig »gesetzt« wird, setzt sich dieses Ich voraus. Doch es hat nicht mehr und nicht weniger Eigenschaften als das System von Dingen, durch das es bestimmt wird.
Die Gleichung des Traums wäre mithin: Ich = ein System von Dingen.
Aber das Wachen ist eine »Ungleichung«: Ich $\gtrless$ ein System von Dingen.

Bei den einen ist der Geist immer wach, und zwar fragend wach. Sie entdecken überall Widerstände oder Blockierungen, die sie anregen und um die sich die anderen nicht kümmern. Die zweiten — und das sind nicht immer dieselben — bringen bisweilen ohne Ursache und ohne es selbst zu erwarten etwas hervor. Sie erfinden unablässig. Manchmal finden sie erst nachträglich die Frage, deren Antwort ihnen gekommen ist.

Terminologie des Geistes

Die Analyse oder Beobachtung, die die Terminologie des Geistes zum Ergebnis hatte, ist mir immer als das erschienen, was sie ist — nämlich unpräzis und fast unmöglich zu präzisieren. Daher eine Menge unnützer Schwierigkeiten und illusorischer Lösungen, mit Glauben an Lösungsmöglichkeiten, die nicht existieren.
Man müßte eine Liste dieser für das innere Leben bedeutungsvollen Termini anfertigen, sowie derer, die, ohne dieses innere Leben zu erwähnen, Dinge bezeichnen, die ausschließlich darin vorkommen und die zu keiner gemeinsamen Erfahrung oder Beobachtung führen.
Darunter jene, die von einem gemeinsamen Glauben profitieren.

Was ist erstaunlicher als die allgemeine Gefügigkeit von — Philosophen, Psychologen, Psychiatern — all jenen, die sich mit dem »Geist« beschäftigen, gegenüber den rudimentären Notationen, die ihnen die gewöhnliche Sprache in dieser ... Materie anbietet — und als der Mangel an Bemühungen um Beobachtung, um die einfachsten Feststellungen? Zum Beispiel die rein transitive Rolle der »Ideen« oder »Gedanken«, woraus folgen müßte, sie anders zu bezeichnen oder zu definieren, oder sie durch andere, direkt gebildete Ausdrücke zu ersetzen.

Der Geist existiert nur *in actu.*

»Der Geist« ist unbestreitbar an ein Organ, ein materielles und energetisches System gebunden, von dem wir nichts wissen. Meine Hypothese ist die folgende: Dieses Organ ist, und sei es noch so spezialisiert, gleichwohl ein Organ und besitzt Funktionseigenschaften, die ihm mit den anderen gemeinsam sind.

Als Organ wird es ernährt, rekonstituiert, ist täglichen Fluktuationen unterworfen, —

Unser Geist besteht aus Unordnung, *plus* dem Bedürfnis, Ordnung zu schaffen.

Bei seiner Arbeit geht der Geist von *seiner* Unordnung zu seiner Ordnung. Es ist wichtig, daß er sich bis zum Schluß Ressourcen der *Unordnung* bewahrt und daß die Ordnung, die er sich allmählich gibt, ihn nicht vollständig bindet, ihm nicht eine solche Fessel ist, daß er sie nicht abändern und seine anfängliche Freiheit wieder gebrauchen kann.

Den Zufall kann man nicht fest ins Auge fassen.

Der Zufall ist ein Lichteffekt, der unter allen Steinen eines Pflasters einen aufblitzen läßt.

Das Wachstum des Geistes.
Man müßte ein Buch schreiben … nein! eine Studie, eine tabellarische Übersicht über die von der Geburt an durchlaufene Entwicklung des Intellekts — und diese Studie wäre theoretisch, so daß man darin die Beobachtungen zur Kindheit überblicken könnte. Wie zeichnet sich der Geist ab, wie stabilisiert er sich —? Wie siegt das Wachen über den ersten Traum? Wie geht die unbegrenzte Relationierung vor sich, eine Art Entropie, und wie wird das Lebewesen zunehmend

symbolischer, zusammengefaßter, angepaßter, instrumentierter, kommunikativer? Und wie vollziehen sich die vorgängigen Abkürzungen und die allgemeinen Ausweitungen in der Zeit? Und wie entstehen die sekundären Bedeutungen? Ein Stein genügt, um die Gestalt eines Flusses zu verändern, und je schneller der Fluß fließt, um so stärker wandelt sie sich.

Eine Erkenntnis, also ein Ensemble von Ideen und Beziehungen, das innerhalb des Machtbereichs des Geistes vom Rest abgetrennt bleibt, die eine abgeschlossene Domäne bildet, derart, daß man diese entleeren und ihren Inhalt außer Gebrauch setzen könnte, ohne irgendwelche Folgen für das allgemeine Funktionieren der »Responsivität«, — die also keinerlei Anteil an der allgemeinen Politik des geistigen Lebens hat — die dem Rest weder Beziehungen noch Ausdrücke eröffnet —, hat ihren maximalen Wert nicht erreicht; und der Mensch, der sie besitzt, ist arm, und hätte er gleich eine Bibliothek im Kopfe.

Das Gedächtnis ist der Körper des Denkens.

Alles, was nicht Gedächtnis ist, ist Analogie.

Das Gedächtnis »dient« weniger dazu, das Vergangene zu repräsentieren, als vielmehr das Bleibende, das Zeitlose für den Anlaß, unter Erregung des *Gegenwärtigen* zu konstituieren.

Man wundert sich über das Gedächtnis. Das Wunderbare steckt freilich weniger in dem äußeren Wiedererscheinen bereits gesehener Dinge, in der Nicht-Neuheit des Auftretenden, als vielmehr in der mentalen Rückkehr zum Gewesenen. Es ist wunderbar, daß die Zukunft aus Rückläufen zusammengesetzt ist, so wie es wunderbar ist, daß das, was erscheint, wieder zurückkommt. In jedem Augenblick ist alles neu; in jedem Augenblick ist alles alt. Im Augenblick selbst, oder fast im selben Augenblick, verwandelt sich die Primzahl in ein Vielfaches.
In jedem Augenblick verwandelt sich Neues in *Altes*.

Das Gedächtnis erwartet die Intervention des Gegenwärtigen.

Ohne Vergessen ist man nur Papagei.

Gedächtnis ist Rückkehr *mit gezielter Veranlassung*; Assoziation ist *beliebige* Rückkehr.

Hammerschläge

An diesem 3. August 1920 höre ich Hammerschläge, die während des Bruchteils einer Sekunde genau jene Hammerschläge sind, die etwa 1880, um den 15. August herum, in Cette beim Aufbau der Jahrmarktbuden zu vernehmen waren. Der Schlag von heute trifft auf das Holz von vor 40 Jahren. Diese naive Restitution scheint mir zu sagen, daß das Ununterscheidbare kein Datum hat. Die klare und reine Sinnesempfindung für Verbindungen hat kein Alter. Das Alter ist das

Intervall für Inkompatibilitäten. Der Schlag hat die Buden von Cette heraufbeschworen: der Rhythmus hat gewirkt. Ich sah die Platanen, die Hölzer, die Planken, die Esplanade — die Langeweile, den Markt — Ich war wieder dort. Vielleicht hätten dieselben Schläge, jedoch vor zehn Jahren, diese Vergangenheit nicht wiederhergestellt?

Über das Gedächtnis —
Geist ist nur möglich aufgrund der Unordnung des Gedächtnisses. Dank dieser Unordnung, dank dem Zerreißen des chronologischen Bandes sind beim Menschen neue Umverteilungen möglich. Dieses Vermögen zur Konstruktion, das von Dissoziationen ausgeht, wird durch die Sprachen maximiert. Das Wörterbuch ist ein Agent gegen die chronologische Schichtenbildung.
Man stelle sich einmal vor, daß bei jedem einzelnen Wort das Datum und die Umstände seiner Aneignung vermerkt wären.

Gedächtnis und Tod entsprechen einander.
Vermöchte das Lebewesen sich nicht zu erinnern, so befände sich sein Bewußtsein — wären seine Kenntnisse einmal hervorgebracht und verschwunden — immer an demselben Punkt — dem Nullpunkt — und würde die Erregung nicht überdauern. Das Gedächtnis ist die Form des progressiven, relativen — additiven Wandels des Lebewesens. Es verleiht ihm eine zunehmend präzisere geistige Gestalt. Es ist eine Variation »möglicher« Koordinierung, einer Koordinierung, die durch den Gebrauch der Imagination beschleunigt wird, welche nichts anderes als das Gedächtnis oder geradezu die allgemeine, sich selbst herausbildende Erkenntnis ist.

Leibliches Denken

Das Französische kennt – anders als das Deutsche – die Unterscheidung zwischen ›Körper‹ und ›Leib‹ nicht. Innerhalb der sogenannten Leibphänomenologie, die auf den Philosophen Maurice Merleau-Ponty zurückgeht und für die Valérys Soma-Reflexionen eine wichtige Vorwegnahme bilden, wird für das deutsche Wort ›Leib‹ der Begriff *corps vécu* (also lebendiger Körper) verwendet. So ist vielerorts, wo bei Valéry das Wort ›Körper‹ steht (bzw. *mon corps*), eigentlich das Leibliche gemeint. Valérys geistige Offenheit zeigt sich in dem Umstand, daß er, obwohl er von seinem Naturell her eher ein kognitiv-vernunftbetonter Mensch war, sich dem vermeintlich geistlosen Körper (bzw. dem Leib) aufgeschlossen zugewandt hat. Für ihn ist der Körper *ein nicht übersteigbares Referenzsystem*, und es stellt sich ganz allgemein die Frage, über welche ›Denkmöglichkeiten‹ der Körper selbst verfügt. Zudem scheint eine ausführliche Auseinandersetzung mit diesem Thema nach wie vor auch heute ein wichtiges Desiderat zu sein, da wir immer noch unter den Folgen des leibfeindlichen platonischen Denkens und seiner Auswirkungen auf das sogenannte christliche Abendland zu leiden haben. Meinem Verständnis nach könnte deshalb eine Zielrichtung praktischer Philosophie auch darin bestehen, den Leib als ›philosophisches Organ‹ zu entdecken und zu entwickeln. Und hierzu gibt Valéry einiges zu bedenken.

Jedes philosophische System, in dem der Körper des Menschen nicht eine grundlegende Rolle spielt, ist dumm und unbrauchbar.

Das Denken ist ernsthaft allein durch den Körper. Das Erscheinen des Körpers verleiht ihm sein Gewicht, seine Kraft, seine Konsequenzen und seine endgültigen Wirkungen.
»Die Seele« ohne den Körper brächte nur Kalauer hervor — und Theorien.

Wie seltsam doch, daß der *Körper* in den bekannten Philosophien keine Rolle spielt, oder nur ganz am Rande erscheint, schamhaft oder verhohlen.
Das Leben ist für jedermann der Akt seines Körpers.

Der *Körper* ist das, was des näheren zu untersuchen ist. Denn er ist mit allem verbunden, und bei jedwedem Ereignis [...] weisen seine Teile ganz bestimmte *Werte* auf. Er ist das einzigartige, das wahre, das ewige, das vollständige, das unübersteigbare *Referenzsystem*.
Doch wie kommt es, daß wir dies nicht ständig wissen?

Wäre der Mensch reiner Geist, — es gäbe weder Überraschung noch unterschiedliche Wichtigkeit der Dinge, noch das Umhertasten und diese Störungen, durch welche die Arbeiten, die das Denken ausmachen, spürbar werden, einen Körper bekommen, eine Zeit zum Dasein, eine Zeit, in der das Denken nicht da ist, und eine, in der es da ist.
Und was wäre so mancher Gedanke, hätte er nicht eine Kehle, die er zuschnüren, eine Drüse, die er entleeren, einen Kopf, den er erhitzen, einen Atem, den er ins Stocken, Hände, die er zum Zittern, Glieder, die er zum Erstarren bringen könnte?

Der Körper, da Bezugsinstrument — Der Regulator, Kontrolleuchte des *Wachens* — Das Eichmaß der Gewißheit — Die Zeituhr der Gegenwart.

Das augenblickliche Körpergefühl ist ein ganz entscheidendes Element der Psychologie (und natürlich hat man es überhaupt nicht bemerkt).
In jedem Augenblick bildet dieses überaus wechselhafte Gefühl einen Teil unseres Bewußtseins, oft sogar das Ganze.

Das Schiff GEIST schwebt und schwankt auf dem Ozean KÖRPER.

Die 3 Dimensionen der Erkenntnis

Der Körper, die Welt, der Geist. —
Diese Unterscheidung ist zwar *simpel*, aber doch wesentlich. Sie steckt in jeglicher Erkenntnis.

Der Mensch findet beim Erwachen diese drei Gruppen wieder.
Der Körper versteht die *Kräfte*.
Wenn man sagt: *Dieser* Baum —
Das Ganze richtet sich an den Geist. Baum gehört zur Welt.
Dieser gehört zum Körper — der Bezugsachse.
Akzidentell gesehen ist der Körper Welt.
Die Einwirkung der Welt auf den Körper ist Geist — (Empfindung — Reiz). Die Einwirkung des Geistes auf die Welt ist Akt.
Pluralität der Rollen, der Symbole unseres Körpers.

Ungezählte Dummköpfe stellen diesen Geist über den Körper! Diesen Körper, der doch alles macht — und der sich schließlich ein ICH als KÖNIG über seine Sinne gesetzt hat — als Schattenkönig — welcher sich *innen* wähnt und doch nur ein Götze des Oberflächlichen ist.

Der Geist ist ein Moment der Antwort des Körpers auf die Welt.

Ich brenne, um wahrzunehmen. Das ist die Bestimmung dieses Körpers —

C E M — die drei Kardinalpunkte der Erkenntnis

Se placer en "un point"
c'est se donner ou SE FAIRE un
autour, un en haut, un en bas, un avant et
un arrière, un gauche et un droit
1 = (AV. AR, H. - -)
se placer à un instant - c'est - etc
Or ceci sont actes × perceptions avec
leurs conditions virtuelles de transformations

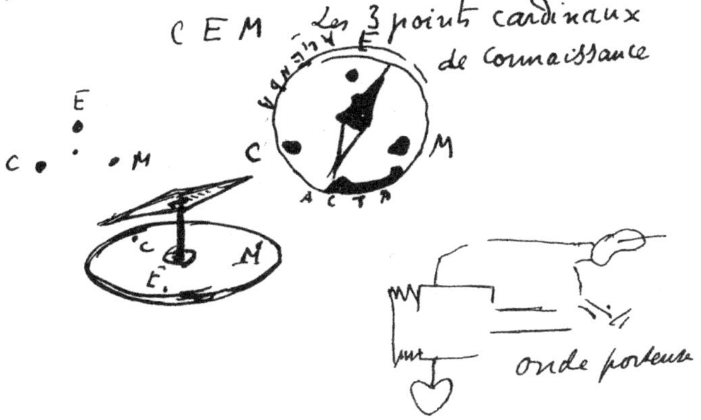

La conservation, grande question.
car, après tout, c'est une mixture de neuf
et de choses d'une fois, avec les mêmes (Tic Toc)
les Constants, les Re-naissants - qui est
la conscience - avec son "Moi", sa "Mémoire"
son Omnivalence, sa fonction du quoi que ce soit
Sa self variance fonctionnelle -
son débit.

C E M — Der mein-Körper, der mein-Geist, die meine-Welt, das sind 3 Richtungen — die sich stets abzeichnen — und 3 Bereiche. Wenn einer dominiert — und sich folglich differenziert, als Vielheit zeigt, werden die beiden anderen im Gegenteil vereinfacht — und blockiert. So wenn der Mein-Geist sich unterteilt, oder wenn der Mein-Körper sich mehrere Empfindungen verschafft.

C E M
Die Gegenwart ist der Schnittpunkt der körperlichen Empfindung mit der Wahrnehmung der umliegenden Dinge und mit der Wahrnehmung der psychischen Äußerungen.
Sie ist also Wahrnehmung eines Dreiklangs C E M und der Verbindungen zwischen diesen Konstituenten.
Das Bewußtsein verlangt diese drei Terme.

»Mein Körper« wird von »mir« als *fremder Körper* empfunden. Er verschwindet, um Ich-Akt zu werden, und ich habe kein Bewußtsein mehr von ihm, wenn er wirklich »mein« Körper ist. Je mehr er *meiner* ist, desto *weniger spürbar* ist er — das heißt *ebensowenig Masse* wie das Ich —— Ohne Trägheit.
Bei lebhafter Empfindung ist diese von derselben Stärke wie *ich* — sei es, daß sie sich ganz an dessen Stelle setzt wie bei der Lust — sei es, daß sie es verschlingen möchte wie beim Schmerz.

Der glückliche Organismus weiß nichts von sich. Das Meisterstück dieser Art besteht also im ewigen Schweigen eines ganzen Teils der *möglichen* Sensibilität. Und die Vollkommenheit entsteht durch Abwesenheit bestimmter Phänomene, bestimmter *positiver* Empfindungen.

Nichts fremder als unser Körper. Seine Freuden und seine Leiden sind uns unverständlich.
Er ist ein seltsames Gebilde voller seltsamer Formen, worin nichts von den Gedanken, die wir haben, erscheint.
In welcher Sprache mag er ausdrücken, was wir von ihm verspüren? Oder in welcher drücken wir aus, was er ist?

Der größte Teil des Körpers spricht nur, um zu leiden. Jedwedes Organ, das sich meldet, ist auch schon störungsverdächtig. Glückliche Stille der Maschinen, die gut laufen.

Wenn ihr Leibschmerzen habt, ob König oder Straßenkehrer, großer Dichter, Gelehrter oder kleines Individuum — ihr seid dann nur ein Leib, der schmerzt. Desgleichen seid ihr im Genuß identisch. Und ebenso im tiefen Schlaf. Die Unterschiede tun sich erst in den gemäßigten Zonen der Sensibilität kund — fern den Polen und dem Äquator.

Es sieht ganz so aus, als sei ein heftiger Zahnschmerz das Wichtigste von der Welt. Er bringt das Universum zum Verschwinden, die Leidenschaften — man könnte sich umbringen, man ruft nach der Zerstörung seiner selbst und alles anderen. Diese winzige Ursache, eine Karies, »zieht« also an einem Hebelarm mit der Länge unendlich.
Jedenfalls kann ein winziger Vorfall das Leben des Menschen vernichten, ein anderer ihn dem Irrsinn ausliefern.

Ein Zahnschmerz kann schlimmer quälen als manche tödliche Krankheit. Die Stärke des verspürten Übels verhält sich nicht proportional zur Gesamtbedeutung der Läsion.

Doch diese Gesamtbedeutung ist *Zukunft.* Und der Körper sieht keine Zukunft. Er ist ganz Gegenwart und merkt nicht, was sein wird. Er ruft nach dem Sterben, wenn das Meer ihm den Magen umdreht — — Er sieht nur, was er sieht. Qual kann nicht warten.

Cough —

Husten. Das ist zu Anfang ein unmerkliches ringförmiges Kitzeln dort, wo die Kehle sich verengt. Vorstellung von winzigem Zittern, von feinen Körnchen. Es ist nicht auszuhalten. Dieser juckende Ring muß gekratzt werden —, mit irgend etwas, an einem Punkt, der für die Finger tabu ist.
Da macht sich in Ermangelung eines speziell dafür geeigneten Organs schließlich der ganze Körper daran und führt aus, was an Bewegungen ihm möglich ist, rhythmisches oder auch ungeordnetes Herantasten. Abbild (oder vielmehr andere Form) der psychischen Phänomene der Unruhe, der in die Enge getriebenen Phantasie.
Die Intensität nimmt zum Tummelplatz, was sie finden kann. Dieser Handlungsversuch ohne Hände befällt alles per Resonanz und *Emporkochen.*
Im psychischen Fall bringt sie alles in Aufruhr, was man kennt, die »ganze Welt«. Hier schüttelt sie alles, was im Rumpf steckt. Es ist, als würde ich durchgeprügelt, ich könnte jammern.
Das ist dumm. So dumm wie das Leben, der Tod, die Götter usw. Mein altes Empfinden stellt sich wieder ein, daß alles universell dämlich ist, die Dummheit des *kleine Ursachen — große Wirkungen.*

Hätte der Mensch zehntausend, hunderttausend Finger, die ebenso unabhängig wie seine Glieder, ebenso *vertraut,* unterschieden, gefügig und persönlich wären, so hätte sein Zahlensystem die Basis 10. Im übrigen könnte er sich dieses Wunder einer *Lösung* darum nicht besser klarmachen, die von einem beweglichen, sensiblen, der Kontinuität und Diskontinuität fähigen Organ durch enge Verbindung zwischen Empfindungskraft und Bewegung gefunden wurde — (wenn ich etwas *berühre*, vermittelt meine Bewegung, die den Kontakt aufrechterhält, den Eindruck von Kontinuität; bewegt sich der Finger von einem Gegenstand zum anderen, gibt es Unterbrechung usw.)

Man betrachtet die eigene Hand auf dem Tisch, und dabei stellt sich philosophische Verblüffung ein. Ich bin in dieser Hand und ich bin nicht darin. Sie ist ich und nicht ich.
Und tatsächlich ist diese Eigenschaft des Körpers ein Widerspruch, und eben diese Eigenschaft wäre in einer Theorie des Individuums fundamental, wenn man sie exakt auszudrücken verstünde.
Und ebenso ist dieser Gedanke oder jeder Gedanke ich und nicht ich.

Der Körper hat etwas Doppeldeutiges. Er ist, was wir von uns selbst sehen. Was wir als ständig an uns gebunden empfinden. Aber auch, was wir nicht sehen und niemals sehen werden.

Der Arm kennt seine Gebärden und die Stöße, die er empfängt — und seine Schmerzen, aber nicht seine Bauweise.

Unsere *Geschichte*, unser Augenblick, unser Körper, unsere Hoffnungen, unsere Ängste, unsere Hände, unsere Gedanken — alles ist uns *fremd*.

Alles ist (bei plötzlicher Meditation) äußerlich gegenüber einem Irgendetwas, das *ich* ist — und das ein Mythos ist; — denn es gibt keine Eigenschaft, Empfindung, Leidenschaft, Erinnerung ..., von der es sich nicht unabhängig fühlte, wenn sein Leben davon abhinge.
Denn das Leben selbst ist ihm — *fremd.*
Es hängt an ihm, doch es versteht nichts davon. Das Seil spannt sich und entspannt sich wieder, als sei es von einem Fremden gehalten. Ich erinnere mich hier an den Traum von mir, als ich träumte, auf einem in Seenot geratenen Schiff zu sein, und mich mit einer Hand an einem Tauende festhielt. Beim Erwachen erkannte ich, daß ich mir aufs heftigste das linke Handgelenk mit der rechten Hand umklammerte. So stark, daß ich aufwachte.
Ich nahm meinen umklammerten Unterarm wie einen Fremdkörper wahr. Ich spürte und ich sah, daß ich zudrückte, aber ich spürte nicht, daß ich zugedrückt wurde. (Es ist möglich, daß der Schlaf mit einem solchen Antagonismus von Empfindungen unvereinbar ist.)

Ein Mann trägt eine Last. Er macht mehrere Dinge GLEICHZEITIG. Er *lebt.* Er trägt. Er hält eine Richtung ein. Er denkt an irgend etwas. Wenn der Weg beschwerlich ist und das Gewicht schwer oder zerbrechlich, *lebt* er anders, denkt er nicht, sondern achtet auf seine Schritte und sein Gleichgewicht. Er ist eingestellt auf die Bewahrung seiner selbst und des Gegenstandes — und er geht dabei über die Minima. Er bliebe stehen, wenn ein Gedanke vordringlich würde. Sieht er zum Beispiel eine Gefahr, einen Löwen. Fühlt er einen Schmerz. Fällt ihm plötzlich ein, daß er etwas vergessen hat.
Es gibt also unabhängige Variablen, in natura /in potentia/, die in actu abhängig sind und *die einander behindern.*

So wie ein aufrechtstehender Mensch (und sein aktuelles System von Aktionsmöglichkeiten) ohne es zu wissen eine Anzahl verborgener aktiver Bedingungen hat, die sein Gleichgewicht unmerklich aufrechterhalten — so daß Stehen eine stetige, durchgehaltene *Handlung* ist — so werden die Erkenntnis und der Wachzustand (also die »Welt« und die Verteilung C E M als Referenzpunkte) in einer Weise aufrechterhalten, die *dieses Aufrechterhalten verbirgt*, so daß es sich ausnimmt, als sei *ich* gar nicht beteiligt, als existiere alles aus sich selbst, als schuldeten die Gegenstände »mir« nichts — oder besser den Gegebenheiten in mir, denn *da sie normal nicht in meiner Sensibilität vorkommen*, müssen sie ja in mir sein — (wo doch die Sensibilität nach außen geht — und diesem Ich entgegensteht).

Der Mensch — an einem hohen und abschüssigen Ort — muß notwendig daran denken, sich hinunterzustürzen, so wie er unweigerlich daran denkt, ein vor ihn hingestelltes, mit einer schönen Flüssigkeit gefülltes Glas zu trinken. Und so ist er dauernd *versucht*, der naiven Seele des Augenblicks zu gehorchen, die will, was sie sieht, und sogleich ausführt, was die vorhandenen Dinge verlangen. Das ist die *anima sollicitanda*, die aufzufordernde Seele. Gottheit der entstehenden Zustände. Der geschlossene Schrank verlangt nach der Frau Blaubarts; der Apfel nach Eva. —Wir hegen in uns eine Menge unabhängiger *Erwartungen*.

Was wäre das für ein Buch mit dem Titel: *Tagebuch meines Körpers!*

Beobachtung

— Ich transportiere ein für mich ziemlich schweres Paket. Es ist mir eine Last — sagen wir 2 oder 3 Kilo.
Ich setze mich in der Metro hin. Ein robust aussehender Mann ist dort. Zu seinen Füßen eine große, vollgestopfte Tasche.
Bei der Station stehen wir beide auf, und ich sehe, wie er seine Tasche mit deutlicher Anstrengung hebt. Ich richte mich mit meinem Paket auf — und es *erscheint mir leicht*, von unbedeutendem Gewicht,
als hätte mir die Anstrengung des Mannes eine zum wahrscheinlichen Gewicht seiner Tasche proportionale Anstrengung suggeriert, und zwar durch oder mittels seiner Gestik, und diese virtuelle Anstrengung in mir fand nur meine 2 oder 3 Kilo zum Tragen.
Kontrast, eine Art *Überraschung* — analog zu der des Körpers, wenn die Stufe, die er hinuntersteigt, weniger hoch ist, als er erwartet hat.
Wer sich implexhaft gebildet, eingerichtet hat, *stößt* an sein *Zuviel.*
Das ist bei allen Formen physischer oder moralischer *Vorbereitung* der Fall.

Kinderfrage

Wie kann man denken, ohne den Körper zu spüren? ich meine, ohne daß das Lebendige, das da denkt, im Denken ebenso spürbar ist wie die Hand und der Arm im Akt, den sie ausführen? Das Sehen weiß nichts vom Auge. Wie kann *was ist* das, *was nicht ist,* machen und nichts von sich wissen? — sich nicht machen?
Dies drückt für mich naiv die *Äußerlichkeit* des Denkens aus. Mithin wäre das »innere Leben« (ein noch viel naiverer Ausdruck) die Verlautbarung oder Äußerung des Spürbarmachens dieses Körpers, dieses Lebendigen, das so anders ist als sein Geäußertes. Und sich auf *die tiefste Tiefe* des Denkens zubewegen hieße, auf eine Art von Erkennen des Erkennen-

den ausgehen — von Gegenwärtigkeit des Gehirns — — Sein und Erkennen schließen sich aus.

Lachen oder Lächeln eines 3 Monate alten Kindes.
Ich glaube, wenn es lächelt, dann erkennt es. Oder zumindest entsteht dieses Lächeln automatisch als Effekt einer gelösten Frage.
Hier, im Neuen, ist Erkennen ein Bedürfnis und tritt nur mit einer Verzögerung ein.
Lächeln, aufleuchten, sich freuen.
Später wird dieses Lächeln eine Kunst sein, wird sagen: Ich weiß, und du weißt nicht.

Tastende Versuche

François — der neun Tage alt ist, versucht, an seinem Daumen zu lutschen. Welche Mühen! was für Anstalten!
Er erinnert mich an meine Versuche und Forschungen, an meine Einfälle von vor 12 Jahren zur Koordination, zum Übergang von der Vielförmigkeit zur Einförmigkeit, zur Aufmerksamkeit.
Seine beiden Hände suchen, untersuchen sich gegenseitig. Seine Geometrie regt sich, rappelt sich zusammen. Bis jetzt ist es ihm erst zweimal gelungen — und dieser Akt, für uns *Gewißheit*, ist für ihn eine schwache Wahrscheinlichkeit. Dieser Akt, der für uns sicher ist und stabil, ist für ihn ein Glücksfall und bleibt auch nach seiner Verwirklichung instabil.
Für uns die schwierige Idee, der gesuchte Gedankenpunkt, die Lösung, die Genialität. Genialität gibt es dort, wo ein bestimmter Akt ebenso von unabhängigen Faktoren abhängt wie bei François diese schwierige Bewegung.
Er entdeckt den Vorgang, seinen Schädel an irgendeiner Stelle zu berühren und seine Hand über diese Oberfläche zu bewegen, auf der irgendwo sein Mund ist. Er hat die Gesamtheit

der möglichen Fälle eingeschränkt und unterwirft es 2 Dimensionen.

Die ganze menschliche Geschichte reduziert sich auf das von tastenden Versuchen erfüllte Intervall zwischen einem Reiz und seiner Beantwortung, einem Bedürfnis und seiner Befriedigung. Wahrnehmungszeit, Reizerhaltungszeit, Null.

(Kindheit)

Wo ein Ring ist, da möchte man daran ziehen, wo eine Tür, da möchte man sie öffnen, wo eine Kurbel, da möchte man daran drehen —, wo eine Ladevorrichtung, da will man sie betätigen. Wo eine Flüssigkeit ist, da *denkt* man daran, sie zu trinken — der Ekel oder die Bestätigung des Verlangens kommen nachher.

Wo eine Treppe ist, da möchte man hinaufsteigen ... wo ein Holzstück, da möchte man hineinbeißen, wo ein Wasserbekken, da möchte man etwas hineinwerfen.

Und diese Impulse wirken vor allem auf den Körper des Einzelnen selbst, der diesen fortwährend dazu anreizt, ihn zu betätigen, zu beißen, zu handhaben, zu erforschen — zu einem Nichts zu machen, dadurch, daß man an ihm und mit ihm alles Mögliche vollführt.

Und in DIESEM BESONDEREN FALL kann es sein, daß die Geschlechtsorgane und sexuellen Erregungen — die Masturbation und sogar die Liebe nicht als Sexualität existieren, sondern als allgemeine Aktivität.

Schwimmen

Ich glaube mich wiederzuerkennen, wenn ich in dieses allumfassende Wasser tauche. Ich habe nichts mit der Ernte zu tun, mit dem Pflügen; in den *Georgica* findet sich nichts für mich.

Aber sich regen in der Bewegung, tätig sein bis in die Zehen hinunter, sich wenden in dieser reinen und tiefen Masse, bitteres Wasser trinken und ausstoßen, das frisch und wild an der Oberfläche ist, ruhig in der Tiefe! dies ist für mich das göttliche Spiel voller Zeichen und Kräfte, wo mein ganzer Körper sich hingibt, sich begreift, sich erschöpfen würde. Ich umfasse das Wasser mit vollen Armen, ich liebe es, ich besitze es, ich erzeuge mit ihm tausend seltsame Gedanken. Dann / In ihm / bin ich der Mann, der ich sein will. Durch das Wasser wird mein Körper das unmittelbare Instrument des Geistes, und er bildet meinen Geist. Ich erleuchte mich auf diese Weise. Ich verstehe auf wunderbare Art, was die Liebe bei mir hätte werden können, wenn es die Götter gewollt hätten. Übermaß an Wirklichkeit. Meine Liebkosungen sind Erkenntnis. Meine Akte. — Ich besitze nie genug.
Schwimme denn, lege dich auf den Rücken, wirf dich kopfüber in diese Welle, die über dich rollt, mit dir zerbricht und dich zerbricht. —
Dann gehe ich auf dem ungeheuren Strand, den Wind trinkend. Es ist ein Süd-West-Wind, der die Wogen seitwärts anfaßt, sie zerknüllt und mit Schuppen bedeckt, mit Ziegeln, mit Nebensystemen, mit netzartigen Wellen, die sie forttragen, vom Horizont bis zur Zerreißgrenze — Schaumgrenze … —
Welches Labsal für die nackten Füße, ich gehe auf dem Spiegel, der unaufhörlich von der dünnen Wasserschicht neu geglättet wird, die sich von neuem zusammenzieht. Ich bin ich selber und mein System! Der riesige Himmel niest in mir — Meine Reflexe berauschen mich.

Welche Vorstellung vom Wasser mögen wohl die Tiefseefische haben? Ihre Physiker streiten vielleicht darüber, ob das Wasser existiert.

Im letzten Grunde zeigt ein gutes Bad im Meer — Winden des Körpers, Wogen des Wassers ringsum und eine reine, nutzlose Meditation — eigentlich den ganzen Menschen — die reine Aktivität.

Wenn ich schaue — das Meer, die Mauer anschaue — sehe ich einen Satz, einen Tanz, einen Kreis. Schaue ich den Himmel an, so weitet er, der große, nackte Himmel, alle meine Muskeln. Mit meinem ganzen Körper schaue ich ihn an.

Einschlafen

Der Einschlafende gibt sich hin, vertraut sich an; überläßt sich den Dingen, und seinem Körper, dem ersten Ding; stellt sich nach innen ein; verzichtet auf das, was in einiger Entfernung ist; zieht sich zurück, gehorcht; opfert das Wirkliche, wird ganz wirklich, stimmt zu, nur mehr er selbst zu sein; *wechselt Art und Gestalt*, tritt zurück in die Wehrlosigkeit der Geburt.

Was da am Einschlafen hindert — was ist das? Dieses Etwas, das nicht schweigen, nicht erlöschen, nicht *enden* will, sich nicht aufgeben — nicht mehr sein will —, was ist es? Ich will schlafen, und es will nicht, daß ich schlafe. Und dennoch ist es ganz dicht bei dem, das da will, daß ich schlafe. Es ist nahe an dem Ich, das da will. Es ist ein anderes Ich.

Erwachen

Das erwachende Wesen muß in einer bestimmten *Reihenfolge* seine *Form* wiederfinden, welche es in Kräften und Abständen hat, an deren Ende es *agiert* und sich agieren fühlt. Es findet

seine Rechte und seine Linke wieder, seinen Fuß, sein Handgelenk, deren Kraft, deren Zustand — (in Zeitlupe).
Es baut seine Person, die es zerlegt und zunächst in abgestorbenen und verlassenen Teilen vorfindet, wieder zusammen.
Die beweglicheren Teile von geringerer Masse und größerer Erregbarkeit werden als erste wieder Herren ihrer Domäne — die Augen, die Finger; die Augen vor dem Kopf, die Finger vor den Armen, den Zehen.
Die Wiedergeburt der *verdoppelten* oder antwortenden *Sensibilität.*

Erwachen — und an der Seite die schlafende Frau, halb im Licht, ihre Wärme, ihr Geruch, ihr Atem in der Stille strömend; sich aufrichten — rein, traurig, leicht, im Ganzen aufgehend, über dem Leben sitzend und über dem Erinnerungshauch der Liebe, getrennt davon durch den eingetretenen Schlaf, durch das Fernsein der Geliebten, der nun tief in Benommenheit und Lähmung verschlossenen —
Sie schläft, und in ihr ruht, wie ein Korn auf dem Boden des Grabmals, das Leben des vergangenen Tages und dauert an in Erwartung des folgenden. Es wird dieser der Erbe des vorigen sein und in ihm aller früheren. So reicht das Selbe sich weiter. —

Szenarium

Der Mann und die Frau werden zusammen gewahr, daß sie allein sind. Da legen sie ihr Gesellschaftsdenken ab; ihr gewohntes Verhalten wird anders, sie hören nur noch, wie ihr Blut pulst; sie malen sich ein tieferes Vergessen aus, *ungekannt*, ein Tun der reinen Zerstreuung mithin. Sie geraten in Feuer, und sie legen ihre Kleider ab. Sie fassen und wählen einander, bebend suchen sie ihren Körpern die besten Stellungen, doch die wollen sich nicht ergeben … Das Kühle sucht sich und

das Warme, die Kraft hält sich zurück, die angestachelten Organe beherrschen eines jeden Denken und schlagen es in Bann. Und die Lippen nehmen sich, und das Glied beginnt einzudringen in die brennende Öffnung der Frau.
Von da an gibt es weder Mann noch Frau. Es gibt nur ein Etwas, das bewegt sich in sich selbst, immer rascher, eine Maschine, Seufzer ausstoßend, beschleunigtes Stampfen, Speicheln — oder ein Tier, das sich zu Tode quält — oder die Angst beim Ertrinken, alles überstürzt, in der blinden Hast, *rechtzeitig* hinzukommen. Ein Oszillieren um ein Gleichgewicht.
Endlich! ...

— Finden, ... oder nicht finden! — Läßt sie sich finden oder nicht, diese Grenze (oder ein Gesetz in dieser Richtung) zwischen zwei *intima*?
Man berührt einander über den Blick, die Sprache, das gegenseitige Vorwegahnen. Es kommt vor, daß man einander errät. Es kommt vor, daß der eine etwas entdeckt, das sich wunderbar zu dem fügt, was der andere sucht. Gewöhnliche Liebe schafft diese Paarung lediglich über Empfindung, Gefühl, Geschmack. Doch dies famose *Alles* — ist eigentlich nichts. Diese Vereinigung ist lediglich Vereinnahmung — wird bezahlt mit *Simplifizierung.* Wenn die Liebenden sich vereinen, so nur dadurch, daß sie sich verformen, verstümmeln, das meiste von dem weglassen, was sie sind. Dieser Rest ist es, der schließlich wieder aufkommt und sie voneinander löst. Doch nun geht es darum, sich zu vereinen in der Suche nach sich selbst, in der Verfolgung von Umriß oder Gestalt des eigenen Wesens, man pocht an die Pforten des Erkennbaren. Vereint durch das, was wir nicht wissen, und durch diese alles entscheidende doppelte Unkenntnis: Was trennt uns?

Amor führt die Liebenden auf der Stelle zur physiologischen Intimität, und bald gibt es nichts Abstoßendes mehr zwischen ihnen. Alle Geheimnisse des Körpers und der Ausscheidungsgänge werden gemeinschaftlich. *Touche-à-tout*, Alles-Berührer, ist der Name für einen Liebenden. Diese organische Wahrheit, diese *Ex-secratio* der verborgenen Stellen und der natürlichen Notdürfte paßt durchaus zusammen mit der »Poesie«, der gewöhnlichen wie der außergewöhnlichen, der Liebe.

Die gewöhnlichen Liebenden liebkosen den geliebten Körper so, wie man sich berauscht, um sich zu berauschen, ohne auszukosten und weiterzuentwickeln, was das Genossene an Kräften birgt. Sie gehen nur so weit, bis es zu Ende ist. Der Kenner in Sachen Fleisch und Leben indes versteht dem Körper zu entlocken, was ein Virtuose seinem Instrument entlockt, dessen sämtliche Eigenschaften und Ressourcen er kennt. Er hastet nicht dem Punkt entgegen, an dem schließlich, unter dem Übermaß der angehäuften Resonanzen, schockhaft das Kräftegebäude zerbirst. Vor diesem Zielpunkt setzt er auf Infinites. Er hat ein Gespür für die schlummernden taktilen Werte, die (meist unerkannt oder nur teilweise und zufällig erkannt) in der Haut und ihrer Tiefe ruhen.

Das Sexuelle schien mir entweder einem beliebigen leiblichen Genuß ähnlich — einer guten Mahlzeit — obgleich viel intensiver, das ganze Wesen aufrührend; oder aber eine Zwischenstation auf einem noch undeutlichen Weg, der zum innigstmöglichen Umgang unter Individuen führte — Zwischenstation oder Ritus, der zu erfüllen war, um weiter voran zu können — etwas, das man hinter sich bringen mußte.
Heute sehe ich noch etwas anderes — aber weniger Schönes darin — Zärtlichkeit, einschließlich dessen, was an »Verzweiflung« in der Zärtlichkeit ist — Illusorische Flucht in einen Schoß. Und — Erregung allgemeiner Energie.

Animal, phénomène
(invariant)

La chose
Ce qui marche, ce qui rampe, ce qui vole, ce qui nage
pourrait ne pas être décrit
[illegible] esprit

La vie est attribuée.
Pas de vie sans milieu
Mais
Toutes les possibilités
hypothèses
accident.

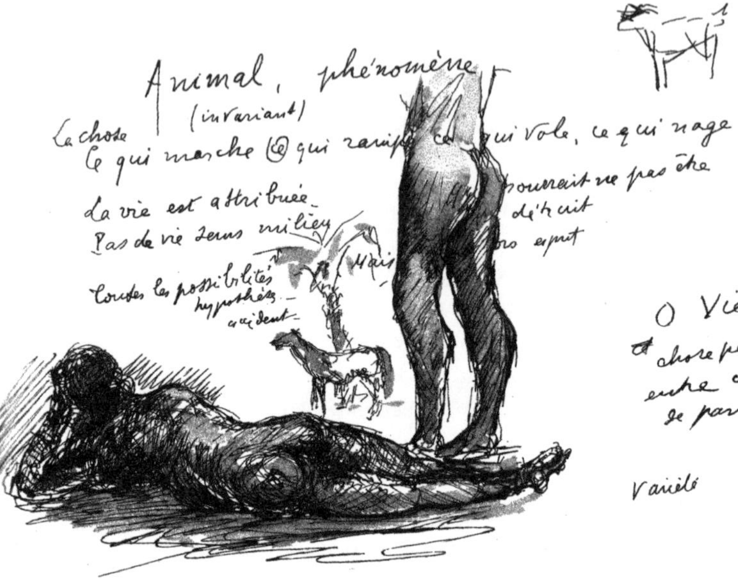

O Vie,
et chose partagée
entre ces millions
de participants

Variété

Morphologie la plus générale

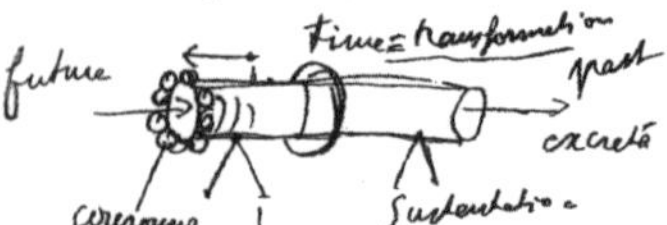

Symétrie

Solutions multiples
aux problèmes de vivre

La forme et la vie

On a donné aux anges des
figures d'animaux composés
aigle + taureau.
Chimère.

L'homme
en [illegible] de composés
artificiels les
moyens des diverses espèces

voir
agir

Nombre bizarrerie
des formes
formes d'attention.
Ressort. Détente brusque. Pierre tigre.
serpent. vautour

attention, guet.

Mascarade de la vie
Marionnettes du vivre

Sie tauschen ihre Befriedigung aus — Sie tauschen jeder seine Erregung gegen die Befriedigung aus — —

Die einen suchen die Frauen auf, um ihrer zu genießen und danach den Kopf frei zu haben für anderes. Und somit entsteht bei ihnen das Verlangen nach Wechsel. Andere haben eine Frau, so wie man Pantoffeln hat, immer bequem dieselben. Wenige, unendlich wenige, ersehnen in der Frau ein lebendiges Wesen, in dem sich ständig etwas entdecken, dem sich ständig etwas abgewinnen läßt, eine kleine Welt, die, wenn auch noch so sehr durchdrungen, stets Unendliches an Dunklem und Unvertrautem birgt.
Das sind die wahrhaft Liebenden. Sie sind überaus selten; und wo es einmal einer werden könnte, gerät er an eine Frau, die genau von der Art ist wie die Männer, von denen ich zuerst sprach.

Der Mann ist derjenigen zugetan, die ihn zum — Antworten bringt, und je schwerer er mit den Jahren antwortet, desto mehr ist er derjenigen zugetan, die ihn am besten befragt.

Mystiker
Das Körperliche in der Liebe — die Körperliebe — vollständiger physiologischer Akt — mit Anteilen des Psychischen, Motorischen, Sekretorischen und — etwas wie Nahrungsaufnahme.
Doch das erste — durch seinen intermittierenden Vollzug — durch das Zusammenwirken, durch die Geschärftheit — verlangt nach einer stärkeren *Mystik* und führt sie auch herauf. Es ist die einzige Kostprobe der Mystik, die alle oder fast alle kennen.

Es läßt sie dunkel verspüren, daß die deutliche Wahrnehmung der Dinge, die nicht-isolierten Empfindungen, die sich zu »wirklicher« Welt zusammenfügen, und diese Welt selbst nichts sind als ein Mittel. *Was ist,* ist ein Zurechtlegen für die Ausführung der jeweiligen Lebensakte. Der Ausnahmeakt geht darüber hinaus und läßt sich nicht — ebensowenig wie der Schmerz — in der allgemeinen Gleichung unterbringen — er bleibt individuell.

Die Wollust erscheint zunächst unteilbar zwischen den Liebenden: über sie kommunizieren sie, werden sie verknüpft über ihre Unterschiede hinweg;
steigt sie indes zum Äußersten an, *ist jeder allein.* Das Akute vereinzelt. Jeder für sich, in sich, *im Kampf mit sich …*

Bei bestimmten Spasmen der Liebe fühlt man sich dem Tod nahe. Herz und Kopf gehen verloren.
Keine Rede mehr von Vergnügen.

Warum nur drücken Liebende sich so fest aneinander? Warum kann die Umarmung gar nicht eng genug sein, die Kraft gar nicht genug angespannt? — Es handelt sich dabei ja nicht um ein Bewegen oder Reiben, das Lust brächte. Das ist etwas anderes. — Ein blindes, verzweiflungsartiges Gefühl, aus dem die Lust nur ein vorläufiges Entrinnen ist. Sie bilden das Eine mit zwei Köpfen, das Janushaupt mit den Gesichtern nach innen. Jeder Kopf will die Augen des andern als Binde.

Wie die Liebenden sich ineinander verschlingen, und wie es dabei zu ganz unerwarteten Berührungen von Körperzonen kommt, die weitab liegen von ihren eigenen Erkundungen, wie sie einen einzigen, vor Empfindungen und Verbindungen ganz gesträubten Körper bilden
und sich bewegen, um diese Empfindungen zu verstärken, wie ihre Formen und ihre Begierden oder Kräfte es gebieten — so könnte doch auch ihrer beider Geist in gegenseitigem Abtasten aus der Gegenüberstellung den Weg des Verbindens und Ineinanderfügens finden.

Es gibt für jede Seele Augenblicke, da versachlicht sie sich inmitten ihrer Leidenschaften, wendet sich innehaltend gegen sie und legt sich Rechenschaft ab. Sie wägt und mißt klaren Sinnes, man weiß gar nicht mit welchen Maßstäben; sie leidet nicht mehr, sie freut sich nicht mehr, sondern greift unvermittelt zu einem Richtmaß.
Mitten in der größten Lust geschieht es wohl, daß ein glasklarer Gedanke sie durchzuckt, sie abtrennt von ihrem augenblicklichen Höchsten Gut, — und ich möchte meinen, diesem Gedanken geht seinerseits ein ganz beliebiger Gedanke voraus, und gerade dank diesem Gedanken, der in sich gänzlich belanglos, aber Anlaß zu Ablenkung und damit Ausweis von Freiheit ist, können wir Atem schöpfen und ein Urteil über den Augenblick gewinnen.

Wie ein Anblick, ein Geruch, eine Berührung, ein Gedanke sich in »Begehren« verwandelt oder vielmehr ersetzt wird — entwickelt wird zu »Begehren«, welches gekennzeichnet ist durch Insistieren auf der ursprünglichen Empfindung, der Suche danach und der Wiederaufnahme; und welches unter Verstärkung auf die »entfernteren« implexen Kräfte des ganzen Wesens ausgreift, um sich in örtlichen Modifikationen zu bekunden — darunter solchen der für die Resolvenzhandlung vorgesehenen Organe, deren *Existenz* sich bemerkbar macht, und zwar gebieterisch.

Wenn ein Mensch sich dem Liebesakt hingibt, sein ganzes Glücksempfinden aufbietet, während er eindringend sich selbst mit dem Lustgefühl überzieht, vermittels eines anderen Körpers und vermittels fieberhafter, unter *frenetischem* Gesetz stehender Bewegungen, so weiß er doch von sich selbst; das bedeutet, er teilt sich auf; und geht er einerseits bis ans Äußerste seiner selbst, so nimmt er andererseits doch dies Wissen von sich wahr, nimmt wahr, daß er unabhängig, unbeeindruckt bleibt, daß er darüber verwundert ist. Es erstaunt ihn, so ganz gegenwärtig und so weit entfernt zu sein, so rückhaltlos blind und so klar bei Verstand, in solchem Maße sein Sklave und doch so souverän — Er gibt sich dran und nimmt sich zurück — Er schmilzt dahin /zergeht/ und gewinnt seine Konturen /umgrenzt sich, umschreibt sich/. Er ist, und er wird doch sein. Er gehört ganz dem Genuß.

Die Sexualmasse — Das Tier *Amor* ist ein Fremdkörper, der bisweilen die ganze Person befällt und sie verändert. Fern, nah, launisch. Kommt einmal aus der Langeweile, einmal aus der Wärme, einmal aus einem Wort oder einem Duft, oder einer Mattheit, oder einer Trübung des Bluts.
Wohlig, die tangierenden Körper — Wo sie nicht sehen, wissen sie Bescheid. Sie haben Gegenden, da tut es gut. Diese Stellen, verteilt und empfindlicher, suchen sich höchstes Wohl.
Welche Gewißheit, welche Schwelle, welches Ziel (und nicht welches Vergnügen —) sucht das — Vergnügen? — Hinausdrängend über die Wollust, mehr Wahn als Wonne, mehr Härte als Süße, mehr Wagnis, Opfer an die Verzweiflung als Werk des Genusses, so bietet sich dem Intellekt der Akt der Liebe dar.

Die Analyse des Koitus zeigt sehr gut die Funktionsweise eines lebenden Systems von hoher Komplexität.
Man hat zunächst eine Sekretion, die eliminiert oder resorbiert werden muß. Diese Sekretion ist für die Reproduktion wesentlich (oder scheint es zu sein). Doch könnte sie auf verschiedenste Art und Weise zur Eizelle gelangen.
(Hier Frage der Sexualität.)
Die hier gewählte Art ist Ausspritzen mittels spasmodischer Muskelkontraktion — — ausgelöst bei Erreichen einer Empfindlichkeitsschwelle, die ihrerseits *an der höchsten Stelle* einer Säule von zunehmend schneller einander überlagernden Erregungen liegt, bei denen es, da die Eindrücke beharren, zu einer Anhäufung und Verstärkung kommt — und die durch die Bewegungen hervorgerufen werden wie bei einem Dynamo.
Mithin gibt es 1. eine Vorbereitungsphase — die auf die Reflexe hinführt, welche den Zustand des erektilen Bindegewebes und der Keimdrüsen verändern. Diese Phase hat es mit dem Psychischen zu tun — denn die Funktion kann sich nur dank außerkörperlicher Umstände entwickeln — vgl. Nahrungsaufnahme und sogar Atmung. Je komplexer die erforderlichen Umstände sind, desto stärker ist das Psychische beteiligt.
2. Aus dieser Phase geht die *Montagephase* hervor. Die Teile der Maschine sind bereit — die Maschine wird justiert. Hier Rolle der Greif- und Fühlorgane, des Skeletts — usw. Diese Phase ist ein nicht genau bestimmbarer Zeitabschnitt — (Allgemeinbegriff).
3. Zyklische Phase — beschleunigt — Exaltation, Drang. Diese Phase ist wesentlich für die Analyse der Sensibilität, denn sie zeigt die *Addition von Empfindungselementen* und die Notwendigkeit dieser Addition *subjektiver* Elemente zur Gewinnung eines objektiven Faktums — der schließlichen Ejakulation durch Muskelkontraktion.
Also scheint diese Sensibilität die Rolle zu haben, eine Frequenz zu erzwingen — und diese scheint nötig zu sein für den Additionsprozeß.

Das Äußerste an Wollust liefert ein unvergeßliches Modell (wegen der Intensität des Empfindens) für sämtliche anderen Gemütskräfte. Die Intelligenz wünschte sich, sie hätte in ihrem Bereich einen ebenso »letzten« Zustand wie den, der vom Körper gerade erreicht wurde. Die Klarheit sehnt sich nach einer Sonnenhelle, wie die Sinne sie eben durchflogen haben.

Viele haben übers Sexuelle geschrieben und über das Sexuell-Gefühlshafte — aber niemanden sehe ich, der sich der *generalisierten Erregungskraft* angenommen hätte, die ein Produkt dieser Zustände ist und die (unmittelbar oder mittelbar) von höchstem Wert für die Entwicklung von Handlungs- und Schöpfungsenergien sein kann. Oft wird der Liebeszustand ja von äußerster Wachheit der Wahrnehmungen und der Sensibilität, von kräftiger Ideenarbeit begleitet — und all die Reizung kommt der geistigen Tätigkeit zugute, vermehrt die Kombinationen usw.

»Was für ein merkwürdig' Ding, was so gut tut!« Dieser Duft, dies Cremig-Weiße — die Rundung dieses Halses; und wenn meine Hände hinabgleiten über die Schultern zu den Brüsten — bis zur festeren Formung des Körpers, bei gleichbleibend wohligem Gefühl und leise wechselndem Druck meiner Finger, in Feinmodulationen der Berührungskräfte, die die Seele schöpferisch werden lassen an dem, was sich diesem Akt von Stelle zu Stelle schöner und schöner darbietet. Ich erschaffe dich wieder und wieder — Ich kann nicht lassen von diesem Handeln par excellence, will ihn nicht mehr missen, den Gesang meiner Hände.

Die Erkenntnis hat den Körper des Menschen zur Grenze.

Wahrnehmen und Aufmerksamkeit

Wir nehmen weit mehr wahr, als wir begreifen können, sagt Valéry in einem seiner Essays, die er seinem geistigen Vorbild Leonardo da Vinci gewidmet hat. Sein *seh-süchtiges Auge* sowie sein phänomenologisch grundiertes Interesse spüren Fragen nach, wie sie später der sogenannte Radikale Konstruktivismus gestellt hat, zum Beispiel: Inwieweit konstruieren wir durch die Art unseres Wahrnehmens unsere Welt? Was können wir über das Zustandekommen solcher Konstruktionen in Erfahrung bringen? Auch bei Valéry wird das Wahrnehmen zu einem welterkundenden Prozeß, denn der *Anblick der Dinge löst ein inneres Reden aus.* Dabei ist insbesondere die Art des Sehens (franz. *manière de voire*) von Bedeutung – und erneut geht es ihm (wie beim Denken) mehr um das ›Wie‹ als um das ›Was‹. Von diesem Betrachterstandpunkt aus führt ihn sein neugierig-sensibles Naturell wie von selbst zu dem Thema der Aufmerksamkeit (franz. *attention*), wobei er zugleich daran angrenzende Themen wie das der Dauer oder des Wachseins berührt. Seine intensiven Beobachtungen und Analysen dieses spezifischen Vermögens erzeugen dann so etwas wie eine Meta-Aufmerksamkeit, das heißt ein Aufmerksam-Werden auf die jeweils eigenen Formen der Aufmerksamkeit – eine Art der Selbst-Wahrnehmung also, wie sie ja auch in vielen meditativen Techniken praktiziert wird.

Sehen, was jedermann sehen kann, aber nicht sieht.

Das Kind sieht und weiß nicht.
Der Erwachsene weiß und sieht nicht.

Diese Kuh, diese Fliege schauen ungefähr das gleiche an wie ICH und sehen doch nicht das gleiche. 3 unterschiedene Entwicklungen.

Gott weiß, was für Metaphysiken und Geometrien die Erfindung der Spiegel und des Fensterglases bei den Fliegen erzeugt haben mag!

Beobachtung

Ich betrachte den Rauch meiner abgelegten Zigarette. Es ist ein weiches Band mit Fäden an den Rändern, das sich bauscht, verschlingt und wieder löst, Flächen mit Stufen, mit Wirbeln bildet usw.

Und ich bin verwundert, betreten darüber, daß ich nicht erfassen kann, wie dies gleitende Verwandeln, dieser Fluß sukzessiver Formen und Figuren, die leicht und frei entstehen, mit einer Anmut, einem Einfallsreichtum, einer Geschlossenheit und Stetigkeit, wie eine Invention usw. — mir eigentlich wahrnehmbar ist. Wie *folge* ich (mein Auge —) dieser Folge? Ich bin da, als hörte ich Musik. Es ist der gleiche Zustand.

Dieser ewige und absurde große Versuch, zu sehen, was sieht, auszudrücken, was ausdrückt.

Wir nehmen nicht das wahr, was wir wahrnehmen, sondern was wir wahrnehmen müssen; wir nehmen nicht das Netzhautbild als solches wahr — sphärisch — doppelt — umgekehrt — — klein — anisotrop.

Wir sehen nicht das, was wir sehen. Wir sehen das, was das Gesehene uns erwarten läßt.
Das Gesehene *handelt*, und es wird gesehen als Folge dieser Handlung. Wahrnehmung ist also Produktion, die durch etwas ausgelöst wurde, und sie ist im Wiederholungsfalle möglicherweise nicht mehr mit sich selbst deckungsgleich. Man glaubte zu sehen.

Um Gesehenes zu verstehen, müssen andere Gegebenheiten hinzukommen als nur die optischen.
Wir sehen nicht die Bilder, die auf unserer Netzhaut entstehen. Man würde besser sagen, daß *sie es sind, die sehen.*

Wir »kennen« uns nach Maßgabe der Mittel, die wir haben; um uns zu erkennen. Doch vielleicht ist es unmöglich zu unterscheiden, ob diese Mittel und diese Erkenntnis voneinander unabhängig sind.
Zwischen dem Gesamten des Sichtbaren und dem Sehen besteht wechselseitige Abhängigkeit — aber nichts dergleichen besteht zwischen einem bestimmten sichtbaren Gegenstand und dem Sehen.
Mit anderen Worten: Keine Sicht ohne einen Gegenstand; keine Gegenstände ohne Sicht — doch gibt es keinerlei besonderen Gegenstand, der für das Sehen unabdingbar wäre.

Wahrnehmung — Das Sehen lehrt uns viel mehr, als das Auge empfängt. Ich sehe, daß dieser Baum umstürzen wird, und dennoch empfange ich ja nur Farbflecken, und nicht einen Baum und auch keine vernünftige Wahrscheinlichkeit dafür, daß er stürzt.
Zwischen diesen Flecken und diesen Vorstellungen liegt eine Zeitspanne.
Die Dinge zurückführen in den anfänglichen Zustand von Flecken.
Dann erfährt man alles übrige als Reizbeantwortung. Und zwar eine, die sich den auslösenden Reizflecken überlagert, sie absorbieren, zudecken, sie schließlich in die Akte mit einbeziehen will.
Beeinträchtigt man die Umstände des Überlagerns — etwa indem man beim Betrachten den Kopf verkehrt nach unten hält, so bleiben die Flecken, die Zeitspanne wird stark verlängert. Dann Gewöhnung. Die Zeitspannen scheinen sich zu verkürzen, werden nicht mehr als solche wahrgenommen. Statt dieser Zeitspannen nimmt man die »Dinge« wahr.

Man sieht nicht einen »Baum«, sondern Flecken.

Mein Auge will da ein bestimmtes Grün.
Mein Verstand prüft die Situation und *erklärt* dieses Grün durch sein Gedächtnis. Er schließt auf einen Baum. Ich mache da einen Baum.

Einen Gegenstand zu sehen heißt, das nicht zu sehen, was das Auge wahrnimmt — stets = ein Fleck — das heißt, *augenblicklich den letzten Term einer Folge von Substitutionen zu liefern.* Der Gedanke, ein Buch zu öffnen, öffnet es nicht. Der Anblick dieses Buches ist nicht ein »Buch«.
Was man denkt, was man sieht, sind nur Vorwegnahmen, *Versprechungen*, Ansätze zu *späteren* Transformationen, die andere Leistungen erfordern.

Gewiß »empfangen« die Sinne. Aber sie fragen auch an. Das ist ein hochwichtiger Punkt, der stets übersehen wird.

Die Sinne empfangen Mittelwerte und wandeln sie um in einheitliche Eindrücke.

Man vergißt immer, daß sich das Auge *durch* das Gesehene verändert.

Was wir von den Sinnen *empfangen*, ist nicht die »äußere Welt« — es ist das, womit wir uns eine äußere Welt *machen* können.
Wie das geschieht? Es geschieht durch Substitution von Gesehenem durch Gewußtes, und dieses Wissen birgt virtuelle Fähigkeiten.

Das Auge ist zum Sehen geschaffen — absurde Formulierung; vielmehr muß man sagen (Auge, Sehen, Veränderung des Auges, Veränderung des Sehens) sind miteinander verbunden.

Das Auge »ist zum Schauen da«, aber doch nur, um das zu schauen, was es sieht. Und nun scheint es, als gäbe es … noch ganz anderes.
Man ist in der Lage des Blinden, dem der Verdacht kommt, daß es eine Welt gibt, in der zwei für seine Hände gleiche Gegenstände vielleicht sehr verschieden sind.
Woraus etwas wie ein peinliches *Tête-à-tête* unserer Erkenntnis mit sich selber entsteht.

Objektivität läuft letztlich auf dies hinaus:
Bei keiner Überlegung den Beobachter vergessen, sondern ihn explizit mit seiner Rolle zeigen und zeichnen.

… fixiere von oben im Theater einen Punkt im Parkett und schaue seitlich aus dem Auge — die Zuschauermenge, die sich hinsetzt, siehst du dann wie das Meer, nimmst darin keine einzelnen Köpfe wahr, nur eine allgemeine gleichzeitige Be-

wegung, die nicht Abstraktion ist, sondern Wahrnehmung, und zwar bestimmte Wahrnehmung. Als ob dies ein einziges Wesen einer besonderen Spezies wäre. Darauf kannst du eine Doktrin aufbauen, aber es ist doch nur eine Sehweise.
Oder alles nur in Farben sehen und keine Flächen. Oder nur die direkt beleuchteten Teile — oder die Dinge von gleichem Wert zusammensehen, und die anderen, die dazwischen sind, nicht sehen, oder diese Zwischendinge gleichmachen.
Und es sind Sehweisen.
Doch alle Philosophie ist auf dieselbe Weise gemacht. Es gibt ebensoviele Arten der Abstraktion, wie es Systeme gibt, und die Urerfahrung oder Urbegebenheit ist eine unter mehreren, die sich dem einen stärker aufdrängt als dem anderen.
Bin ich Materialist, so vollziehe ich in mir ganz bestimmte, nicht wahrnehmbare Akte, die mir gewisse Vagheiten verbieten und bestimmte Fragen unterbinden.
Bin ich Geometer, so mache ich mich zur Identität — und so weiter.
Jede dieser Maschinen dient dem Verstehen, und nichts beweist, daß sie nicht *alle* unentbehrlich sind.
Metaphysik ist die Übertreibung einer Wahrnehmungsweise. Ihr Urheber gebraucht alles zu ihrer Verstärkung, nichts zu ihrer Verminderung.

Theorie der Blickpunkte —

Gäbe es eine echte »Philosophie«, so wäre eines ihrer Probleme, eine Theorie der »Blickpunkte« zu entwickeln —
ihrer Definition, ihrer Zahl, der Variation jedes einzelnen, des Übergangs vom einen zum anderen, der Invarianten ihrer Gesamtheit, — ihrer Kombination untereinander, ihrer Erzeugung.
Die *Dinge* sind Blickpunkt-Invarianten. Die *Personen* sind Blickpunkt-Gesetze.
Ensemble der einem Individuum möglichen Blickpunkte.
Sternenhimmel.

Der Blickpunkt der Blickpunkte — die Betrachtung in Hinsicht auf die Blickpunkte ist unermeßlich ergiebig.

3h. — Sternennacht — Sogleich melden sich alle unnützen und absurden Gedanken — beim Anruf der erhabenen Wahrnehmung.
Ich versuche mich darin, dieser Schaustellung kalter Lichter keinen Sinn zu unterlegen.
Das System des Großen Hundes steigt von der Erde empor, Sirius im Schlepp — in so.
All das drängt ohne Zweifel sehr stark zur Frage. — *Hier* zwei leuchtende Körper, dicht beieinander, sind benachbart dank meiner — und ja auch gleichzeitig. Ich bin der Umstand, dank dem es zwischen ihnen eine Beziehung gibt. Der Ausdruck: *in einem bestimmten Augenblick* hat Sinn nur durch mich.

Tierblick —
Der Blick von Hund, Katze, Fisch legt den Gedanken eines Gesichtspunkts nahe, eines Gesehenwerdens-von —, mithin eines reservierten Winkels, eines intimen Bereichs oder Für-sich-Seins, einer Kapelle, wo Dinge, die ich kenne, nicht sind, und wo Dinge sind, die ich nicht kenne.
Ich weiß nicht, wovon ich Zeichen bin in jenem Winkel. Es gibt da eine Weise des Mich-Kennens. Und ich bin gezwungen, mich als ein Wort anzusehen, dessen Sinn in einem animalischen Gedankensystem mir unbekannt ist.
— Der Blick des anderen Lebewesens ist die seltsamste aller Begegnungen. Sich gegenseitig anschauen — Dieses geheime Einverständnis, Kollineation.
A sieht B, der A sieht. A sieht B, B sieht A.
B sieht A, der B sieht.
Welch ein Wunder, dieser wechselseitige Blick!

Blickt euch doch nur einmal lange an, ohne zu lachen! Wie soll man es aushalten, für kurze Zeit ineinander einbeschrieben zu sein — Dauer eines Widerspruchs?

Beschreibung — Die allervertrautesten Anblicke sind die seltsamsten, wenn man sich seinen Augen überläßt — seinen Augen allein. Was das Auge einzig sieht, seltsam und einmalig, das macht der Geist also zum Normalen und Geläufigen — das heißt halb *unsichtbar*. —
Was das Auge sieht, ist in gewissem Sinne *unendlich besonders*.

Die Geschichte der Erkenntnis enthält in sich die Geschichte der Genauigkeit sowie der Variation — gemeinhin der Steigerung — der Genauigkeit.
Jeder Zugewinn an Genauigkeit der Beobachtung erschüttert eine »Auffassung« (Theorie, Glauben, Ansicht) und macht sie hinfällig.
Es gibt nichts, was man nicht aus größerer Nähe *sehen* oder *anders sehen* könnte — und das ist beinahe eine Definition dessen, was ist — gemäß der Erkenntnis.

Das kleinste reale Objekt hat mehr »Dimensionen« als der Geist von wem auch immer. —

Der Mensch läßt sich 99/100 von dem entgehen, was er *aufnimmt*: Was er wahrnimmt, ist nur ein kleiner Rest. Allein von dem, worauf das gewöhnlichste Geschöpf so verzichtet, könnten tausend Köpfe leben — und alle Künste zusammen sogar nehmen nur einen kleinen Teil dieses wunderbaren Restes auf.

Viel sehen heißt aufhören zu sehen, heißt vom Sehen zum Erkennen überzugehen, ohne innezuhalten.

Die meisten Eindrücke bleiben ohne Beantwortung, so wie die meisten Samen ohne Zukunft.

So wie es für das Funktionieren von Lebewesen, die sich in ihrem Milieu tummeln, notwendig ist, daß sie sehr viel mehr wahrnehmen, als was sie interessiert, und daß sie sehr viel mehr Akte vollziehen können, als für die genaue Befriedigung ihrer Bedürfnisse notwendig ist, so kann man sich vorstellen, daß wir eine Anzahl manchmal seltsamster und abwegigster Gedanken, Meinungen und Erfindungen erzeugen müssen, um die wenigen bilden zu können, ohne die unser Leben nicht sein kann — —

Die Sprache ermöglicht uns, nicht *hinschauen* zu müssen.

»Ich bin namenlos — sagt ein Gegenstand —, und wenn du mich so oder so nennst, dann hast du etwas anderes als mich im Blick und wendest dich ab von mir.«

Jedermann glaubt, daß die meisten *Dinge, die er sieht,* als eben dieselben (oder virtuell dieselben) von allen anderen *gesehen* werden, *die er* (als seinesgleichen) *sieht.* Diese Überzeugung ist zugleich Ursprung und Bedingung der Sprache —, denn der Gebrauch der Sprache verifiziert im Gegenzug diese Überzeugung in fast allen Fällen. —

Wäre das Ganze im Augenblick da, vollständig gegeben, so gäbe es keine Sprache.
Ob alles Wissen sich durch Anschauung der Dinge ersetzen ließe?

Positive Null- oder Leerempfindungen
So nenne ich diejenigen Empfindungen, die sich analog zu der des Auges im Dunkeln verhalten — das nichts sieht und sich gleichwohl hellwach fühlt, zum Sehen bereit. So auch das Ohr, das in die Stille hineinlauscht, und die Hand im Leeren.

Nichts wahrnehmen ist nicht dasselbe wie nicht wahrnehmen. Nichts wahrnehmen heißt, den Zustand dieses Organs wahrnehmen und nicht eines anderen.

Die STILLE — Ausdruck. Der die Kontinuität der Gehörfunktion darstellt. Das Hören — 0, doch die Hörbarkeit geht weiter und wird *wahrgenommen* — in Form von Erwartung. Wahrnehmung des reinen *Hörvermögens* — Ausbleiben der Antwort.
Fühlen, daß man nicht fühlt.

Wie vieles erschiene vor unseren Augen des Geistes verändert, wenn die Höchstdauer angespannter Aufmerksamkeit nur ein wenig zunähme!

Aufmerksamkeit — ein Zustand, den man erst dann wahrnimmt, wenn man aus ihm heraustritt oder wenn er sich abschwächt.

Aufmerksamkeit — Anleihe bei einer unbekannten, aber unverzüglich fließenden Energiequelle zur Ausführung einer Arbeit.

Im Normalzustand bin ich eine Wechselbeziehung zwischen einzelnen, beliebig angeeigneten Werten — in der Aufmerksamkeit wird diese Wechselbeziehung dann »kontinuierlich« und ich *entdecke* bei mir Variablen, die sich in Abhängigkeit voneinander organisieren.

Die Gegenwart ist das, wozu die Aufmerksamkeit immer wieder zurückkehrt — (oder auch die Eindeutigkeit — oder das Vermögen, Aufmerksamkeit herzustellen).

Das reflektierende Denken probiert es abwechselnd mit der scharfen und der unscharfen Kontur. Fixiert genau, verliert das Objekt wieder. Aufmerksamkeit ist das Bemühen um Verlängerung, um Kontinuität im Klarumrissenen.

Aufmerksamkeit läßt den Geist vom inaktiven in den aktiven Zustand übergehen. Worauf man die Aufmerksamkeit richtet, das verwandelt man sich an; man akkumuliert für ein plötzliches Handeln, hält sich zurück, läßt an sich herankommen, imitiert Stück für Stück den Gegenstand der Aufmerksamkeit, bildet sich eine genaue Vorstellung davon — man wählt die günstigste Stellung, um alsbald kräftig und sicher loszuschnellen. Es ist der Zustand der Bereitschaft —

Aufmerksamkeit ist Vektor und Potential.

Während mein Auge dem emporgeworfenen Stein folgt — suchen die Augenmuskeln das Bild des Steins an ein- und derselben Stelle der Retina festzuhalten. Hier besteht die Aufmerksamkeit in einer Verkettung oder *momentanen* — zeitweiligen Unterordnung.

Aufmerksamkeit

Die Analyse des Blicks des Auges ist geeignet, den Begriff der Aufmerksamkeit zu präzisieren.

Dieser Blick ist Akt des Auges — eine Veränderung, um besser sehen zu können —; um nur das zu sehen, was ...; um einem Gesetz gemäß zu sehen — dazu werden Akkommodation, Augenbewegung, Empfindlichkeit der Retina eingesetzt.

Unterscheidung. Sehen ohne hinzuschauen. Hinschauen ohne zu sehen. Besser sehen durch Teilansicht. Einer Linie folgen. — Scharfeinstellung auf einen bewegten Gegenstand.

Weiterhin: mein Auge wird *hingerufen* zu einem der erblickten Punkte, und ICH kann mein Auge auf einen Punkt gerichtet halten — auswählen — suchen. Usw.

So kommt man leicht zu den Grundgedanken: Herstellung von Ungleichheiten in einem Wahrnehmungsbereich — Einführung von *Gesetzen* entweder durch die Sensibilität oder durch ein unabhängiges Modell — Transformation eines Augenblicklich-Gleichzeitigen in ein *umkehrbares* Nacheinander. Koordinierung von unabhängigen Funktionen zum Aufbau von eindeutigen Entsprechungen (Schärfe); Konservation der Scharfeinstellung oder nur eines klar umrissenen Gegenstandes; Beschränkung — Möglichkeit, sich der Diffusion zu widersetzen.

Und schließlich — kann die visuelle Aufmerksamkeit für die innere Aufmerksamkeit genutzt werden, vermittels eines seltsamen Simulationsverfahrens. Man schaut in sich hinein, gleichsam mit den eigenen Augen. Um nicht zu sehen, heften sich die Augen dabei auf einen Körper, damit die Vorstellung offensichtlich wird.

Die Angst ist eine Degeneration der Aufmerksamkeit.

Ein schmerzender Zahn — eine Sorge — ein Bedürfnis usw. sind alles Keime oder Leuchtsignale für Aufmerksamkeit. Einerseits entstellen sie das gegenwärtige *Feld* — andererseits befördern sie bestimmte Akte und behindern andere.
Diese Ungleichheit will beseitigt werden, und aus dieser Tendenz ergibt sich eine Veränderung der *Zeit* — oder vielmehr der *Zeiten* in jedem *Register*. Bald sofortige Antwort — bald Bemühen um neues Gleichgewicht und ein Handeln, als sei man frei — bald Ausnutzung dieser Ungleichheit.

Der simpelste Zug am Schmerz ist, daß er Aufmerksamkeit erzwingt, gewaltsam ablenkt, Freiheit raubt. Behinderung ist sein erster Term. Das Besondere macht sich zum Herrn über das Allgemeine, der Teil über das Ganze.
Es gibt also ein Ganzes — und dieses Ganze charakterisiert den normalen, unauffälligen Zustand. Das Vorgehen des Wesens besteht darin, zu einem dieser Teile zu werden, dann das Ganze zum Einklang mit diesem Teil zu führen — Erdenwurm. Diese Bewegung beginnt immer *per accidens* und setzt sich fort *secundum naturam*.
Die Intensität des Schmerzes steht in umgekehrtem Verhältnis zur Freiheit, die er beläßt. Es gibt Tierarten, bei denen anscheinend das Lustgefühl, das sich der Einzelwesen bemächtigt, ebenso stark sein kann wie der Schmerz beim Menschen.

Sie merken nicht, daß man ihnen den Kopf abschneidet — während der Liebe. Das ist eine schöne Freiheit.

Der Zustand, in dem alles *durch* das Bewußtsein vor sich geht, ist Traum. Im Wachen muß man annehmen, daß eine Menge nicht wahrgenommener Verbindungen und Relationen auf die wahrgenommenen einwirken, bereit sind, zu erscheinen, oder unsichtbar diejenigen behindern, die erscheinen.
Wenn ich gehe, dann ist es gerade das, was ich von diesem Phänomen nicht kenne, was das Gehen ausmacht.
Für den, der wacht, gibt es eine ganze *seitliche* Welt, die *auch existiert*, und was er sieht, davon spürt er, daß es nur der geringste Teil des Ganzen ist.
Der Wachende hat ein Bewußtsein davon, daß das, was ihm augenblicklich — (in jedem Augenblick) bewußt ist — ein *wirklicheres* System anzeigt, aufbaut, impliziert; — Element einer Gruppe ist, von der er kein Bewußtsein hat, aber von der er gleichsam die Formel ist — und von der er sich folglich nicht unendlich entfernen kann.

Der kleine Kerl von 20 Monaten, der herumläuft, spricht — Diminutiv von Akten, von Begriffen — Er versteht alles, was er vor sich gehen sieht, als Akte, die er nachahmen kann.
Die Zwecke sind ihm verborgen. Er kennt davon nur 2 oder 3 — etwa essen — anfassen.

Er ist ganz und gar in dem, was ist, und in dem, was er ist.

Nichts als Unmittelbares. Wie läßt sich diese Buchstäblichkeit ausdrücken? Dieser reine Pragmatismus? Diese Vorstellungen, die nicht von der herkömmlichen unterschiedenen Funktion der Gegenstände behindert werden, sondern die dem Eindruck selbst folgen?

Wer hat dir das Spielzeug gegeben? — Die Schachtel. Ein von hinten gesehenes Buch ist ein Spazierstock.

Weder die Funktion noch die Entwicklung der Form eines Gegenstandes, wenn man sich bewegt oder wenn man ihn handhabt, gehen in den Ausdruck ein, stören die Vorstellung — Das ist der Traum. Die Erinnerung stört die Ähnlichkeiten nicht.

Er ist also *frei* im Aktuellen und Unmittelbaren — *behindert*, ohnmächtig, inexistent im Mittelbaren und Vorherzusehenden.

(So ist der Träumer zugleich freier und weniger frei als der Wachende.)

Es ist doch nicht ganz sicher, daß alle Körper fallen. Ein Körper, der nicht fiele, würde ihn nicht erstaunen. Ebensowenig wie wir uns nicht darüber wundern, daß ein an einem Faden hängender Körper nicht herunterfällt.

In der Tat zeigt nichts den Augen an, daß die Körper fallen müssen.

Das ist also ein Zustand oder eine Phase der Erkenntnis — die beim wachenden Lebewesen vorübergehend ist — die es im Traum wiederfinden kann und die es bisweilen sogar an sich selbst beobachten kann, im Wachen und im Erwachsenenalter, in bestimmten Augenblicken, bei manchen Anfängen.

Die Erkenntnis kann sich also auf diese Stufe hinabbegeben mittels einfacher Enthaltungen.

Der Zustand des Wachens und der Reife oder der Vernunft ist aus *Konventionen* gemacht. Ein Kind würde nie ein Stück Zucker oder Schokolade gegen einen Tausendfrankenschein hergeben. Daß dieses Stück Papier ein Zuckerberg und ein Schokoladenhügel *ist*, kann es sich nicht vorstellen. Wenn es soweit kommt, dies zu *glauben*, dann ist das wie Magie. Und es hat recht.

Wachsein besteht aus unendlich vielen inneren und äußeren Wahrnehmungen, von denen allerdings unendlich viele so vernachlässigenswert oder null sind, *wie man nur will.*

Dieses unendlich viele Null ist null im weiteren Verlauf. Damit ist nicht gesagt, daß es keinerlei Rolle spielte. Es ist *nichts als* ... für mich, der ich nur meinen *verstehbaren* weiteren Verlauf sehe und der ich diesen Verlauf verstehbar mache. Spieler, der die Nieten nicht zählt — für sein Spiel.
Der Wachende versucht, nur so weit zu *sein*, wie er versteht (dies Wort im weiteren Sinn — so genügt hier auch das schon Gesehene, Bekannte).
Es reicht aus, sich die Bedingung aufzuerlegen: Alle Spielzüge zählen, das heißt *Chancengleichheit in Erwartung und Entwicklung* für alle Züge, um sich im Traum zu befinden.

Erwachen

Ich hatte schon seit einiger *Zeit* mit mir gesprochen, — gewiß eine ziemlich lange Zeit (wie ich *danach* an dem fortgeschrittenen Zustand meines Redens merkte, der eine größere Zahl von Vorstufen voraussetzte, eine mit Fragen und Antworten durchlaufene Wegstrecke, — *Alter dieses Redens*), und ich wußte in diesem Zustand gar nicht, ob ich *wach* war, da die Vorstellung *wach* sich darin nicht fand und der Unterschied zwischen Wachen und Schlaf nicht zur Debatte stand, — als ein Geräusch — worin ich den Regen erkannte — das den Regen und das Außen einführte — mich verwandelte
in ein Tier, das die Ohren aufstellt, mich entzweite. Es *regnet* — ALSO *wache ich*. Das *Wo* und das *Was* stellen sich auf = das Bewußtsein.
Einschnitt. Aber dieser Einschnitt erzeugt einen Raum
[...]
Dieselben Dinge, die schon da waren, gehen über in eine andere Welt. Was ich dachte, bleibt, aber wird ein Gedanke, ist nicht mehr das Ganze.
Es ist nicht unmöglich, daß es das Geräusch des Regens war, das mich aus meinem Schlaf aufgestört hat und mich hat denken lassen, bevor ich mich noch wiedererkannte und es wahrnahm — oder ein Donner, von dem ich nur die Übertragung und den *n*-ten Nachhall wahrnahm. Wie dies alles darstellen?

Beim Herannahen des Schlafs nähern sich die Gedanken der Sensibilität: die Gesetze der elementaren Sensibilität gewinnen die Oberhand; ein Gedanke wird einer Empfindung ähnlich in Gegenwärtigkeit, Dauer, Mischung — und so kommt es dazu, daß die Gedanken Wirklichkeitscharakter annehmen, diese widerständliche Wirklichkeit aber unfest, unvollendbar ist.

Bedenken, daß wir im Wachzustand, wenn wir nicht dazu gezwungen werden, auf die Gesetze unserer *speziellen* Empfindungen nicht achten — Fluktuationen, Komplementärbildungen, Kontraste.
Verstand ist der Name dessen, worin wir uns diesen unmittelbaren Gesetzen entziehen.

Dieser Baum vor meinem Papier, ganz Schaudern, bebender Kubus oder zitternde Sphäre, luftüberspült — Das seidige Geräusch schläfert ein, wenn sich noch ein verstimmtes Klavier hineinmischt und das langgezogene Kreischen der Züge — gedämpft schrill.
Und all dies eher schwache Flattern vor einem grauen Himmel, welcher hier und da blaßgoldene Wattebäuschchen hat, flockige helle Stellen — dieses Säuseln hat als Urheber — denselben leichten Wind, der auch über dem Großen Krieg weht. Was immer dort so träge vor sich hinbebt, verschleiert mir den ungeheuren Kampf und läßt mich ihn doch Stück um Stück erleben. Die Städte fliegen in die Luft und gehen in Flammen auf. Was ich sehe, verbirgt mir etwas ganz anderes und läßt es mich zugleich sehen.

Zufall. Wirkung der Sensibilität, die sich aus dem Kontrast (Sensibilitätsform) zwischen der Wahrnehmung eines Faktums (mit seiner Folge) und meiner Disposition ergibt. Es gibt keinen Zufall, wenn ich nicht »sensibilisiert« bin — *un-ausgeglichen. Ich bin nicht in jedem Augenblick auf alles gefaßt.* Das Geringste bewirkt das Meiste, die Ordnung entsteht aus der Unordnung.

Das Leben verwandelt die Dinge in Zeichen ihrer selbst. Kaum merklich üben sie alsbald Wirkungen aus, die offenzulegen es einer gründlichen Untersuchung, einer vollständigen Überprüfung bedürfte. Diese Überprüfung ist nun gewiß vorab durchgeführt worden — aber nur hinsichtlich der *benannten Objekte* — oder der aus solchen unmittelbar zusammengestellten Objekte.

— Kehrt man zur *Beobachtung* zurück, so stößt man auf das inverse Verfahren — man ent-minimalisiert — man ent-namentlicht. Solange wir nicht das Unartikulierte, das Unbenannte wiedergefunden haben, befinden wir uns *in Sprache* und nicht in *reiner Beobachtung.* Wir können freilich nicht in *reiner Beobachtung* verharren.

Je mehr ich mich beobachte, desto fremder komme ich mir selbst vor — und um so weniger erkenne ich mich wieder. Ebenso werden ganz vertraute Dinge fremd, sobald man sie ausdauernd betrachtet oder ihnen mikroskopisch naherückt. Die Dinge sind, was sie sind, nur bei mittlerer Betrachtungsdauer und -tiefe.

Die Dauer ist eine *Empfindung.* Also ist sie *nicht konstant.* Sie stellt ein Ereignis von besonderer Natur dar und ist stets ein Attribut von irgend etwas. Keine Dauer ohne einen Stützpunkt — ohne *Spezialisierung.* (Das Wort ist unter diesem Gesichtspunkt mit dem Wort Form vergleichbar.) Als

Sinnesempfindung besitzt sie *Lokalität, Intensität* und wird wahrgenommen als *Abweichung* von einem bestimmten Nullpunkt oder Gleichgewicht oder einer Freiheit — einer Daseinsweise.

Lange Zeit und kurze Zeit

Diese Wahrnehmungen müssen in ihren jeweiligen *Augenblikken* erforscht werden. Sie folgen nämlich aufeinander und vermischen sich.

So hält der Mensch, der rennt, um *seinen* Zug zu erreichen, die ihm verbliebene Zeit für sehr *kurz*, und die Ermüdung durch das Rennen läßt ihm die Zeit dieses Wettrennens *lang* erscheinen. Er rennt der Zeit hinterher. Die Vorstellung der Zeit im Ausdruck $\frac{s}{v}$ regt die Produktion an, die v einhält oder steigert, und läßt mit der Ermüdung die *plötzliche* Empfindung der Dauer stärker werden. Ursache seiner Anstrengung ist die zu kurze Zeit; Wirkung ist die zu lange Zeit; und je nachdem, ob die Ermüdung ihn veranlaßt, langsamer zu werden, oder ob die Vorstellung ihn dazu veranlaßt, schneller zu werden, schwankt er ständig zwischen zwei Schwellenwerten; schließlich gibt er entweder auf oder er macht eine letzte Anstrengung.

Man kann auch sagen, daß er die Zeit bald nach der bereits erbrachten Anstrengung bemißt (Ermüdung), bald nach der noch zu erbringenden. Die aufgewendete Arbeit, die noch aufzuwendende Arbeit.

Das eine ein *Zustand*; das andere eine Vorstellung, ein Kontrast.

Man entfernt sich von der Regelungsform des exakten Austauschs.

Der zurückgelegte Weg wirkt sich auf den noch zurückzulegenden aus.

Intervalle D.R.

Le DR est tantôt perçu, tantôt non.

Certains le sont toujours – D'autres jamais – d'autres parfois.

345

Le temps n'existe qu'à <u>chaque</u>
instant ou plutôt que par ~~chaque~~ <u>instants</u>
se faisant sentir comme différences et
forme de différence ~~AB + B~~ O

Erwartung ist Antizipation, Hälfte eines Ganzen, akkumulierter Zeitgewinn. Überraschung ist Rückwirkung, Defizit, verlorene Zeit.

Etwas entsteht vorzeitig — vor seinen Existenzbedingungen —, agiert, bevor es ist. (Definition des normalen *Vorher.*) Folglich ist die Gegenwart zweideutig, uneinheitlich, beeinträchtigt. Sie ist nicht mehr ewig oder, anders gesagt, ihr bewegliches Gleichgewicht ist gestört. Im Verhältnis zu ihrem normalen Gesetz des Austauschs ist sie gleichsam *in Bewegung,* da sie ja *nur ein Gesetz von Austauschprozessen ist.* Die Dinge, die sie enthält, gehören nicht mehr zu ihrem Geschäft. Sie besteht in der Möglichkeit, auf das plötzlich Eintretende eine einzigartige und determinierte Reizreaktion anzuwenden; sie ist also eine mehr oder weniger reichhaltige, komplexe, organisierte Erwartung — eine festgelegte Ordnung, von der es scheint, daß das, was möglicherweise plötzlich eintreten wird, eine BESONDERE Anwendung sein oder verlangen wird.

Sie ist das Allgemeine und zugleich die Empfindung, im Zentrum aller nur möglichen Dinge, innerhalb des Verfügbaren selbst angesiedelt zu sein; wobei man von vornherein jede Erweiterung des Partikularen zum GANZEN begrenzt und ihr Einhalt gebietet.

Eben dieser notwendige Schein wird durch das Unerwartete gestört.

Die lange Zeit ist spürbar, *während* sie vergeht.
Die kurze Zeit ist erst *nachher* spürbar.

Die Zeit vergeht zwar, zieht aber nicht alle Dinge gleichermaßen mit sich, sonst bliebe sie unerkannt und wäre nicht wahrnehmbar.

Wir nehmen nur diese Unterschiede wahr und wir stellen uns bald auf die Seite des Objektes, das entflieht, bald auf die Seite desjenigen, das bleibt und bald scheinen unsere Gedanken, bald die Dinge um uns herum sich an die Spitze der Veränderung zu stellen.

Der Begriff der Zeit besteht vor allem darin, die Veränderung von der Nichtveränderung zu unterscheiden, mithin auf obskure Weise zu denken, die Veränderung könnte nicht sein. Die Veränderung ist scheinbar für die Erkenntnis nicht notwendig.
Aber eine feinere oder leicht *modifizierte* Analyse — macht sichtbar, daß die Erkenntnis selbst Veränderung ist und daß man *de visu* den Ruhezustand eines Körpers nur mit Hilfe und um den Preis von »internen« Variationen — oder Akten — erfaßt, das heißt, indem man *anfängt* und *aufhört*, indem man diesen Ruhezustand ergründet, indem man nicht der Selbe ist, sondern mittels dieses Ruhezustandes zum Selben zurückkehrt.
An einen konstanten Druck können wir nur mittels einer Anstrengung denken, die, gleichzeitig vom Muskel und vom *Tastsinn* wahrgenommen, zunimmt, abnimmt.
... Schließlich gelangen wir zu der Idee einer Veränderung trotz Ruhe, einer reinen, gleichförmigen Veränderung in *zumindest* einem fiktiven Körper. Ideale Uhr.

Rhythmus. Schwierig zu analysieren, dieser Begriff.
Vielleicht ist die gewohnte Einteilung der Zeitverhältnisse unzulänglich. Man beschränkt sich auf das Aufeinanderfolgende und das Gleichzeitige. Es gibt jedoch zwischen diesen beiden eine intermediäre Intuition. Das ist die Intuition des Rhythmus.

Im Rhythmus hat das Aufeinanderfolgende einige Eigenschaften von Gleichzeitigkeit. Er ist zwar eine Abfolge von Momenten, aber obwohl die Momente voneinander getrennt sind — kann die Abfolge nur auf eine einzige Weise vor sich gehen.
Oder aber er ist eine Summe, die von der Anordnung ihrer Terme abhängt. Dabei ist festzustellen, daß die Abfolge einer künstlichen und die einer natürlichen Transformation immer in eben dieser Anordnung stattfindet.
Zwischen vorangehenden und nachfolgenden Termen bestehen Verbindungen, *so als ob alle Terme zwar gleichzeitig und aktuell seien,* aber nacheinander erschienen. —
Alle Terme der Sukzession werden dann einem Gleichzeitigen entsprechen. Dieses Gleichzeitige wird wiederum auf ein *Zeichen* reduzierbar sein.
Eine gepunktete Fläche wird durch die Geste des Punktierens mit kleinen Handbewegungen darstellbar sein. Dann wird man die Fläche und die Handlung als Momente ein und derselben Entwicklung betrachten — sie als Übersetzungen des einen ins andere ansehen können; und bei diesem Beispiel sieht man, wie sich Phänomene der Dauer *innerhalb* eines gleichzeitigen Faktums entfalten oder zurückziehen. Das ist übrigens die Zahl: (1+1+1+...+ 1) = A.
Ebenso ist zählen — *gleichzeitig* warten und sich erinnern. Daher ist die Zahl der Name für ein Objekt, das selbst ein Moment des allereinfachsten Rhythmus ist. Es genügt, diesen Namen zu geben, um eine Entwicklung — nämlich das Aufzählen — und eine Figur, auf die sich das Aufzählen beruft, vollständig zu bestimmen.

Rhythmus —

Jedes mit einer Sukzession wahrgenommene Gesetz ist Rhythmus. Ein Gesetz in diesem Sinne liegt dann vor, wenn in mir zwischen den Elementen der Sukzession in ihrer Anordnung eine Abhängigkeit entsteht, so daß ein Teil der Elemente das Ganze ergeben und dabei eine Art von Reiz bilden wird, auf den der Rest *antwortet.*

So daß vom Ganzen her alles bereitgestellt werden muß, ob durch Rezeption oder durch Produktion, das ist unerheblich. Es ist unerheblich, wer bezahlt, solange die Bezahlung erfolgt. Das Ganze ist unteilbar, sobald es einmal erfaßt ist. Es ist künstlich, physisch teilbar, doch nicht mehr funktional teilbar. Ich bin nicht fähig, es nicht zu vollenden, selbst wenn ich unfähig bin, es zu vollenden. — Ich spüre das Unvollständige in mir auch dann, wenn ich in mir verloren habe, womit ich es vervollständigen kann. Also gibt es gleichsam eine Unabhängigkeit zwischen der Empfindsamkeit der Verbindung und der Existenz oder Kontinuität der Verbindung. Der amputierte Körperteil bereitet Schmerzen.

Diese Analyse läßt eine sehr merkwürdige Beziehung zwischen Gedächtnis und Sensibilität vermuten. Zwischen Gedächtnis, elementarer Verständlichkeit und Sensibilität für Beziehungen.

Das Element Rhythmus würde eine Art von Orientierung — von Ordnung — von Abfolge anzeigen. Entlang dieser Orientierung würden die nachfolgenden Elemente entsprechend erregt. Wenn diese Kette unterbrochen wird — bleibt die Orientierung gleichwohl bestehen.

Es muß also eine *intellektuelle Sensibilität* geben — eine Vorankündigung dessen, was bewußt gemacht werden wird.

Diese Sensibilität — ein Schimmer, Orientierungen, Ansätze von Serien.

Intervalle —

Wenn Ereignisse aufeinander folgen, gleichgültig, welche Ereignisse dies sein mögen, sofern sie nur verschieden sind, dann kann es geschehen, daß wir veranlaßt werden, sie so wahrzunehmen, als ob jedes einzelne Ereignis *Antwort* auf das vorausgegangene sei.

Man wird dann sagen, das Intervall der Ereignisse sei zwischen α und β eingeschlossen. Es ist von der Zeit-Größenordnung eines Reflexbogens — und wir unterstellen innerlich eine Art von Fortpflanzung oder Vermittlungsfunktion, wonach (2) die *Wirkung* von (1) sei.

Wenn man sagt: *Ein Schlag ließ nicht lange auf den nächsten warten,* dann heißt das, daß das wahrgenommene Intervall kleiner war als dasjenige, das erforderlich gewesen wäre, damit der Schlag (2) Antwort auf Schlag (1) gewesen wäre.

Im übrigen gibt es keine Melodie, die nur aus *Staccato*-Tönen, aus isolierten Tönen besteht. Ein Ton *erwartet* einen nächsten oder er erwartet keinen.

Vernimmt man eine Schießerei, die auf den Befehl ›Feuer frei‹ losbricht, so lassen sich Vielzahl und Verschiedenheit der Schützen an der Unregelmäßigkeit der Intervalle zwischen den Schüssen *oder* an der Quasi-Kontinuität erkennen. Zwischen 2 aufeinanderfolgenden Schüssen läßt sich nicht das menschliche Intervall einfügen, das für die Handlungen dazwischen *gebraucht* wird.

Ungeordnetes Schießen ist somit durch die Unmöglichkeit gekennzeichnet, die aufeinanderfolgenden Schüsse *erwarten* zu können. Die Erwartung ist verfehlt, entweder aus Übermaß oder aus Mangel. Wahrscheinlich ist, daß der Schuß in dem und dem Moment losgehen wird, das ist alles. Wir können den Mechanismus nicht konstruieren, der uns gestattete, das Ereignis auf identische Weise entweder wahrzunehmen oder hervorzubringen. Eben diese Konstruktion ist der *Rhythmus.* Es geht darum, die (verborgene) Konstruktion ausfindig zu machen, die einen Produktionsmechanismus mit einer gegebenen Wahrnehmung identifiziert.

Allerdings kommt bei dieser Einschätzung die *Zahl* der Ereignisse nicht explizit zum Zuge. Die Zahl ist das Resultat einer künstlichen Operation (sobald sie größer ist als die allerersten intuitiven Zahlen). Den Rhythmus oder Nicht-Rhythmus zu erfassen ist von der Zählung unabhängig. Wer singt oder einen Rhythmus schlägt, weiß nicht, *wie viele* Töne er produziert. Sie werden zwar nicht gezählt, doch gibt es *genau so viele,* wie es braucht. So wie man *so und so viele* Schritte macht, um von A nach B zu gelangen. Die Zahl tritt nur auf, um künstlich zu notieren — mein Gedächtnis jedoch enthält, ohne zu zählen, die gebotene Anzahl. — Ihm geht es nicht um *Einheiten.*

Unser Leben ist ganz darauf gegründet, Ereignissen zuvorzukommen. Die meisten Ereignisse sind Vorwegnahmen anderer Ereignisse; oder *Teile* dieser Ereignisse.
Hierin ist die Überraschung eine Art von Ausnahme, von Übel, von Unrechtmäßigkeit, wo sie doch, wie es scheint, die *Regel* sein müßte.
— Die Voraussicht (im einfachsten Sinne: bereit sein, sich gefaßt machen auf …) beruht selbst auf Zufall. —
Ein Teil des Ereignisses (Ich und ein bestimmtes Objekt) ist zum Beispiel mein Gang *zu* diesem Objekt — oder seine Ansicht — oder seine Vorstellung. Wenn aber das Ganze dem Teil zuvorkommt, bin ich überrascht.

Der Begriff des Plötzlichen. Der Schock

Mechanisch — der Schock ist eine begrenzte Geschwindigkeitsveränderung in einer unendlich kurzen Zeit — mithin eine unendlich kleine Ortsveränderung. Die Kraft wird unbegrenzt — d.h. invers zur unendlich kleinen Zeit. Die anderen Kräfte neben den vom Schock hervorgebrachten können vernachlässigt werden.
Ich notiere nun Beobachtungen über den Nervenschock und den psychischen Schock:
Der plötzliche Schlag ist derjenige, welcher seine eigene Wahrnehmung als Wirkung oder Antwort hat — (nach einer spürbaren Zeit).
»Plötzlich« ist das Ereignis, dem keine Vorbereitung vorhergehen *kann*. Es ist ein Faktum, das einer *anderen* Kategorie angehören muß, aufgrund des nicht-seinetwegen, — meinetwegen.
Es verkörpert den Zufall, das reine Unwahrscheinliche, da das mir auferlegte Wahrscheinliche dasjenige ist, das mir gemäß ist.
Geht mein Handeln meiner Erkenntnis voraus, so nehme ich es als plötzliches Faktum wahr. Alle meine Reflexe überraschen mich, selbst wenn sie vorhergesehen werden.

Auf ein plötzliches Ereignis antwortet eine plötzliche innere Wirkung. Auf die Ungewißheit dessen, was war, eine Ungewißheit dessen, was ich war. Für einen gewissen Grad an Überraschung bin ich die Lösung; bei einem stärkeren Grad gibt es keine Lösung mehr für das Ganze.

Das Schlagartige ist das, was ich durch eine innere Empfindung erfahre. Mein Herz bringt mir bei, daß ich gesundheitlich ruiniert bin. Ich habe es soeben gehört und kann darauf nicht zurückkommen, weil dieses Herz den Weg zur klaren Anschauung und sogar zur Entscheidung über die Umstände versperrt. Bisweilen scheint es geradezu, daß dieses Herz auf dem laufenden ist, daß es *vor mir* weiß. Wie kannst du es wissen, Organ der Angst?

Bringt ein Schock mich zu Fall, so teile ich mich ... Zum Teil bin ich derjenige, der fällt; ich bin aber als einer, der nicht fallen mußte, der nicht fallen, sondern widerstehen und *vermeiden gekonnt hat,* auch der, der diesen Fall nicht begreift. Ich hatte nicht hingeschaut, mithin nicht vorausgesehen — das ist eine *Wirkung ohne Ursache.* Somit ersetzt der Zustand, gefallen zu sein, den vorherigen Zustand nicht genau. Die Zeit-Substitution, die alle Widersprüche kompensiert, gilt nicht.

Man muß sich deshalb eine Menge von Substitutionen *M* vorstellen, welche die *Erwartung* in jedem Einzelfall definieren.

Jedes unvermutet eintreffende Ereignis, das in dieser Menge nicht enthalten oder nicht vorgesehen ist, das darin nicht vorkommt, determiniert eine Überraschung.

Eben diese Überraschung deckt die Existenz dessen auf, was sie durchbricht und aus der Bahn wirft.

In der Menge *M* substituieren sich Empfindungen und Ideen gleichsam exakt, und diese Menge bildet als Äquivalenzgesetz, unter Ausschluß allzu großer Intensitäten, Neuheiten — usw.

Dieses Gesetz oder Erwarten ist eine Einschränkung der Menge der möglichen Transformationen. Ihm zufolge kann es nicht geschehen, daß das plötzlich auftretende *X* mich an *Y* erinnert, das ich gar nicht kenne; daß *X* kompensatorische Organe in Bewegung bringt, die ich nicht habe — usw. Und dennoch tritt dieses *X* ein.

Gegensatz zwischen einem Ganzen und seinem Teil.
Oszillationseffekte. Pendelbewegung zwischen Gegenwart und Gegenwart. Irreversible Abweichung der Magnetnadel.
Im Augenblick des Schocks bezeugt sich das Bewußtsein als etwas, das teilbar, antizipierbar, unzureichend sein kann. Es verliert seine scheinbare absolute Allgemeinheit und erweist sich als Teilstück.
Es scheint, daß das Ereignis seine Wahrnehmung selbst ausschließt — und sich das Leben nimmt — seine eigene Existenz verhindert.
Da die ganze Welt (und das Übrige) streng reziprok zum »Bewußtsein« ist, wenn es vorkommt, daß ein Element der Welt auf das Ganze einwirkt — auf die Existenzmöglichkeit dieses Ganzen, haben wir es hier mit einem zentralen Konflikt zu tun. Der Fall ist es wert, daß ich mich darum bemühe, seine Negation ins Bewußtsein zu heben. Es ist ein Grenzfall.
Die äußere Welt ist ein bestimmtes Substitutionssystem. Im Falle der Überraschung vollzieht sich eine Substitution, die nicht Teil des Systems ist.
Schock ist etwas, worauf eine Oszillation folgt. Diese Oszillation maskiert, demaskiert periodisch das *Wahre*, so wie das aufgewühlte Meer den Grund zeigt und verbirgt. Zwischen den Wirklichkeiten gibt es Bewegung. Sie lassen sich nicht nach einer festgelegten Daseinsform austauschen.
Wenn das, was sich ereignet, nicht auf das Gewesene folgen kann, wenn es nicht im Bereich des reziproken Sinnensystems des Gewesenen enthalten ist, dann gibt es Oszillation. Im Moment selbst gibt es rohe Sinnesempfindung ohne Gestalt, dann Rückkehr über alternierende Phänomene.
Diese Rückkehr ähnelt stark der des Gedächtnisses nach einer Amnesie, beim Erwachen — jede Erinnerung ist eine elementare Überraschung.

Die Überraschung ist vor allem ein Reflex — Innehalten oder Bewegung, und dieser Reflex ist einzig von der Abweichung des Phänomens von einer Erwartung beliebiger Größenordnung abhängig. Die Eigenart des Phänomens bedeutet wenig. Es ist ja ungewöhnlich, plötzlich, fern von allem, und es kommt sogar vor, daß trotz intellektueller Voraussicht diese Voraussicht nicht hilft, weil ich nicht über die Organe oder Funktionen verfüge, die, im Gefolge der Voraussicht, zur Abschwächung geboten wären. Ich kann eine Detonation noch so klar voraussehen, ich schrecke dennoch zusammen — allerdings werde ich die Oszillationen schneller resorbieren. Ich besitze kein Organ, um die lebhafte Wirkung des Schocks zu absorbieren. — Ich besitze kein Organ, um das Eintreffen eines solchen Ereignisses zu unterbinden, selbst wenn es vorhergesehen wird.

Die (verallgemeinerte) Überraschung ist Unordnung oder Störung einer bestimmten normalen Ordnung. Ebenso wie der Zufall im Sinne der Produktion des Unwahrscheinlichen — des Nicht-Erwarteten — dessen, was man nicht erwarten *konnte* — und das *fern* war (Es lag mir *fern* zu erwarten ...).

Diese *Distanz* ist ein bemerkenswerter Ausdruck.

Die Überraschung ist *zugleich* eine besondere Empfindung — Verzögerung der physiologischen modifizierenden Reizbeantwortung — mit Produktion von oszillatorischen Empfindungsphänomenen, wie die Schwingungen eines verlangsamten Pendels — von Wiederholungen.

Die Intensität einer Empfindung (selbst wenn erwartet) — die Neuheit — die Unwahrscheinlichkeit — wirken ungefähr im gleichen Sinne.

Sie braucht Zeit, um sich aufzulösen. Diese *Zeit* ist außerpsychisch. Sie wird von einem Beobachter wahrgenommen, der im allgemeinen nicht das Subjekt selbst ist.

Sie zeigt, daß der mentale *Grundzustand* (zu vergleichen mit dem Gleichgewicht, in welches das Pendel zurückkehrt) eine Phase ist — ein den gegenwärtigen Bedingungen angepaßtes Dispositiv. *Diese Zeit ist sehr spürbar.*

Es ist nicht die Inkohärenz von wahrgenommenen Gedanken oder Dingen, welche die Überraschung ausmacht, sondern die Wahrnehmung, daß die funktionale *Phase* für ein bestimmtes Ereignis nicht genügt. Es ist eine Störung des Phasengleichgewichts.
Unverdaulichkeit — Unverträglichkeit.
Das Lebewesen war fähig — auf eine ganze Gruppe von Ereignissen *φ oder ψ* — — *genau* (das heißt einem bestimmten Minimum gemäß) zu antworten. Psychoorganischer Bereich eines Möglichen. In diesem Zustand — einer Art Reversibilität, konstituiert durch die hinreichende Gleichmäßigkeit der Austauschvorgänge — verlief die Transformation über Reize und Reizbeantwortungen, deren energetischer Wert sich wenig unterschied.
Widersprüche als Ausdruck der Überraschung: Was sehr fern ist, ist gegenwärtig. Was falsch ist, ist wahr. Was nicht ist, ist. Was unmöglich ist, ist — usw.
Schwankungen zwischen Präsenzen, die einander ausschließen.
Und es zeigen sich sodann zwei Arten von Produktion. Es gibt den Versuch, etwas zu bilden, das diese widersprüchlichen Elemente begriffe (im zweifachen Sinne des Wortes). — Und den Versuch, eines von ihnen zu eliminieren. Ich hatte früher an einen Geschwindigkeitsunterschied bei der Ausbreitung der Reize gedacht.
Das *Plötzliche*, das *Intensive*, das *Neue* sind Namen für eine schnellere Ausbreitung.
»Als ob« das betroffene Organ (bekannt oder nicht) eine schnellere *Erregungswelle* (!) (in Richtung *Bedeutungszentrum*) aussendete als die Wahrnehmungswelle bei Normalbetrieb.
»Als ob« ein Zuviel die Bogensehne spannte. Dann die Reaktion — die umgekehrte Rückkehr stößt an ... Es gibt keine Assimilation. Das neue Faktum findet keinen Platz im Rahmen der gegebenen (energetischen und spezialisierten) Phase. Die nicht abgeführte Energie wird durch allerlei Unordnung eliminiert — oder, im Gegenteil, *fehlt überall.*
Wenn man einen »Gedanken« (hierbei) mit einer Detonation oder einem Schock vergleichen kann — und zwar wegen der

hervorgebrachten Wirkungen, dann deswegen, weil es in den Gedanken ein *verborgenes Element* gibt. *Kein Gedanke ohne etwas anderes,* das mit dem Signifikativen zusammenhängt und dessen *Wert* ist, aber auf das *Formale* einwirkt — und das eben ist der Wert. Das unterscheidet in der Tiefe die Gedanken und bildet die Ladung der *Zeichen*, von der die augenblickliche affektive Kraft abhängt.

Die Überraschung zeigt, daß an einem beliebigen Punkt ein plötzlicher, kritischer Energie*aufruf* eintreffen kann, der von einem beliebigen anderen System ausgeht und alle Systeme betrifft. Die Überraschung ist das Erwachen im Wachen. Man wird mitten im Wachen geweckt.

Die Überraschung — erhellt auf wunderbare Weise meine Natur. Sie läßt mich das Oszillieren zwischen Gegenwart und Vergangenheit unmittelbar spüren, zwischen meiner Materie und meiner Gestalt. Ich schwanke zwischen meiner Kinetik und meinem Potential blitzschnell hin und her.

Sie macht sich auf naive Weise durch einen überstürzten Wunsch kenntlich, das Ereignis wieder zusammenzusetzen, den durchschrittenen Weg noch einmal zu gehen, den Akt zurückzunehmen.

Und da ich durch meine Sinne — an vollendete Tatsachen gebunden bin, ziehe ich an mir selbst, widerstehe ich dem, was mich mitreißt — teile ich mich. In den Ruhezustand zurückkehren, d.h. zum gleichmäßigen Austausch (von Reizen zu Reaktionen) gelingt mir nur mittels einer Folge von kleiner werdenden Oszillationen —, an deren Ende sich *Synchronisation* vollzieht.

Was ich, dieser Hypothese zufolge, wahrnehme, ist *immer* die Wirkung einer *momentanen Ursache* — das heißt einer Ursache, die ziemlich kurz einwirkt, damit meine eigene, *totale*

Modifikation während ihrer Dauer unendlich klein ist — das heißt hier: *selbst nicht wahrgenommen wird.* Ich werde also durch Asynchronismus *erzeugt* — ich existiere gleichsam zwischen Amortisationen — Ich bin intervallweise — — Aufwachen.

In eben diesen Störungsintervallen bin ich, wachse ich aufs Geratewohl.

Das Signifikative ist das, was mich während stets kurzer Zeitabschnitte (die zwar eine Abfolge bilden, die mir als *dicht erscheint*) etwas anderes sein läßt als mein Synchronismus (oder eigentliches Ich).

Den wesentlichen Unterschied zwischen Gegenwart und Vergangenheit richtig zu verstehen wurde dadurch verhindert, daß man nicht klar unterschieden hat zwischen dem, was Ich ist und dem, was meine — *»Schwingungs«*-Eigenschaft ist, etwas anderes als Ich zu sein.

Die starke Überraschung ist eine Störung der Gegenwart. Die Zeiten tanzen wie bei verwirrendem Erstaunen. Der feste Bezugspunkt ist momentan aufgehoben oder mitgerissen.

Wahrnehmung eines im allgemeinen nicht wahrnehmbaren Zwischenraums zwischen Reiz und Reizbeantwortung. Ein Aufblitzen der Ohnmacht — ein Schnitt.

Der Traum ist Zerstreuung, welche sogar der reinen Zerstreuung nahekommt. Ein *erkennender Punkt* rollt über einen Abhang, der aus allen Berührungen gebildet wird, und er folgt diesem Gefälle, lediglich seiner Schwere und dem Relief des Hangs unterworfen. Es gibt auch Anfangsbedingungen. Die Geschwindigkeit hängt ab von der Neigung und der vorher bereits erreichten Geschwindigkeit.

Der Traum ist wesentlich *aktuell.*

Er enthält zwar eine Vergangenheit und eine Zukunft, aber unmittelbar konvertibel in *Aktuelles,* in Bares. Diese Vergangenheit und diese Zukunft können ihrer Anwesenheit nicht widerstehen. Sie macht aus ihnen Gegenwärtiges — Aktuelles.

… Als ob dieser Traum die Vorstellung sei, wie sie sich im Kopf eines Kindes durch eine *verbale* Beschreibung bildet, deren ursprüngliches Objekt, dasjenige, was der Erzähler sieht, das Wirkliche oder eine Erinnerung wäre.
Träumer: naiver Leser des Buches, das der Wachende gemacht hat.
Das Kind kann, wenn ihm etwas erzählt wird, ja nur aufnehmen, was es hervorbringen kann, und es nimmt zur Definition der Wesen ihre bloßen Bilder, nicht ihre Möglichkeiten und ihre Eigenschaften, die es ja nicht kennt — sieht es doch nur, was es sieht, wörtlich, unmittelbar.
So auch, was ich im Traum sehe: — wenn es Erinnerung gibt, so sind das keine Zeichen, Zeichen eines abgeschlossenen/vollständigen/und vergangenen Wirklichen, sondern es sind Dinge als solche.
(Die Erinnerung ist ein Zeichen, dessen Sinn nicht *vollständig* entdeckt werden kann — das hieße, die Zeit zurückdrehen — Nun kann aber, was vollständig ist, nie zweimal kommen — das Ganze des Menschen fängt nicht neu an.)
Der Traum kann nicht vollständig *konstituiert* werden.
Der Traum ist der Wirklichkeitszustand der Figuren. Als ob die Wörter der Sprache den ursprünglichen Sinn annähmen. Was das für einen Gedanken gäbe! Alle diese Bilder, Halbbilder, Schattenbilder, die im Wachen *von allem sprechen,* dazwischen stehen, die ganze Welt oder auch Stücke davon anläßlich einer Einzelheit kurz erhellen, benutzbar machen, das analogische Vokabular darstellen, den Träger der Wortsprache — —
alle diese Bilder, *auf ihr bloßes Dasein beschränkt,* ihrer transitiven Rolle beraubt und wesentlich nur als sie selbst, sind die Substanz des Traums.

Erwachen

Fabre bemerkt, daß das Insekt, wenn es aus dem Scheintod zurückkommt, damit beginnt, seine *beweglichsten* Glieder zu rühren.

Wie den Finger vor der Hand, die Hand vor dem Arm, den Kopf vor dem Rumpf.

Demnach gäbe es eine *Ordnung* bei der Wiederaufnahme der Bewegungen. Und ich gehe sofort in den psychologischen Bereich über. Findet sich dort etwas Analoges?

Und ist das letzte Glied, das einschläft, auch das erste beim Erwachen? — Dies hängt ab von der Tiefe des Schlafs und von dem *Grund* des Erwachens. Tiefer, ungestörter Schlaf; Aufwachen, das vom *Verbrauch* des Schlafs selbst herrührt, das sich verbraucht bis zur Wiederherstellung der freien Energie und der Instabilität, die sie impliziert —, da glaube ich, daß das Erwachen progressiv wäre und von den geringeren zu den größeren Massen fortschreitet — von den Sinnen zu den Gedanken.

Wie der Bauchfüßler aus seiner Muschel hervorkriecht, hat etwas Anrührendes.

Wie er überaus vorsichtig die Welt betritt, sich allmählich voranarbeitet und die taktile und visuelle Empfindungsfähigkeit entwickelt, mit vielem Tasten und vielen Rückziehern.

Selbstsorge

In nahezu allen Rubriken der *Cahiers* lassen sich Belege für ein zentrales Anliegen Valérys finden: die intellektuelle Selbstsorge; wobei es ihm nach eigener Aussage um ein *intellektuelles self-government* geht. Seine *Cahiers*-Praxis weist dabei Ähnlichkeiten mit einer rituellen antiken Selbstschreibung auf, wie sie Michel Foucault mit seinen Forschungen über die *écriture de soi* unternommen hat. Auch der Begriff ›Selbstsorge‹ hat seine Wurzeln in der Antike und fand dort bereits vielfach Anwendung – wie unter anderem Forschungen von Pierre Hadot, Michel Foucault und Wilhelm Schmid gezeigt haben. Allein schon durch sein jahrzehntelang eisern durchgehaltenes Morgenritual mit Bestandteilen wie Initialkaffee, Morgenmond, Zigarette, den Heften setzt Valéry ein wichtiges, lebensphilosophisches Diktum Ludwig Wittgensteins um, der das Philosophieren als Arbeit am eigenen Selbst und an der eigenen Weltsicht definiert. Valéry beschäftigt sich in den *Cahiers* allerdings weniger mit philosophischen Traditionen, vielmehr betreibt er intellektuelle bzw. geistige Übungen, die eine gewisse Verwandtschaft mit der antiken ›Askesis‹ aufweisen, und variiert hierbei seine potentialerkundende Frage um die Schattierung, inwieweit sich ein Mensch selbst geistig-existentiell neu begründen kann. In dieser Frage können Valérys Gedanken besonders stimulierend auf seine Leser wirken, nämlich indem sie ihnen helfen, sich die Möglichkeiten zur eigenen Selbstsorge – darunter verstehe ich die produktive Fähigkeit einer angemessenen Selbst-Zuwendung – entsprechend bewußt zu machen. Um den Lesern eine überschaubare Struktur anzubieten, wurde dieses Kapitel fünfgliedrig angelegt: Von der Selbstsorge über die Selbstschreibung, das Selbstgespräch und das Selbstgefühl hin zur Selbstarbeit.

Meine Philosophie zielt einzig darauf ab, mich mit mir selbst vertraut zu machen. Mein Ziel ist nicht, eine Welt zu errichten, in der ich ebensogut nicht vorkommen könnte — ja nicht einmal, eine Tafel und eine universale Klassifikation aufzustellen. Sondern mich in mein Licht zu rücken, meine Hebel in Bewegung zu setzen, zu vereinen, was die Verhältnisse nicht vereinen; zu entzweien, was der Zufall vereint hat —; mein Unbestimmtes zu vermindern; mich auszudehnen, um meine Grenzen zu finden,

Mein Leben war wie ein Haus, das ich in seinen entlegensten Teilen kannte. Und so gut kannte ich es, daß ich es fast nicht mehr sah — Seine regelmäßigen Formen, seine Vorteile, seine Nachteile schienen mir diejenigen meines Körpers und meiner Zeit zu sein.
Ich sah keine anderen Behausungen vor mir. Meine Seele war da, und so gewohnheitsmäßig da, daß sie eigentlich nirgends war.
Eines Tages habe ich zufällig ich weiß nicht welche Feder berührt, und eine geheime Tür öffnete sich. Ich bin in seltsame und unendliche Wohnungen eingetreten. Ich war bei jedem Schritt von meinen Entdeckungen erschüttert. Ich spürte bei meinem Gang durch diese unbekannten und geheimnisvollen Zimmer, daß sie die wahre Wohnung meiner Seele waren.

Die meisten tummeln sich an der Oberfläche ihrer Natur. Manche tauchen nackt ein. Andere mit Tauchgerät.

… Die Freude, in sich selbst etwas — ganz Unerwartetes, Unvorhersehbares — und Kostbares zu entdecken, woraus man anscheinend wohl aufgebaut, wovon man durchdrungen, wozu man *fähig* ist — *unbewußt*; und woran der banale Weg des Denkens vorbeiführt.

Sich annehmen —
Das Schwierigste von der Welt ist, sich als das zu nehmen, was man ist —
und nicht zu verachten, was man ist. Sich dareinfinden, daß man sterblich ist — — und unwissend — — sich ehrlich mit dem abfinden, was sich durch keinerlei Handlungen ändern läßt — vorbehaltlich derer, die man noch entdecken könnte und die es ändern würden.

Worin ein Mensch nicht nachgeahmt werden kann, darin kann er sich selber nicht nachahmen. Wo ich unnachahmlich bin, da bin ich es für mich.

Sich selbst belügt man am häufigsten — und zumeist, ohne es zu merken.
Doch besteht diese Lüge nicht so sehr darin, sich nicht zu sagen, was man denkt, als vielmehr sich nicht denken zu lassen, was gedacht würde, wenn …

Die Schwierigkeit besteht darin, abzuweisen, was einen hindert, *man selbst* zu sein — ohne gleichzeitig das abzuweisen, was einen zwingt, es zu sein.

Die Kraft des Geistes: man selbst sein — das heißt spüren und sich eingestehen, was man spürt: die Kraft haben, es durchzusetzen. Niemals der fremden Sensibilität ausgeliefert sein. Das führt zu Zerfaserung, Verwischung. Wohl aber die fremden Mittel aufnehmen. Zuhören.

Was ich an Geist habe, kommt vom Exerzitium gegen mich selbst.

Meine Philosophie —
Sie besteht aus zwei Kapiteln.
Diese Kapitel haben keine Reihenfolge. Das eine zuerst, das andere danach; oder das eine danach und das andere zuerst. Denn eigentlich sind sie gleichzeitig und müssen es sein.
Das eine heißt: Experimentieren.
Das andere heißt: Exerzieren.

Eine Philosophie — gebaut auf direkte persönliche Beobachtung, unter Betonung des rein *vorläufigen* Charakters alles Sprachlichen — und des rein *perspektivischen* Charakters alles Bildlichen — mit dem beinahe immer wachen Sinn für Wert und Natur der »Vorstellungen« (deren *Substanz* dem *Ich* und deren *Erscheinung* dem *Nicht-Ich* entsprechen); das ständige Bedürfnis, die Markierungspunkte jedes einzelnen Zustands und die verborgenen Implikationen jedes Gedankens explizit zu machen. Ablehnung oder Kritik jedes Begriffs, der nicht verifizierbar oder nicht definiert oder nicht brauchbar ist. —

Die Philosophie taugt nur für den, der sie ausformt, und auch bei ihm ist sie ständig in Entstehung.

Daß die Philosophie zu einer schulischen Angelegenheit, zu etwas vom Philosophen Verschiedenen, zur Profession und zu einer Gedächtnissache geworden ist — das ist lächerlich. Denn sie erklärt sich nur durch die individuelle, zentrale Existenz — den Willen, nichts ohne Bezug zu einem Jemand zu lassen.

Schal gewordene Probleme

Im Schulunterricht lernen wir, unsere eigenen Probleme zu vergessen und statt dessen die der anderen zu übernehmen — oder niemandes —, denn durch endloses Wiederholen in Schule oder Wissenschaft, durch »Dialektik«, geht diesen Fragen (die als ewig gelten, weil sie so banal sind) inzwischen alles Salz ab.

Falsche Philosophen. Solche, wie sie der Philosophieunterricht, die Studienprogramme erzeugen. Da lernen sie Probleme, auf die sie niemals gekommen wären und die sie nicht selbst empfinden. Und sie lernen sie *alle*!

Ein Beobachter, selbst ein mittelmäßiger, der uns zusähe, wie wir leben, und unbeteiligt — *objektiv* unser Tun und Treiben notierte — würde uns sehr verwundern, wenn er uns sein Notizbuch zu lesen gäbe.
Wir haben keinerlei Eindruck, keinerlei Erinnerung an das, was wir während hunderttausend *Zeiten* sind, gegenüber *einer* — die wir als die unsrige empfinden, durchleben und festhalten …
Wir behaupten, uns zu kennen, wenn wir einige wenige dieser Augenblicke beobachten und bedenken — Doch ich bin vor allen Dingen derjenige, der sich nicht wahrnimmt —

Wir kennen von uns selbst nur Den, den die Umstände uns haben kennenlernen lassen. (Ich kannte mancherlei von mir nicht …)
Der Rest ist Induktion, Wahrscheinlichkeit. Robespierre hatte sich nie vorgestellt, daß er so viel guillotinieren würde, noch Leonardo, daß er lieben könnte.

Die Person des Autors ist das Werk seiner Werke.
Mein Charakter bringt mich dazu, das, was geschrieben wird, als Exerzitium zu betrachten, als äußeren Akt, als Spiel, als Anwendung — und *mich zu unterscheiden* von dem, *was ich ausdrücken kann.*

Meine Arbeit als Schriftsteller besteht ausschließlich darin, Fragmente, Notizen über alles mögliche und *aus jeder Epoche meiner Geschichte* ins Werk zu setzen (buchstäblich).

— Schreiben — um sich zu erkennen — und nichts sonst.

Ich begreife es nicht, wenn man ein »System« schaffen will. Dagegen würde ich es verstehen, wenn man ihrer 10 schüfe. Sich aber eines Tages vor ein Blatt Papier setzen und alles niederschreiben — sein ganzes Denken.

Versuche, Skizzen, Studien, Entwürfe, Kladden, Übungen, Vortasten.

In diesen Heften halte ich nicht »Meinungen« von mir fest, ich schreibe Bildungen in mir auf. Es ist nicht so, daß ich zu dem gelange, was ich schreibe, *darauf komme*, sondern ich schreibe, was dahin führt — wohin eigentlich? Ich notiere Figuren, die sich von selbst bilden

Ich habe nur Lust, zu schreiben, was mich selbst etwas lehrt — was mich zwingt, einen Ausdruck zu suchen, der ein geistiges Objekt einfängt, das schwierig auszudrücken ist —

Ich spreche wie … eine Kladde mitsamt dem von mir immer wieder Durchgestrichenen, Darübergeschriebenen, Verworfenen, und bisweilen tritt eine sehr deutliche Linie, ein wesentliches Wort hervor.

Ich schreibe diese Notizen ein wenig so, wie man Tonleitern übt — und sie wiederholen sich auf dieselben Töne seit 50 Jahren — ein wenig so, wie man zu einer bestimmten Stunde spazierengeht — jeden Tag. Und ich schreibe sie nicht, um daraus so etwas wie ein Werk oder ein System zu machen, sondern so, als sollte ich unbegrenzt weiterleben, eine stationäre Aufgabe erfüllend — so wie eine Spinne ihr Netz webt, ohne jedes Danach oder Davor, so wie ein Mollusk mit seinen schraubenförmigen Ausscheidungen fortfahren würde — er sieht doch gar nicht ein, warum oder wie er aufhören sollte mit dem Sekretieren, Stück um Stück.

Je öfter ich andern gegenüber meine »Gedanken« wiederhole, desto mehr lösen sie sich von mir — oder vielmehr: *ich* löse mich von ihnen. *Ich* denke sie nicht mehr.

Waren mehrere Anläufe fruchtlos, gib nicht auf, insistiere aber auch nicht. Lagere das Problem lieber in den Kellern deines Geistes, wo es heranreift. Wandelt euch beide.

Es ist nicht unmöglich, daß diese Schreibereien, diese Art, alles zu notieren, was in den Sinn kommt, für mich eine Form des Wunsches sind, *mit mir* zu sein und sozusagen *ich* zu sein — Und ich merke das, wenn ich beobachte, wie erleichtert ich mich vor diesen Heften einfinde, gleichsam in Pantoffeln — ich denke dabei an das, was mir einfällt — und nicht an das, woran man für die andern denken muß.

Ich nenne: für mich arbeiten — das aufzuzeichnen, was mir in den Sinn kommt, unabhängig von jeglichem Werk und ohne Rücksicht auf eine Veröffentlichung, ob nun verabredet oder nicht.
Sondern das unmittelbare, private Produkt meiner mentalen Tätigkeit, Erregbarkeit, in Antwort auf jeden beliebigen Reiz — *nur nicht* den, den wir von einer bestimmten Arbeit, die getan sein will, zwangsweise erfahren.

Mein Ziel ist nicht literarisch. Es besteht nicht darin, auf andere so zu wirken wie auf mich — auf mein Ich — soweit es sich fassen läßt als ein Werk ... des Geistes.

Wenn ich in diese Hefte schreibe, *schreibe ich mir, schreibe ich mich.*
Doch ich schreibe mir nicht alles, ich schreibe mich nicht ganz.

Wozu zum Teufel nützt das alles oder kann das überhaupt nützen, was ich hier notiere? Das ist das morgendliche Umhertappen; und ich bin wie *nicht-ich-selbst,* gestört in meinem Tagesgefühl; wenn irgendein Umstand mich davon abhält, eine Stunde oder zwei seelische Morgengymnastik zu treiben, zweckfrei, zwischen 5 und 7. Immer dieselben Gedanken seit 92!

Ein Unbekannter in mir sagt boshaft: »Diese Hefte sind dein Laster«. Und das Bedürfnis, jeden Morgen Notizen zu schreiben, ist etwas, das durchaus auch nicht geschehen könnte, ebenso seltsam, dringend und unreflektiert wie der Tabakgenuß — im übrigen mit ihm verbunden. Es ist recht erheiternd, daß meine Reflexionen die Frucht eines unreflektierten, stundenweisen Vermögens sind und daß es zu einer bestimmten Zeit dem Zwang der Freiheiten des Geistes zu gehorchen gilt. Laster? — Der imaginäre Schaden, auf den dieser Vorwurf anspielt — ist ja, daß ich auf diese Weise Zeit vergeude, die für benutzbare Werke verwendet werden *könnte*.

Aber — ich habe niemals in mir die Tugenden eines Autors gefunden, so wie man sich Autoren vorstellt. Niemals, zu keiner Zeit habe ich mein Leben aufgefaßt als einer äußeren Produktion geweiht. Alle meine Produktionen entstanden aus einem Seitensprung meiner wahren Natur und nicht aus Gehorsam ihr gegenüber. Selbst meine Verse — denn ich habe sie stets als in ewiger Verfertigung befindlich betrachtet und veröffentlicht nur *per accidens*. Ein Gedicht ist für mich eine unbegrenzte Zerstreuung, ein Gegenstand, der sich einen Augenblick lang aus seinen Entwürfen und Tilgungen heraushebt, geformt erscheint, dann — nach beliebig langer oder kurzer Frist aber wieder erscheint als das Mögliche herausfordernd — das Begehren reizend …

Denn der Geist braucht seine Ohnmacht für den Liebesakt.

»Laß mich nicht allein«, sagt mein Geist zu meinem Geist — Lies; verteidige mich gegen mich selbst — stell eine Überlegung an, eine Rechnung, die dich beschäftigt — —

Verteidige *mich* gegen die Unordnung und gegen das Schlimmste, was ich erzeuge —

gegen das Wahre — — Wahrheit ist fürchterlich. Gewißheit ist unerbittlich. Schau nicht durch das Fenster, das auf die Nacht hinausgeht.

Die Gefühle, die am meisten *wahr* erscheinen, tun dies durch ihre Spontaneität — die kein Beweis ist für Authentizität — im übrigen gibt es keine Authentizität in diesen Dingen. Es wird doch tatsächlich geglaubt, hier offenbare das Ich sein Wahres, als das diesem Ich Entzogene, das ihm *über* ist. Ich kann am wenigsten dafür, also bin ich am meisten dabei.
Spontan daran ist lediglich das plötzliche Zutagetreten, das Hervorplatzen der Antwort in ihrer Unerwartetheit. Einer Antwort vertrauen — — dem Wort eines Maskierten und schwer zu Erkennenden!! Laß also immer antworten; aber *du* antworte nicht auf diese Antwort — — Notiere sie …
Wer ist diese Person, die an *deiner* Stelle zu antworten wagt? Sie hat vielleicht das Recht dazu, denn immer ist sie es, die *bezahlt*. Sie ist nicht tiefer als die andere — — als du — —

Die Dummheit kommt von der Unzulänglichkeit des Bewußtseins von sich, das heißt der *Rückkehr* dessen, was *sich* ausgesandt hat, *zu sich*. Diese Dummheit besteht in der Unfähigkeit, sich über sich selbst lustig zu machen. —

Allein zu sein bedeutet, *mit sich* zu sein, und das heißt stets, zu *zweit* zu sein.
Andernfalls, ohne diese »innere« Teilung oder Unterscheidung, hätten wir niemals Umgang mit jemand anderem; denn dieser Umgang besteht darin, daß eine fremde Stimme oder ein fremdes *Hören* an die Stelle des *Hörens* des *Anderen tritt, der in uns ist* und das zweite Glied jeden Gedankens bildet. Die grundlegende Relation des Bewußtseins ist wie zwischen zwei Polen — von denen der eine *zu mir* oder *zu dir* gehören kann, während der andere notwendig *von mir* ist.
Vielleicht ist es daher so, daß das Denken nach und nach durch die *Gesellschaft* — im einfachsten Sinne des Wortes — herausgebildet, ausgeprägt wurde. Sicher ist jedenfalls, daß das *be-*

wußte Denken, das heißt das ausdrückend-ausgedrückte, sich in Form einer Korrespondenz zwischen Sprechen und Hören, Geben und Empfangen, Tun und Leiden bezeugt. Es findet ein Austausch statt.

Das Ich ist das, was die innere Sprache vernimmt und versteht, und der einzige Zuschauer der inneren Wahrnehmungen.

Das Wort als Kommunikation des Menschen mit sich selbst — (dieser Mensch ist sein eigener erster Zuhörer —), als Manifestation des inneren Arrangements, das gerade getroffen wurde.
Häufig wird das Wort so schnell produziert, daß es gesprochen ist, bevor es vom Ich gehört wurde.
Dieses Ich — Hörer des Ich — und Richter zugleich — so daß es unter den von ihm geäußerten Worten solche gibt, die es als eigene wiedererkennt, annimmt und bestätigt, und andere, die es zurückweist, verschmäht, verleugnet.

Mit Hilfe der innerlich zugeflüsterten und gehörten Worte erforsche ich mein Denken, meinen Besitz, mein Mögliches — durchwandere ich mich Wort für Wort; ohne sie wäre nichts in meinem Innern klar.
Sie sind wie tausend Polypen, die sich in tausend Tastvorgängen zurechtfinden — das Nervensystem eines Nervensystems.
Sich mit einem Problem befassen, darüber nachdenken, heißt soviel wie auf dieselben inneren Worte zurückkommen.
Durch sie wird alles Aktuale transkribiert, in Erworbenes verwandelt.

Das Erworbene wiederum, ständig und gleichzeitig vorhanden, muß gewärtig sein, daß jeden Augenblick Teile von ihm nach oben gerufen werden.
Der innere Wille fordert die Worte an und hat außerhalb der Worte keinerlei Sinn.
Aber sie sind in der Tat, weil sie vermittels Muskeln hervorgebracht werden können, reversible Akte, d.h. erregbare Erreger.

Die Allgemeinsprache, die zugleich unsere innere Sprache ist, drückt unser Gefühl gegenüber uns selbst mit Hilfe und über den Umweg einer erworbenen Notation aus — sie schiebt zwischen unsere Einzigartigkeit und deren Kenntnis einen fremden, statistisch begründeten und unscharfen Ausdruck — der uns Illusionen aufsitzen läßt hinsichtlich dessen, was wir »denken« oder »hervorbringen«.

Innere Sprache.
Die innere Sprache ist Teil der gewöhnlichen Funktionsabläufe des Menschen.
Die äußere Sprache ist okkasionell — und erfordert zusätzliche Bedingungen.
Wie bildet das *Ich* seinen Gesprächspartner heraus und drückt aus, *wozu es wird,* indem es zugleich einen Hörer hervorbringt?

Woraus besteht die wirkliche innere Sprache? Das scheint bekannt und ist es doch keineswegs. Da rührt man an den Punkt des Unübersetzbaren. Da gilt es, innezuhalten und etwas zu finden, das sich aus sich selbst versteht.

Was man gemeinhin *Denken* nennt, ist *noch immer* nur eine Sprache. Allerdings eine besondere, die gänzlich andere Axiome hat als die gewöhnliche Sprache.
Wo aber beginnt die Übersetzung? und was wird übersetzt? Es geht nicht an, ein Innerstes zu *erfinden*, das gar nicht existiert. Das Kriterium jedoch wird lauten: Wenn ein bestimmtes mentales Ereignis eine Übersetzung oder eine Repräsentation ist, dann besteht zwischen diesem Phänomen und dem übersetzten Phänomen eine Beziehung. Ist aber ein Phänomen übersetzt worden, so heißt dies, daß es beinahe unmöglich war, es in sich zu *erkennen*. Die Übersetzung kann immer auf größere Klarheit zielen ... entweder amplifizieren — oder *liegenlassen* —

Es gibt eine Zeit meines Geistes, da bin ich gleichsam Herr in ihm; und es gibt eine Zeit, da bin ich nichts. Was geschieht zwischen diesen zwei Zeiten?
In der I. gebe ich die Richtung an, halte fest, weise zurück, spähe aus. In der zweiten geht etwas vor mit mir, verändere ich mich, stoße ich an.

Das Bewußtsein beweist, daß das Lebewesen aus zwei Teilen besteht und daß jeder Augenblick ein Hin und Her zwischen zwei Polen ist.

Ich — Es ist unmöglich, auf den Anderen einzuwirken, ohne dabei auf sich selbst zurückzuwirken.
Was ich sage, modifiziert mich, selbst wenn ich es zu mir selbst sage.

Das Kind spielt mit seiner Sprache ebenso wie mit seinen Gliedern, es *spricht mit sich selbst,* — und das ist der Anfang des »Denkens« — dieses Monologs oder Beiseitesprechens, das sein Leben lang andauern wird und es glauben läßt, *Jemand* zu sein. Zwar können wir nicht zur Sprachlosigkeit zurückkehren, aber wir vermögen uns auch nicht an den Gedanken zu gewöhnen, daß sich dieses Wir mit der Sprache zusammen bildet, daß es uns vom anderen übertragen wird, bzw. es *SICH ÜBERTRÄGT.* Wir empfangen unser erkennbares und wiedererkennbares *Ich aus dem Mund des anderen.* Dieser andere ist die Quelle, und er gehört so substantiell zu unserem psychischen Leben, daß er in jedem Gedanken die *Dialogform* fordert.

Mit sich sprechen. Es geschieht nicht selten, daß mit sich selbst sprechen ein Sprechen *gegen einen bestimmten Anderen* ist, der manchmal sogar klar ins Auge gefaßt wird. Diskussion und Kontroverse entsteht bruchstückhaft und immer ungleich.

Diese seltsame, unmittelbare Funktionsweise des *Zu-sich-Sprechens* ist das Zeugnis dafür, wie grob unsere Vorstellung vom Ich ist, wie unbefriedigend die »psychologischen Notierungen« sind. Wie kann ES SICH etwas sagen? Und wer ist überhaupt ICH, das des Sprechers oder des Hörers? das der Quelle oder das des Trinkenden? — Welche Beziehung zwischen diesen Gliedern des Augenblicks?

Ist dies der Dialog zwischen dem Spontanen und dem Überlegten? Zwischen *meinem* Unvorhergesehenen und *meiner* Voraussicht?

Rolle der Reaktionszeit.

Da nun einmal ICH mit MIR spricht, ist es wohl so, daß ICH etwas weiß, was MIR nicht weiß. Es liegt ein Unterschied des internen Zustands vor. So geschieht es, daß MIR das vermutet, was ICH klarstellt — *artikuliert.* Es gibt dabei Gegensätzlichkeit und Komplementarität.

Bisweilen kommt es vor: wenn MIR *wartet*, bringt es *im* ICH *sein Warten zur Sprache!* Unsere inneren Personen haben jede für sich nur einen Mund und ein Ohr — jedoch mehr als eine *Sprache* — d.h. mehr als eine Akkomodation — vgl. Poesie.

Es ist eine über alle Maßen bemerkenswerte Tatsache, daß der Mensch mit — *sich* auf die gleiche Art kommuniziert wie mit dem *Anderen.*
Das Bewußtsein braucht einen fiktiven *Anderen* — eine Exteriorität — es entwickelt sich, indem es diese *Andersheit* entwickelt. Das Subjektive ist die Grenze.
Das Kommunizierte enthält stets das Gemeinsame und strebt danach, das Ganze gemeinsam zu machen.
Zwischen *sprechen* (oder denken) und dem *Anderen* (Gesprächspartner) gibt es eine wechselseitige Verbindung. Denken ist Kommunikation mit einem anderen, der man selbst ist. Zu jemandem sprechen heißt, zu sich selbst als einem anderen sprechen.
Das Selbst ist die Invariante sämtlicher möglichen *Anderen.*

Anwendung

Es gibt kaum etwas Erstaunlicheres als dieses »innerliche« Sprechen, das man ohne das geringste Geräusch vernimmt und das sich bewegungslos artikuliert —
wie in einem geschlossenen Schaltkreis.
Alles wird erklärt und entwickelt sich in diesem Kreis, der ein wenig der Schlange ähnelt, die sich in den Schwanz beißt.
Manchmal wird der Ring gesprengt und setzt extern geäußerte Sprache frei.
Manchmal ist die Kommunikation des Entstehenden und des Entstandenen regelhaft, verläuft im normalen Leistungsbereich — und der Unterschied wird nicht spürbar.

Manchmal ist die Kommunikation verzögert, und der interne Kreis dient zur Vorbereitung eines Kreises *externer Intention;* dann unterliegt die Sendung einem Auswahlprinzip.
Und all dies hat Bedingungen der Zeit zur Folge, *Verzichte auf unruhestiftende Erregungen.*
Und wird durch Querverbindungen verwirrt, von denen die psychische Aktivität durchdrungen ist.
Wichtigstes Faktum ist folgendes. Im Zustand der inneren Sprache befindet sich der Implex *Sprache in nächster, unmittelbarer Nähe zu den anderen Implexen* — der bildlichen Übertragung, der Affektivität usw. Auf direktem Wege finden hier Austausch und Komposition von Bildern, Handlungsmustern, »Wörtern« und »Formen« der Rede statt — die sich, so gut sie können, vervollständigen.
Dieses aktive Gemisch durchläuft einfache, aber auch multiple oder heterogene Zustände.
Besonders auffällig dabei ist (was ich vor langer Zeit schon bemerkte), daß in diesem *abgeschlossenen System* »Zeiten« oder Wartezeiten — stumme Anwesenheiten wie Druck oder Spannungen —, Bilder, — Zeichen aller Art, — interne oder andere Empfindungen — in einer Quasi-Koexistenz und in gegenseitigem Austausch stehen. In gewissen Fällen ist dieser Zustand spürbar, offensichtlich. Grob gesehen, markiert er Widerstand im natürlichen Ablauf — die energetischen und funktionellen Schranken einer behinderten Transformations- und Eliminationsfunktion, eine Behinderung, die bisweilen rein energetische Entladung erzeugt anstatt der »nützlichen« Entspannung in den spezialisierten Apparaturen, die die »bekannte« oder bewußte *Ursache* annullieren würden — als eben *bekannt* oder bewußt — gemäß dem kanonischen Typus des vollständigen Akts.

Denken bedeutet mit sich selbst kommunizieren. Die Möglichkeit des Dialogs. Das eine Ich ist gesichtslos, alterslos, namenlos, und ein anderes Ich hat *meinen* Namen, mein Gesicht.

Das Individuum ist Dialog. Man spricht zu sich — man sieht sich, beurteilt sich. Darin besteht der große geistige Schritt.

Das Denken ist das, was die *innere* Sicht oder Rede herausbildet.
Ich spreche zu mir, ich zeige mich mir.

Spüren, daß eine Kraft ausgeht von einem selbst.

Die Aufgabe — nicht mehr mit dem denken, was wir als falsch erkannt haben. Mit dem denken, was uns klar geworden ist — — oder so denken, daß man dem Gedachten nur so viel Gewicht und Reichweite beimißt, wie dem gebührt, was wir über seinen Ursprung in uns wissen. Sich sagen: dieses Urteil stammt von dieser Lektüre und diesem Eindruck, der so und so viel wert ist — und mehr nicht. Diese Phantasien mußten entstehen, weil ich einmal ein Kind war; weil ich diese und jene Torheiten mir angeeignet habe; weil ich keine Zeit hatte, nachzudenken, oder gar nicht auf die Idee kam, es zu tun, als sie mich ein erstes Mal überkamen. Deshalb sind sie jedoch nicht wahrer.

Zwischen dem in der Schule Gelernten und der Erfahrung, dem Vergnügen, der spontanen Beobachtung von jedermann, Kind oder Jugendlichem — steht eine Mauer, ein Hindernis, das je nach Einzelfall fortbesteht oder sich früher oder später auflöst.

Meine Stärke und meine Schwäche gründen in meinem häufigen intensiven Empfinden, von mir selbst geschieden zu sein.

Gezeiten. Zweimal in vierundzwanzig Stunden bewunderst du dich und zweimal verachtest du dich. *Ich bin alles, ich bin nichts* folgen aufeinander, bedingen sich gegenseitig und sind doch nur die notwendige, simple Alternative ohne Belang.
Vielleicht läßt sich für jedes beliebige Gefühl ein Zeitraum ausfindig machen, der zum gleichen Gegenstand das entgegengesetzte Gefühl hervorbringt. Und wäre das Leben nur lang genug, jegliches Ding würde am Ende sowohl gewünscht wie auch gehaßt, jegliche Ansicht sowohl als richtig wie auch als falsch empfunden worden sein.

Ich habe oft die Beobachtung gemacht, daß die Formen des Empfindens und Verstehens der Dinge wie innere Jahreszeiten aufeinander folgen.
Es gibt Tage der Logik und Tage der Mystik. Einige sind weniger menschlich als andere. Die einen resolut, die andern in Schmerz getaucht.
Es gibt Gedanken oder Themen, die in mir periodisch wiederkehren; und wenn ihre Zeit nicht gekommen ist, dann sind sie nicht klar.
Für eine Sorte von Weisen wäre diese Wiederkehr vielleicht vorhersehbar. Ihr ganzes Leben wäre daraufhin angelegt, ihre augenblicklichen Stimmungen aufzunehmen. Und eine Vielzahl von Betätigungen stünde stets der Vielzahl ihrer Geistesgestimmtheiten offen.

Die geistig-seelischen Phänomene mit Entschlossenheit als solche zu betrachten, dazu kam ich in der Folge schlimmer

Leiden und peinigender Gedanken. Was diese Gedanken so peinvoll machte, war ihre Zwanghaftigkeit und ihre unerträgliche Wiederkehr; erst recht unerträglich war die Art und Weise, wie sie wiederkamen, war doch stets vorauszusehen, daß sie wiederkommen würden. Schließlich schied ich ihre Wiederkehr von ihrer Bedeutung. Ich trennte auch die Bilder, die sie auslösten und begründeten, von der Pein, die ich empfand. Nach und nach ließ ich diese Zustände alle möglichen Transformationen durchlaufen — dank jener rasenden Reproduktion, mit der sie mir lange Zeit täglich, ja stündlich unverändert neu angeliefert wurden.

Anfänge

Wer erwacht, weiß nicht, *wo* er ist, *wer* er ist, was los ist —; er ist eine Vielfalt von *Fragen*, umhertastend im Allervertrautesten, das er doch noch nicht wieder*erkennt* — Er fragt nur. Er ist das Lebendige, das überrascht ist von dem, was es ist. Erwachen und Überraschung — (die Musik ist bei dieser Schilderung besonders erfolgreich) — formaler Typus des Anfangs.

Größte Seltenheit.

Heute, 21.8. — erwache ich um 4 Uhr — der Fast-Vollmond geht unter — Er ist eigenartig *grün*. Wohl eine Kontrastwirkung. Ich trinke Kaffee und fühle mich regsam und behende im Kopf — wie im Fluge rührt der Geist an tausend Dinge von ganz persönlichem, allgemeinem und universellem Interesse, durchblättert sie wie ein Album, in dem jede Seite vielleicht das Bild einer Wirklichkeit oder die Verbildlichung einer abstrakten Wahrheit ist, oder die Skizze einer Erfindung, eines Bauwerks oder einer Schönheit, und die Blätter unter den Fingern, unter den Augen dahinfliegen.

Seit Jahren habe ich diese göttliche Leichtigkeit nicht erlebt, für die es auch heute keinen besonderen Grund gibt, und deshalb ist sie um so — göttlicher!

»Er liebte nur, was keine Ursache hatte« — sagt mir mein Dämon. Dieser Satz belustigt mich und suggeriert manche Kombinationen … Was ist es nur für ein Wille zum Irrtum, aus Geringschätzung der Beobachtung, der einem das sogenannte Kausalitätsprinzip eingibt! Weder Geist noch Sinn könnten sein, wenn dieses Prinzip herrschte. Es ist indessen nur eine auf die Mauer gemalte Perspektive.

Heute bin ich aufgestanden, schier wie um vor mir zu fliehen — Sehr starken Kaffee getrunken. Und ich komme überhaupt nicht mehr herunter. Ich bin, ich fühle mich wie eine in höchsten Tönen schwirrende Saite. Mein Kopf gibt nur das Schrillste von sich, ich kann soviel rauchen wie ich will, in der Hoffnung, ihn zu betäuben, er ist zu klar, zu schneidend, er verletzt mich bei jedem Gedanken. Dieses Tempo bringt mich um.
Ich habe keine Zeit zum Denken, er gebiert, gebiert, gebiert. Das Land saust vorbei, die Bäume fressen die Städte auf, die Flüsse werden wie Flaschen zur Wagentür hinausgeworfen, die Wahrheiten fliegen wie Geschosse vorüber, die Wörter zischen vorbei und sind weg; Not, etwas zu fassen und zu halten — mit keuchendem Gedächtnis.
Diese Geschwindigkeit ist toxisch — Kaffee — Die Zeitstücke, so kurz, so nah an der kürzestmöglichen Verweildauer psychischer Eindrücke überhaupt, jener Dauer, von der ab das Denken ja erst möglich wird, und möglich auch die Auswertung dieses Aufwallens im geschlossenen Gefäß.

Die Erwartungen.

Was in uns so mächtig wirkt, ist nicht das Ereignis an sich (was es auch immer sei), sondern beispielsweise der Einsturz von mehr oder weniger verborgenen *Konstruktionen*, die enttäuschten oder gebrochenen Erwartungen. Diese mehr oder minder betagten Erwartungen, von geringerer oder größerer

Tiefe — die unmerklich unsere Wahrnehmungsmöglichkeit verändern — unsere Möglichkeit, die Möglichkeit, äußerliche Dinge, Ereignisse zu erwägen. Verblüfft über das Ereignis rufen wir aus: Das ist doch nicht möglich!
(Die *Hoffnung*, oh Theolog, ist nicht neben dem *Glauben* einzureihen) — sie ist der auf sich selbst angewandte Glaube.

Meine Lebensreise führt mich zu den Antipoden.
Am Ende liebt man, was man haßte; tut man, was zu tun man sich für gänzlich unfähig hielt — Ja aber, wer — ist — ich? Ist dieses Leben denn *rund*? und dieses System von Zu- und Abneigungen, Klarheiten und Schatten; dieser »Raum«, wie ihn das einem lebenden System Mögliche darstellt, ist ein gekrümmter Raum.

Sich fremd fühlen gegenüber dem, wofür die andern einen halten — und für spezifisch man selbst — halten … Fühlen, daß man immer nur Einzelfälle darstellt — für den Beobachter; und daß man sich selbst nur anhand des Wertes von Einzelfällen kennt — — Aber — jener angenommene *Universale*, der so viele andere Leben leben — und sich, sogar sich selbst, als ganz anderer zeigen könnte — ist vielleicht nur eine Illusion — so wie der »unendliche« Raum, der durch die unmerkliche, *unbewußte* Ersetzung der reellen additiven Reihe durch die Identität eines imaginären Aktes (verlängern, teilen …) zustandekommt. Eine Länge verlängern oder sie teilen, einer Zahl — die *abstrakt* ist — eine Einheit hinzufügen — heißt eine *Aktion ohne Reaktion* zugrundelegen — so wie das Kind den Zug zu schieben glaubt, in dem es sitzt.

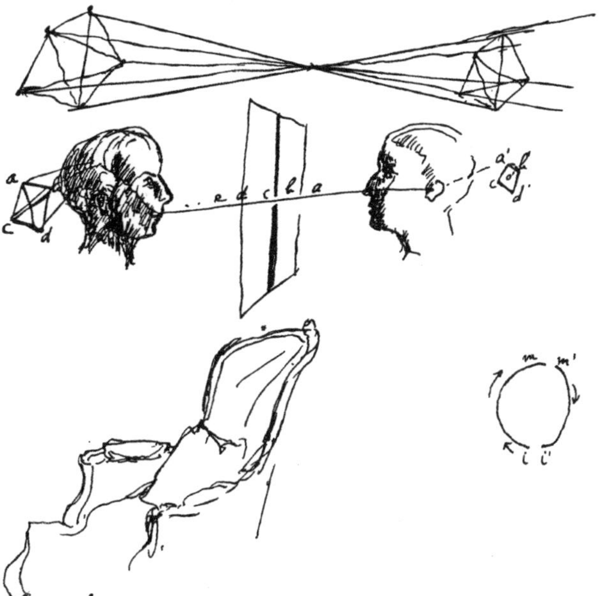

Ce sont les mots qui évoquent des actes simples qui font la valeur absolue du langage. *Marcher*, *toucher* -- Mais *rouge* est déjà plus ambigu.

Suppose que tu entendes les mots successifs d'une phrase

a avec des intervalles d'une minute ou deux entre eux.

C'est un grossissement.

Alors la zone de chaque mot s'élargit

Cette zone est irrégulière dans le temps, ou plutôt à chaque instant; elle est régulière ou complète à la longue et se groupe autour d'une des idées éveillées par le mot

Die Erziehung, das Alter, die Abstumpfung, die Erlebnisse — die auf den sensibelsten Teil des Ichs einwirken — *tabuisieren* schließlich gewisse Gedankenwege und verwehren bestimmte Verdeutlichungen. Sonderbare Signale werden eingerichtet, die im Augenblick der Annäherung bestimmter Gedanken, seien sie auch noch verborgen, gleichsam durch deren bloßes Ingangsetzen ausgelöst, Unruhe aufkommen lassen und das Wasser des geistigen Diamanten trüben — um bestimmten Vorstellungen den Intellekt-Status zu verweigern, um gewisse Überlegungen, da gefährlich und »gotteslästerlich«, unmöglich zu machen, um bestimmten Argwohn sogleich zu zerstreuen und gewisse Erinnerungen zu resorbieren — insofern Vagheit bei ihnen ratsamer ist als Klarheit, Vergessen besser als Bewahren.

… Doch bei gründlicher Durchleuchtung würden sich die verbotenen Dinge (wie auch sonst alles) als Höllen von Pappmaché erweisen. Und ohne die Sensibilität wären sie alle nur Kombinationen, nur Äquivalente.

Überlegung

Auf einmal, am Ausgang einiger Überlegungen mathematischer Natur, kommt mir ein seltsamer Gedanke, der nur durch die Art, wie er daherkommt, mit dem eben Gedachten zusammenhängt.

Ich überlege mir: Es ist merkwürdig festzustellen, daß das Gewicht, der Einfluß, die Auswirkung (usw.) unseres *verflossenen* Lebens auf unser *gegenwärtiges* Leben die Zeit, die wir voraussichtlich noch zu leben haben, zum Maße hat. Die Menge an Zukunft, die uns bleibt, macht uns mehr oder weniger von der Vergangenheit frei. Was wäre schon an ihr gelegen, wenn wir ∞ Tage zur Verfügung hätten?

Und folglich — wer seine Vergangenheit leicht nimmt, verlängert sein Leben.

Ich sehe, wenn ich erfinde — ich bin dann ganz *gegenwarts- und handlungsbezogene* Bewußtheit — verstehen und erschaffen sind untrennbar.

Ruhend jedoch bin ich einer der dümmsten Menschensöhne, und die Erinnerungen an das, was ich eben *gesehen* habe, erstaunen mich.
Unendlicher Unterschied zwischen einer Bleikugel, die bewegungslos in meiner Hand liegt, und derselben Kugel, wenn sie, abgefeuert, unsichtbar, mit einer Geschwindigkeit von 600 Metern in der Sekunde Mauern durchschlägt.
Ich bin jemand, der große Unterschiede kennt und der sich dadurch selbst aus der Fassung bringt.
Die Folge davon, ich suche in Zeiten der Schwäche an Zeiten der Stärke Halt — Daher die Fahndung nach Methoden, nach Formeln — die das Beste bewahren, Früchte des Sommers zum Überwintern. Es gilt, etwas zu finden, das sich auch der Schwachkopf zunutze machen kann, zu dem man wieder werden wird.
Ich verdanke viel meiner Dummheit.

Person und Eigentum — *Mein* Hut — *meine* Ideen. *Meine* Ideen sind die Ideen, die ich gehabt habe und die mir am besten zu meiner Idee zu passen schienen, dem Soundso nicht zu ähneln, und zu meiner Erinnerung, der und der gewesen zu sein. Und auch diejenigen, von denen ich spüre, daß ich sie besser verwenden kann — (und auf diesem Umweg eignet man sich die Ideen anderer an, unter dem Vorwand, man könne sie besser verwenden — »*Diese Idee muß mir gehören*«).

Die innere Beobachtung spielt sich gleichsam im selben Raum ab wie das, was sie beobachtet. Sie läßt sich nicht ohne weiteres praktizieren. Was beobachtbar ist, agiert. Wird es beobachtet, schwindet es dahin; fixiert, erlischt es.

Leben ist der Zustand, in dem die Möglichkeit zu reagieren aufrechterhalten wird.

Wir sind dauernd in einer gewissen *Distanz* zu unserem freiesten und verfügbarsten Zustand.

Man muß sich zum Mittelpunkt machen — und in jedem Augenblick seine geheime Position verändern, damit sie stets zentral bleibt. Das ist Freiheit.

Ich stehe auf. Gleich gehe ich diesen rituellen Initialkaffee kochen, von dem ich nicht weiß, wirkt er als Substanz auf meine Chemie, oder wirkt er eher als Geschmacks- und Reizmittel über die Sinnesempfindung als durch eine Änderung meiner molekularen Zusammensetzung — oder hat er nervliche Wirkung durch *chrononomische* Wiederholung (Periode), denn alle 3 Hypothesen lassen sich aufstellen.
Ich gehe also, und nun fühle ich einerseits die Ideen (verschiedenster Art) auf mich eindrängen, sich das Leben streitig machen usw. usw., andererseits nehme ich mich selbst wahr, wie ich gehe und handle in vollkommenem Automatismus — und Somnambulismus.
Ich nehme mich wahr als mein eigenes Phantom, als mein ganz regulär wiederkehrendes *Gespenst*. Alles, was ich tue, wurde schon einmal getan. Jeder meiner Schritte, meiner Handgriffe kann ohne mich geschehen — so wie die unmerkbaren und dabei essentiellen Vorgänge des vegetativen Lebens tatsächlich *ohne uns geschehen*.
Mein »luzider« Zustand macht mir das Mechanische meiner Natur klar. Und (was ungeheuer ist) er ist selbst ein Teil davon! Es ist eine *Gewohnheit*, daß ich — um diese Tageszeit — *Entdeckungen* mache und *Unvorhergesehenes* sehe!

Das Bewußtsein, zum Schutz des Lebewesens entstanden, setzt ihm später zu.

Reich an Geist

— Dieser/Ein/Mann verfügte in sich über solche Besitztümer, über solche Perspektiven, und er bestand aus so vielen Jahren Lektüre, Nachdenken, innerem Kombinieren, Beobachten; er war von solcher Verzweigtheit — daß seine Antworten schwer vorhersehbar waren; daß er selbst nicht wußte, wobei er enden, welcher Aspekt ihn schließlich frappieren und welches Gefühl in ihm vorherrschen würde; welcher Widerhaken und welche unerwartete Vereinfachung, welcher Wunsch, welche Entgegnung, welche Beleuchtung noch auftreten würden.

Das allgemeine Ziel meiner intellektuellen Tendenz war es, bei den »Bauarbeiten« das Bewußtsein an die Stelle des Unbewußten zu setzen.

Teste — Was tust du den ganzen Tag?
— Ich erfinde mich.

Ein Tag ist ein Blatt vom Baum deines Lebens.

Fensteröffnung. Luft um fünf Uhr sehr mild — — Sei gegrüßt!

Auftritt des Tages, seine Geburt. Er ist noch schwach und gleichsam zart, ein Neugeborenes — mit allem, was da ist an Verheißung, Befürchtung, Möglichem — rührendem Reiz. Doch die einzige Gewißheit ist, daß es mit ihm zu Ende gehen muß, daß dieser Schatz von Ressourcen verloren gehen wird — wofür immer er verwendet werden mag, was immer Natur, Zufall, Wille damit machen mögen — usw.

Du Morgenmond, du kühler, gelassener, voller Mond, du — Ich grüße dich, den ich wiedererkenne, denn oft schon traf ich dich an, wenn ich die Läden meines Fensters öffnete zu dieser Stunde, nie derselben und doch immer der gleichen, die für mich die Stunde ist, zu der mein Geist seinen Dienst wiederaufnimmt, und die die erste Zeit des Tages ist, noch rein und für sich, denn die Dinge dieser Welt, die Ereignisse, meine Geschäfte, mischen sich noch nicht in — — mich ein. —

Ein junger, starker Mann betrachtete eines Morgens »sein Leben«. Der Morgen war rein und warm. All seine Manneskraft erschien ihm in der Sonne; er atmete voll; er spürte sein Gewicht und seine Leichtigkeit, seine wilde Stärke und seinen fröhlichen Mutwillen, die Kräfte seines Geschlechts, seiner Arme, seines Blicks und seines raschen Urteils.
Er betrachtete einen Morgen lang sein Leben, sein Mögliches, so wie man in der Sonne ein schönes Schwert betrachtet, das gut in der Hand liegt.

Das Allerwichtigste im Leben eines — — — ist es, zwei Stunden pro Tag zu bewahren, während deren alle innere und äußere Erfahrung entweder vollzogen — oder bereinigt — oder ausgedrückt — oder annulliert — oder verwandelt wird —

durch einen *Jemand*, dessen Tag aus zwei Stunden bestehen soll, die jemand anders, vom selben Körper und vom selben Namen, sich die ganze Zeit über herauszuholen und mit Material, auch mit Schmerz und Leid — zu versehen bemüht. Er schläft, ißt, wirkt, leidet und genießt … doch alles für den Herrn der zwei Stunden.

Meine *natürliche* Arbeit, die Arbeit meiner inneren Natur — die ich mein ganzes Leben lang, seit ich 20 war, verrichtet habe, besteht aus einer Art *beständiger Vorbereitung, ohne Gegenstand*, ohne Endzweck — vielleicht ebenso instinktiv wie die Arbeit einer Ameise, obgleich mit einer additiven, perfektiven Tendenz; obgleich ohne praktische äußere Absicht, — und obgleich sie sich letztlich von der *Richtung* eines *zunehmenden Bewußtseins* bestimmen läßt, nach der seltsamerweise mit der Hartnäckigkeit und Beständigkeit eines Instinkts gesucht wird.
Alles andere, was ich gemacht habe, gehört zu meiner *künstlichen* Arbeit, mit der ich äußeren Verpflichtungen oder Impulsen gehorchte. Und das muß man verstehen, wenn man etwas an mir verstehen will — was allerdings keineswegs wesentlich ist — und auch nicht notwendig.
Daher meine sämtlichen Ansichten zu sämtlichen Themen — ich meine die wirklich durchdachten, nicht die bloß ausfluchthaften. Denn solche muß man ja auch haben, über alles und jedes, so wie jedermann.

»Glaubt ihr denn, ich hätte mich mein Leben lang um 3 Uhr früh erhoben, nur um zu denken wie alle andern?«

Pater Hardouin.

Wenn je dies Suchen hier an die Öffentlichkeit soll, dann noch am ehesten in der Form: ich habe dies gemacht und das. Einen Roman, wenn man will, und wenn man will, auch eine Theorie.
Die Theorie von einem selbst.

Apologie der Apologie

Diese Apologie ist für niemanden als für mich entstanden. In gewissen Momenten ist es für den Menschen unerläßlich, vor sich für sich zu plädieren. Zu verteidigen, was er ist. Was er zu sein glaubt, gereicht ihm zum Vorwurf. Ich bin sicher, daß der Beste, wenn er kein Tölpel ist, sich ausgerechnet zum Vorwurf macht, daß er der Beste ist. Gott ist Mensch geworden. Hätte er allenfalls sündigen können? (Ich bin nicht genug Theologe, um über diesen Punkt zu entscheiden.)
Und der Mensch kann daher nicht ohne etliche Schwierigkeiten sein, was er ist. Er bereut — sich, ersehnt — sich, kehrt sich nach sich selbst um.

Ich habe danach getrachtet, möglichst verschieden von den anderen zu sein — denn *andere*, das sind Typen von Wesen, die als bekannt gelten — als eindeutig festgelegt und also *begrenzt*, und die man folglich nicht zu wiederholen braucht. Damit man sich nicht selbst als unnütze Wiederholung vorkommt, gilt es, sich um jeden Preis von ihnen zu unterscheiden, man wäre sonst nur *Einer-mehr*, durch dessen Dasein nichts hinzugewonnen wird; nichts vermehrt wird außer einer Zahl.

Wiederholen heißt nicht, sich erinnern. Es heißt *handeln* — mittels und in den Grenzen der Erinnerung.

Die Schnelligkeit, mit der sich jemand, der aus tiefem Schlaf erwacht, wieder aufnimmt, um zu sein, was er war und was er sein wird, ist die Wirkung wundersamer *Abkürzung*. Er rüttelt sich auf und durchläuft in wenigen *Minuten* Solarzeit ein Intervall von Zuständen, das vielen Jahren von Schwangerschaft, Erziehung, Anpassung und Übung entspricht. Dieser Schlag des *allgemeinen Gedächtnisses* ruft fast augenblicklich das System zu seinen Aufgaben zurück, das Lebewesen zu seinen verschiedenen Vermögen, die Baustoffe zum Gebäude, das Nichts zur Handlungsfähigkeit, die Unordnung — zur Nutzbarkeit.

Deine Pflicht ist, zu erschöpfen.

Meine Arbeit ist eine Geduldsarbeit, ausgeführt von einem Ungeduldigen.

Mein *System*
Den *dauernden Augenblick* zu beschreiben suchen — ohne sich um die philosophischen Vorstellungen und verbrauchten Begriffe zu kümmern — —
Genau das habe ich gewollt.

Ich beobachte an diesen Heften, daß mein Denken sich besonders in Transformationen gefällt, die denen der Analyse ähneln und die aus einer spontanen Analogietätigkeit hervorgehen.

Ich beobachte nach wie vor das Funktionieren des Geistes. Ich möchte daraus das gewinnen, was Leonardo dem Vogelflug abgeschaut hat. —

Die drei besten Übungen — vielleicht die einzigen für einen klugen Kopf — sind: Verse machen, mathematische Studien treiben; Zeichnen.
Diese drei Tätigkeiten sind *Übungen* par excellence — das heißt nicht-notwendige Akte, mit vorgeschriebenen, willkürlichen und rigorosen Bedingungen.
Dies sind die drei Kunsterzeugnisse, in denen der Mensch seine Transformiermaschine weithin und genau empfinden kann. —
Ans Ziel gelangen trotz der Sprache; ans Ziel gelangen durch *eine* Sprache; die Bewegungen aufzeichnen, die durch Vision gesteuert werden.

Ich liebe nicht die Literatur, sondern die Akte und die Übungen des Geistes.

Die Stärkung eines Muskels durch Übung — die Verstärkung der Bedeutung oder der automatischen Koordination durch Gebrauch — dies sind zwei Funktionen derselben Variablen und in beiden Fällen, wie auch beim Gedächtnis, steigert das Funktionieren die Funktion.

Ausschließlich die Ideen gebrauchen, die ich selbst geschmiedet habe.

Am schönsten wäre es, in einer selbsterfundenen Form zu denken.

Geheiligte Arbeit des Menschen: sich neu errichten — dies ist die Definition des wirklichen geistigen Lebens.

Was bedeutet mir eine Kunst, deren Ausübung mich nicht verwandelt?

Ich werde dich lehren, dich deines Körpers und deines Geistes zu bedienen.

Wie löst sich das, was wir erworben oder erlernt haben, von der Epoche seines Entstehens, wie wird es beweglich, verfügbar, Bestandteil einer Klaviatur.

Ich habe ganze Denkweisen zum Ausschuß geworfen — so wie andere dorthin — Gedanken werfen.

Nicht um die Lösungen soll man sich sorgen, sondern um die Fragestellungen. Sich niemals mit der Lösung beeilen, vielmehr die Schwierigkeit vertiefen und näher bestimmen — sie wie einen Diamanten schleifen — strahlend und rein gestalten. Derart, daß die Gruppe der Verstehensaspekte sich auf einigen harten Spitzen dreht, die um so härter und glänzender sind, je mehr man ihre Anzahl verkleinert.

Unsere Widersprüche sind die Substanz unserer geistigen Aktivität.

Das Leben präzisiert die Kontur des Individuums — das heißt, das Leben bindet die Möglichkeiten, verringert die Freiheiten zugunsten von Geschwindigkeit und Genauigkeit des Handelns; danach stellt sich Verhärtung ein.

[...] Man trifft seine Wahl. Am modernen Leben schätze ich, was erlauben könnte, auf angenehmere und leichtere Art ein nicht modernes Leben zu führen.

Ich habe geglaubt und mir zum Grundsatz gemacht, daß meine Gedanken nur für mich selbst etwas taugen — waren sie doch aus meiner Ohnmacht, aus meiner Unwissenheit, aus meinen wirklichen Bedürfnissen geboren, und nicht aus fremden Problemen. (Die meisten Fragen der Philosophie scheinen mir *nicht meine* zu sein, abseitig und sogar bedeutungslos, — bar jeder Notwendigkeit — unüberprüfbar — und tatsächlich beruhen sie auf dem Glauben an einen losgelösten Eigenwert der gedanklichen Sachverhalte, woran ich nie geglaubt habe — denn ich erblicke in ihnen keinen anderen Zweck als das Vergnügen oder den Akt.)

Man muß die Mängel seines Verstandes und seines Charakters so klar wie möglich erkennen, einkreisen, umstellen. Mit ihnen rechnen. Den eigenen wunden Punkt kennen.

Das Ich zwingt mich dazu, es zu erfinden — dieses Ich, das ich nie sehe — und ich erfinde es, um ihm den Ursprung aller dieser wunderbar entsprechenden Wandlungen zuzuweisen…

So wie man in seinem Geist etwas verlieren kann, so kann man dort auch etwas finden.
Ist dieser Verlust mit diesem Gewinn vergleichbar? — Steht das Vergessen in einem bestimmten Verhältnis zum Erschaffen?
— Erinnerungsvermögen ist, mit seinem Geist das wiederfinden, was die Sinne durch die Bewegung der Welt verloren haben; und sogar der Geist selbst, den diese Bewegung sich jede Nacht verlieren läßt, findet sich immer wieder ein. Ebenso verliert der Geist das, was er gedacht hat, durch eine besondere Bewegung, die ihm eigentümlich ist.
— Ich selbst bin in jedem Augenblick ein ungeheures Erinnerungsfaktum, das allgemeinste, das irgend möglich ist; es erinnert mich zu sein, ich selbst zu sein, und mich immer wieder zu verlieren und als denselben wiederzufinden, auch wenn nicht ich es bin, sondern ein anderer. Ohne diese ungenaue Erinnerung gäbe es kein Ich. — Immer dann, wenn Erinnerung stattfindet, ist die Illusion von der Erhaltung eines Selbst im Spiel.

Das Erinnerungsvermögen ist die Zukunft des Vergangenen.

Die Vergangenheit? Es gibt eine, die ist *totes Gewicht*. Es gibt eine anverwandelte, die ist unentbehrlich — und es gibt eine, die ist Arsenal, Ressource. Und es gibt eine Vergangenheit, die ist Gift.

Das Vergangene stellt sich vollständig in der einen oder anderen Weise, entweder wiedererkennbar oder unerkennbar, zwischen mich und die aktuelle Welt.

Ich greife zur Feder um der Zukunft meines Denkens willen — nicht seiner Vergangenheit.
Ich schreibe, um zu sehen, zu *machen*, zu präzisieren, um fortzusetzen — nicht um zu verdoppeln, was gewesen ist.

Wir sind sicher, daß, was immer geschehen mag, etwas in uns sich nicht ändern wird.
Das ist nicht sicher, aber wir sind uns dessen sicher. Eine bestimmte Relation zwischen allem, was sich ereignet, scheint mir invariabel zu sein; und wir projizieren sie auf die Zukunft.

Die Ereignisse sind der Schaum der Dinge, wenn die Brecher über sie hingehen. Das Wichtigste ist das am wenigsten Sichtbare. Das Ereignis kommt hoch, erscheint, blendet, verblüfft — und verrauscht.
Man muß sorgfältig auf das achten, woran es nichts ändert. Das muß näher betrachtet werden.

Meine wirkliche »Dichtung« behalte ich zum persönlichen Gebrauch.

Nur eines gibt es, was mich »amüsiert« — eine bestimmte Art von Analyse, die ich für mich erfunden habe.

Daß ein Mensch ohne äußeren Zwang den besten Teil seiner Zeit und seiner Kräfte dafür hingeben kann, auf die Vorstellungen der Dummheit oder der Schlechtigkeit der anderen zu reagieren, die doch schließlich nur ein kleiner Teil der Objekte sind, die auf uns einwirken — das will mir nicht in den Kopf. Mein Bestreben geht im Gegenteil dahin, diese andern entweder außer Betracht zu lassen, oder sie als merkwürdige Dinge oder Tiere zu sehen, die ihrer Lebenslinie folgen, — mir Freiheit zu verschaffen von meinen Reaktionen, Abscheu, Empörung, Verachtung.

Sich abheben von seinen Neigungen, von seiner Nation/Rasse/, von seinem Akzent, seiner Sprache, seinen Stärken und Schwächen — von seinen systematischen Irrtümern, seinen Talenten, seiner Vergangenheit, seinen Ambitionen, seinem Haß; fühlen, daß man, was immer man sein mag, es wider Willen ist, stets durch Zufall; daß selbst diese Klarheit zufällig ist, ein Besucher hätte genügt, um sie zu verlieren, — erkunden, ob dieses Sich-Abheben, Zurückziehen eine *Idee* ist oder ob dies in Gestalt einer *Idee* Wesensausdruck von einem ist und — vielleicht auch — einer Eigenschaft der Wesen. Vielleicht erleiden sie, was sie sind, und bekommen es aus Zufall —?
Ich bin, weil ich nicht der und der bin.
Wieviel stärker wird man bei der Rückkehr seine Neigungen, seine Merkwürdigkeiten, seine Erinnerungen gewahr!

Nichts ist falscher als (zum Beispiel) die Verquickung von Innenbeobachtungen und Gedankenbewegungen, wenn sie ohne Vorsichtsmaßnahmen geschieht und ohne daß man das Berechnete vom Beobachteten unterscheiden kann; was wahrgenommen und was abgeleitet ist — was Sprache ist und was sich unmittelbar einstellt.

Ich habe versucht, mir meine eigene »philosophische« Sprache im Gefolge meiner eigenen Beobachtung und meines realen persönlichen Bedürfnisses zu schaffen; die Probleme der anderen verwarf ich — und ich zielte auf eine gesamthafte Idee des Denkens und Lebens, die mir nützlich sein sollte.

Mein Wörterbuch —
Ich habe mein Leben damit verbracht, mir *meine* Definitionen zu entwerfen.

Mein blindes Vertrauen in die Klarheit, in die Klärung.

Meine große Unternehmung auf dieser Welt (was ich zur Ursache von allem und jedem erkläre) sollte weiter nichts gewesen sein, als das innere Wörterbuch neu zu machen — jeglichen Gedanken neu zu definieren — in Frage zu stellen —

Memoiren meiner selbst
Von 1892 bis 1912 (auch nachher noch, aber nicht mehr ausschließlich) beschäftigte ich mich auf meine Art mit einer namen- und gegenstandslosen Arbeit, ohne die geringste Ermutigung, ohne etwas *zu bezwecken*, ohne es auf ein Werk abzusehen, — mit keinem andern Ziel als dem, meine Vision vollständig mit meinen wahren Fragen, meinen wahren Kräften in Übereinstimmung zu bringen.

Ich möchte die Empfindung des Virtuosen teilen, der, mit dem Ohr am Holz seiner Geige, seiner eigenen Hand lauscht und einen geschlossenen Sinnkreis bildet, in dem berückenden Gefühl, er könne ihn in beide Richtungen durchlaufen. Sich-Zuhören und Hervorbringen: Einheit.

Skepsis

Skepsis ist ein alter, aus der griechischen Philosophie stammender Begriff, der auf Pyrrhon von Elis zurückgeht und sich vom griechischen Verb *skeptesthai* herleitet (›umherspähen, suchen, prüfen, genau betrachten‹). Demnach ist er nicht – wie häufig in der modernen Verwendungsweise – auf das Zweifeln hin zu verengen, obwohl er damit zusammenhängt. So verstanden, ist ein Skeptiker kein alles und jedes Bezweifelnder, sondern einer, der – umherspähend, suchend, prüfend, genau betrachtend – eine forschende, scharf observierende Haltung zur Welt einnimmt und sich um eine kritische Distanz zu den von ihm untersuchten Gegenständen bemüht. Dieser Drang zur Infragestellung entspringt einer genauen und möglichst unvoreingenommenen Beobachtung. Eine skeptische Haltung bedeutet also, daß grundsätzlich mit dem kritischen Prüfen, Befragen und Forschen nicht aufgehört wird. Dieser Definition zufolge wäre Valéry ein Skeptiker, da es auch ihm vornehmlich um das Prüfen geht: Er übt und stärkt seinen Geist durch rückhaltloses, dabei präzises Fragen (*facultas interrogandi*) bzw. durch Infragestellen des sicher Geglaubten. Dadurch werden drei Aspekte berührt: das Überprüfen, die Fragen und der Glaube. Und bei all diesen Themen schwingt das (sokratische) Nicht-Wissen in Form eines Nicht-sicher-wissen-Könnens mit. Dazu paßt, daß Valéry selbst philosophische Dialoge mit der Figur des Sokrates geschrieben hat, die zu einer kritischen Überprüfung der eigenen Voraussetzungen oder Vorannahmen aufrufen. Valéry fragt sich und damit auch den Leser: *Woher weißt du, daß du weißt, daß du weißt, was du weißt?*

Denken ist unablässiges Durchstreichen.

Einer, der das, was er *denkt*, für etwas anderes hält als eine Annäherung und ein Durchgangsstadium — ein *Provisorium* — ist ein Tor.

Alles, was wir wissen können, ist an Voraussetzungen geknüpft, von denen wir nur einige ahnen — die wir im übrigen nicht genau ausdrücken können.

Neun Zehntel dessen, was wir von uns wissen, wurde uns von anderen gelehrt oder eingeblasen.
Noch der intimste Monolog ist importiert.

Ich bin dessen *sicher*, aber ich weiß, daß diese Gewißheit ebensoviel Stärke hat wie die meiner eigenen Existenz, *nicht mehr*. Die Dinge *sind*, insofern auch ich *bin*. Nicht mehr. Sicher sein, das ist relativ zu Handlungen. Mehr nicht.
Es ist eine reziproke Beziehung. Mehr nicht.

Gewißheit ist nicht die Sache des Geistes.

Skeptiker ist, wer in den Worten des anderen und in seinen eigenen Gedanken alle Veränderungen wahrnimmt, denen man sie unterwerfen kann, ohne daß sich im Sichtbaren etwas verändert.

Philosophie — *unbegrenzte* Ausübung der Fragefunktionen des Geistes.

Die Unfähigkeit zu *glauben*, die eingefleischte Gewohnheit überprüfen — in Auseinandersetzung mit dem, was gemeinhin erlaubt, *glauben zu machen*, Antworten zu geben.

Meine Philosophie möchte sich auf Relationen zwischen beobachtbaren Dingen beschränken.

Es gibt keine Wunder. Es gibt nur wundersam Berührte.

Die Termini der Metaphysik sind Banknoten oder Schecks, die die Illusion des Reichtums vermitteln. Diese Illusion ist nicht zu verachten. Noch weniger ist sie aber mit realem Besitz zu verwechseln.

Der Metaphysiker versucht zu sehen, was man nicht sieht. Er sucht andere Wesenheiten, andere Beziehungen; das, was ist, genügt sich nicht, und er stellt Fragen, deren Antwort sich in den beobachtbaren Dingen nicht finden läßt. Solche Antworten nennt er Wahrheit.

Man wirft mir vor, keine Metaphysik zu bieten, kein Ziel der Ziele zu bezeichnen, bestimmte psychische Bedürfnisse nicht zu befriedigen — sondern nur einen Vorschlag für das Forschen zu unterbreiten, für die Strenge, ein Beispiel für »Offenheit«, Gleichgültigkeit gegenüber dem Inhalt und Eroberung allein der Form.
Wohl deshalb, weil ich nichts vom Simulieren halte — usw. — von *Kredit* — von glauben und glauben machen.

Über Leonardo — usw.
— — Man muß mit *realen* Instrumenten ausgerüstet sein, etwa dem Zeichnen und dem Vermögen zu zeichnen.
Zu welchem Zweck? — Vor allem *gegen* die Metaphysik, und genau das haben verschiedene subtile, furchtsame Metaphysiker durchaus empfunden und durch *Bilder* zu ersetzen gesucht. —
Die wahre Philosophie wäre insgesamt nur ein Instrument des Denkens und keineswegs ein Zweck — also eine rationale, geraffte Adaptation.
Es gibt keine höchste und letzte, endgültige Erkenntnis — keinen göttlichen Standpunkt, keinen goldverzierten Balkon.
Nur die gezügelte Handhabung, das zugerittene Hirntier — dessen Reiter jeder beliebige Umstand sein kann, die Gegenwart, der Zufall.

Beispiel für einen metaphysischen Schub:
Ich ertappe *mich* dabei — mich nach der *tieferen* Bedeutung des Prinzips von Aktion und Reaktion zu *fragen*, dem Prinzip, das von Newton der Erfahrung entnommen wurde! Als ob diese Beziehung zwischen Bewegungsquantitäten sehr viel näher bei irgendwelchen *Geheimnissen* läge als die einzelne Erfahrung, aus der man sie ableiten kann!

Alle Metaphysik rührt von einem schlechten Wortgebrauch her.

Philosophie. Wir wissen sehr wohl, was *Materie*, *Zeit*, *Geist* usw. sind, da wir uns über diese Zeichen so weit verständigen ... daß wir über ihre Bedeutungen streiten können. Was wir jedoch in allen Fällen wissen wollen, — ist, wie sie mit unserem übrigen Wissen zusammenhängen. Wir wissen genug über sie, um sie en passant zu gebrauchen — nicht genug, um bei ihnen zu verweilen. Das ist die Beobachtung des Augustinus.

Die »Wissenschaft« konnte Erfolg haben nur dank dem Unbelebten. Sobald man vom Unbelebten weggeht, kommt Erfindung auf und dichtet hinzu, drängt sich das Belebte in das, was es sieht, und animiert es auf seine Weise.

Wissenschaft, ein Werk, gesponnen aus Skepsis, gelangt zu einem naivem Glauben an sich selbst.

Das Erwachen verschafft den Träumen eine Reputation, die sie nicht verdienen.

Wir nennen Traum die Erinnerung an einen Traum. Nichts beweist, daß die Erinnerung mit dem Traum selbst übereinstimmt.

In Wahrheit sind alle unsere Ausdrücke des Traums falsch. Die Sprache hat keine Macht darüber — Das Lineal deckt sich nicht mit der Kurve.

Wir kennen den Traum nur aus der Erinnerung.
Vor allem ist er Erinnerung.
Und vielleicht weisen wir ihm einen Sinn zu, um uns seiner zu erinnern, und interpretieren ihn gerade im Augenblick des Erinnerns / auf dem Weg zur — im Vorgang der Erinnerung / — ohne es zu wissen — aus natürlichem Bedürfnis; und der Traumdeuter, dem dies Amt oblag, tat dasselbe, was wir tun. Nur verlieh er ihm einen allegorischen Sinn und wir einen wörtlichen. Wir sagen: Ich sah einen Mann — usw.
Was uns dazu bringt, ist die Vorstellung von vor dem Schlaf — die eine Vorstellung von Dingen ist, aber ohne Bedeutung.

Descartes, zweifelnd ob er existiert, ist doch Descartes, der den Wörtern *sein* oder *existieren* einen Wert gibt, der größer ist als jeder Wert, den der Intellekt messen kann — oder zuweisen.

Das Nicht-Verstehen war es, was mich vorantrieb.
Zu früh »verstehen« — setzt einen dem Risiko aus, kein Bewußtsein zu haben davon, was das Verstehen ermöglicht oder organisiert — genauso wie sich bewegen oder etwas tun ohne Widerstand oder Schmerz einen zu der Annahme verleitet, der Akt sei etwas Einfaches und nicht ein vielfach Zusammengesetztes.

Eines der Wunder dieser Welt, vielleicht das allergrößte — ist die Fähigkeit der Menschen, das, was sie nicht verstehen, so zu sagen, als ob sie es verstünden, und zu glauben, daß sie es sogar denken, obschon sie es eigentlich nur zu sich selbst sagen.

Das Glauben. Die wirkliche und unentbehrliche Funktion des *Für-wahr-Haltens* ist eine praktische. *Man kann nichts machen*, ohne gewisse Teile der Wahrnehmungen zu *vernachlässigen* und ohne dem Festgehaltenen nicht-erwiesene *Werte beizulegen*. Ich kann nicht gehen, ohne zu *glauben*, daß, so wie ich es *sehe*, der Boden fest ist, aber was ich sonst von meinen Beinen wahrnehme, vernachlässige ich.

Man glaubt immer an etwas.
Wer zweifelt, glaubt an sich, den Zweifelnden. Dieser Glaube an Sich allein wird Stolz genannt.
Ob man sich auf sich verläßt, an einem bestimmten Punkt, an dem man an einem bestimmten Tag stehengeblieben ist; ob man auf das Wort des anderen baut; ob man bei einer gefundenen Idee ausruht oder bei einem Geheimnis, das man nicht aussprechen kann — stets hält man sich an irgendeinen besonderen Punkt, zu dem man zurückkehrt. Du kehrst stets zu deinem Gott zurück und zu den Empfindungen, die er in dir

inertie

Une "idée" us agité, nous émeut. Si dans cet
état de sa présence il us est tout à coup démontré
qu'elle fût sans corps, sans fondement, ~~toutefois cette~~
~~abolition~~ (comme de se souvenir de ce que l'on fit d'une
chose qu'on avait cru perdue par quelque oubli) — toutefois
cette abolition intellectuelle de la "cause" ne supprime
pas le tout de l'effet — et l'on se trouve encore quelque
temps d'excitation, d'oscillation — d'une sorte de
force..

Ceci montre qu'il y a une <u>inertie</u> — que l'idée
trop prompte s'est imposée à un système... <u>inintel-</u>
<u>ligent</u>, qui, ébranlé par ce que nous savons à tel
instant n'est pas remis au repos par ce que nous
savons, à l'instant suivant, et qui annule ~~le~~ le jugement
formé dans le premier.

weckt. Ich kehre immer wieder zu meinem Gefühl für Klarheit zurück, zum Gedanken meiner klar begrenzten Fähigkeiten und ihres vollständigen Gebrauchs.

Was an Religiösem in mir ist, steht der Religion entgegen. Glauben — aus dem Glauben einen Selbstzweck machen — das will mir nicht in den Sinn. Ist glauben nicht in jedem Fall ein Notbehelf? Ist es nicht etwas Vorläufiges, eine vergangene oder zukünftige Erfahrung, die in Elementen (Vorstellungen oder Sätzen) vergegenwärtigt wird, welche einen gehörigen Anteil Hypothese und viele Unbekannte enthalten?

Ich glaube nicht an das, was ich sehe.
Darin einem »Mystiker« ähnlich, wie man sagt.
— Ich sehe was ich sehe mit einem Blick, der »gleichzeitig« mit den dargebotenen oder aufgenötigten Gegenständen ihren Feldbereich, ihre Tangentialpunkte, ihre Gruppenzugehörigkeit, ihr Referenzsystem und auch die Freiheiten dabei wahrnimmt.

»*Glaubt* das.« — Warum? — »Weil es zu eurem Vorteil ist.« — Woher wißt ihr das? — »Ich glaube es.« — Muß ich also glauben, weil ihr glaubt? Denn das ist das einzige wirkliche Argument, das ihr mir anbietet, indem ihr selbst zugebt, daß alle anderen euren persönlichen Spieleinsatz zu ihrer Begründung erfordern — Ihr kommt in allen vor.
Ich muß mich also fragen, was ihr wert seid. Angenommen, ich finde, daß eure Wissenschaft in manchen Punkten recht wenig im Bilde ist — und daß ihr an Dinge *glaubt*, die ich überwunden weiß usw. — von denen ihr aber noch immer Aufhebens macht, was müßte ich daraus für eure anderen »Überzeugungen« folgern?

Zu sehen, wie ein Mann, dem offensichtlich jeder geistige Schliff abgeht, eine literarische Feinheit, ein Denk- oder Ausdrucksproblem »erklärt« — das ist demoralisierend. Es ging mir nicht ein, daß solch ein diplomierter Tölpel verstehen können sollte, was ich nicht verstand. Und ich gewöhnte mich daran, nicht zu wissen noch zu verstehen — Was zur Folge hatte, daß ich mich in petto von diesen Figuren und ihren Wahrheiten lossagte — und mich einer anderen Spezies zugehörig fühlte — einer in vielem unterlegenen — die sich auch darein schickte und nur von ihren eigenen Ressourcen zehren wollte. Ebenso unmöglich erschien es mir, daß irgendein Priester wirklich zu wissen vermöchte, was er lehrte, und zu verstehen, was er sagte. Eben dies aber setzt der Glaube voraus —, und auf dieses schlichte Vertrauen beschränkt er sich für einen jungen Geist. — Ich konnte mir nie vorstellen, daß ein Mensch mehr wußte als ein anderer, es sei denn durch Beobachtung mit seinen Augen oder durch einen bestimmten Aktions- und Operationsmodus.

Glauben, in welchem Zusammenhang auch immer, hielt ich also für einen provisorischen Zustand. Einen Notbehelf. Man kann dessen nicht entraten, wie man sich denn mit wenig begnügt, sei es aus Gleichgültigkeit, aus Not oder aus schlichter Nachlässigkeit und Trägheit. Der *Glaube* aber verlangt, daß man diesem Minimum mehr Wert *beimißt* als einer wohlbegründeten Gewißheit.

Nebenbei bemerkt, überzeugte mich der Beweis der Gleichheit der Dreiecke nicht mehr als der der Dreieinigkeit.

Ich habe diesen euklidischen Beweis nie verstanden — und diese Art Widerstand — vom Schulunterricht in Widerwille verwandelt — hat meine mathematische Ausbildung auf immer verdorben.

Mir schien, man könne nicht *in seinem Geist* ein Segment verschieben, um es über ein anderes zu legen, ohne *im voraus* zu besorgen, daß es deckungsgleich bzw. nicht deckungsgleich sein wird. Segment, Verschiebung, Beibehaltung, Differenz, das sind gedachte Elemente —, und das *beweist* nichts. Wenn die Operation dagegen materiell vor sich geht — kann sie

nicht allgemeingültig sein — und der Lehrsatz löst sich in nichts auf. Der Befund geht nicht über seine Genese hinaus. Ein Dreieck, dessen Scheitelpunkt Sirius, Wega und Antares bilden, läßt sich im übrigen schlecht handhaben — und selbst daß es vorhanden ist, bleibt leicht bestreitbar — sofern man es nicht mit einer kleinen Figur auf einem Blatt Papier verwechselt ... Hier würde der Priester sagen, was auf der Erde verbunden und unverbunden ist, wird es auch im Himmel sein!
— Aber vielleicht muß es schlechte Schüler geben, *vernagelte* Köpfe —, damit einige den unfähigen Lehrern Widerstand leisten? Denn ein guter, gelehriger Schüler eines dummen Lehrers spiegelt dessen Dummheit wider und wird dafür belohnt, daß er sie assimiliert hat. Man erlebt es täglich.
— In diesem Unterricht wurden einem weder die richtigen Wörter noch die richtigen Laute der Sprache beigebracht, noch lehrte er einen den Umgang mit den Formen und Wendungen, die sie besitzt, und schon gar nicht ihre Strenge und ihre Freiheiten.

Die Kirche kultivierte die Furcht vor dem Unbekannten im Tod, so wie man seinen Besitz, seine Erbsen kultiviert.
Diese bedachte Kultivierung besteht darin, Geheimnisse zu säen, wo keine sind. Die Beobachtung lehrt, daß die Toten tot sind, nichts mehr zu befürchten haben, nicht mehr sind. Das ist sonderbar, sogar unvorstellbar — jedoch nicht mehr, wenn nicht gar weniger als Befruchtung, Geburt oder Wachstum —

Unsere Religion ist, glaube ich, die einzige, welche diese Absonderlichkeit kennt: *die Anstrengung zu glauben*, das *Glaubenwollen* und den Wert, der diesem »Glauben« beigemessen wird — (der, wenn er nicht naiver, unbewußter Glaube ist, mir verdächtig, geheuchelt, berechnet erscheint).
Glauben = ein Mittel, etwas zu erreichen (den Himmel).

Der entscheidende Dialog —

Der Priester versucht, den mutmaßlichen Sünder zu bekehren, kommt ihm mit künftigem Leben, göttlicher Barmherzigkeit usw. — und der erwidert: Sprechen wir doch offen, mein Herr — *Ich sterbe* — Was geschieht danach? — Was empfinde ich dann, da Sie doch behaupten, daß ich etwas empfinden werde? — Was sehe ich — sogleich? und wie empfinde ich mich? — Haben Sie eine Ahnung von diesem Zustand? — Wenn er mit nichts zu vergleichen ist, was wir kennen, braucht man nicht darüber zu grübeln — — Es gibt ihn nicht. — Sie geraten ins Stottern — Sie haben also nie gewagt, darüber nachzudenken — Sie sprechen davon, doch wenn ich die Initiative ergreife, geraten Sie in Verwirrung — Kommen Sie! Beichten Sie selbst — Geben Sie zu, daß alles nur angelernte Wortmacherei ist — usw. usw.

Im Grunde halten Sie mich für einen Trottel, und müssen Sie denn, nur weil man sterben muß, so tun, als glaubten Sie zu wissen, wo Sie doch nicht wissen?

Zwei Menschen, der eine *gläubig*, der andere nicht; der eine hält an einer »Schöpfung« usw. fest, der andere nicht — *sehen* beide dasselbe?

(Ich meine nicht das naive Sehen.)

Wie können sie aber so verschieden sein? Ich kann mir nicht denken, daß der Skeptiker, wenn er sähe, was der Gläubige sieht, selbst gläubig würde.

Wenn ich recht habe, dann ist es nicht das, was der Gläubige vor seinem geistigen Auge ausbreiten kann, was ihn glauben macht. Er glaubt vielmehr dem, was er sieht, zum Trotze — (sofern er nicht bloß ein Dummkopf ist).

Er hält die Lehrsätze und was sie bedeuten für denkbar, erblickt in ihnen jedoch nur Symbole.

Symbole wofür? — Für einen bestimmten *Zustand*.

Glaubensdinge.
Eine Religion ist eine Organisation des »instinktiven« psychischen und affektiven *Komplements*, welches die menschliche Existenz beisteuert, um einen Status ohne Antwort oder ohne Ausweg *abzuschließen* — Im Grunde, um eine Frage, eine Gefahr, einen Druck, ein Rätsel zu *beseitigen*.

Meine zunehmend heftigere Reaktion gegen Religionen und Religion. Es ist mir unerträglich, Dinge anzuhören, die denen, die sie vorbringen, nicht als das gelten, was sie *sind*. Niemals eine klare Antwort auf einfache, klare Fragen. Man könnte eine Liste erstellen mit Kunstgriffen und Ausweichmanövern und Tiefschlägen. Daher sind Kinder und Kranke günstiges Terrain.

Glauben — das heißt »den Teil für das Ganze nehmen«.

Der Glaube ist eine Stärke, die sich für eine Wahrheit hält.

Um den Glauben zu erschüttern, genügt es, sich einen Spiegel vorzustellen, in dem der *Glaubende* sich zuschaute; *wie er glaubt*.

Das Glauben und die Geschichte —
Kann eine »demokratische« Politik auch »skeptisch« sein? Kann Demos ohne Idole auskommen?

Und selbst eine »Gesellschaft« (eine *Reziprozität*) mit offenen Karten und Kontrollen?
Es ist aber so, daß *Gesellschaft*, europäische Gesellschaft, gegründet auf Treu und Glauben der Barbaren (Thron und Altar) und auf lateinische Anschauungen (Eigentum usw., familia) — allmählich immer stärker von wissenschaftlichem Positivismus durchdrungen ist — von *reductio ad facta*. Daher die Störungen.

Der gefährlichste Skeptizismus ist zugleich der argloseste.
Die naive Frage des Kindes trifft den wunden Punkt. Warum fällt der Mond nicht auf die Erde? Frage, die Aristoteles sich nicht zu stellen wußte.
— Der Geist des Menschen bildet sich durch derlei naive Fragen, zu denen dann die von den Großen erteilten lächerlichen Antworten hinzukommen, welche die Gewohnheit erzeugen, sich mit Wörtern abspeisen zu lassen. Notlösung.

Ein Unterricht, der nicht dazu anleitet, sich Fragen zu stellen, ist schlecht. Der Schüler soll fragen — nicht der Lehrer.

Die Erfindung der *Null* ist eine der schönsten, die je gemacht wurden. Die Erfindung *Gottes* ist minder geglückt. Man hat kein Symbol zu definieren vermocht, das ausdrückte, was man an *Wissen* — *Können* — *Wollen* brauchte, um den Mythen *Universum, Mensch, Bewußtsein* usw. einen *Sinn* zu verleihen.

Der Konstruktionsfehler der Gottesidee — sie ist eine durch eine Frage ausgelöste *Antwort* von derselben Stärke wie diese, von der sie jedoch nur die Komplementärerscheinung darstellt. So wie ein bestimmtes Grün einem bestimmen Rot entspricht, so auch ein bestimmter Gott einem bestimmten Anspruch.

Vor zehntausend Jahren sagte man: der Himmelsgott regnet, donnert usw. Eines Tages dann haben sich der Himmel, Gott hinter dem Pronomen *es* versteckt.
Vielleicht (sofern die Sprachen sich einige Verwandlungskraft bewahrt haben werden) sagt man morgen: *›Es denkt‹*, *›es will‹* anstatt ICH — diese Verben würden unpersönlich, die Wörter *Geist, Wille, Seele* usw. würden sich zu *Dyaus* und *Coelum* gesellen.
Und Ausdrücke wie *Ich denke, ich handle* entpuppten sich als Kuriositäten.

Nur wenige Geister kümmern sich darum, die Frage zu prüfen, bevor sie die Antwort liefern.

»Recht besehen« ist das, worauf es ankommt — der Fragenkatalog. Es gilt also herauszufinden, was Fragen entstehen läßt und was sie annulliert — und zwischen den verschiedenen Fragen zu unterscheiden — sowie zu bestimmen, was wohl für die Annullierung solcher Fragen verantwortlich ist, die fortdauern.
Insbesondere diejenigen klar bezeichnen, die aus der Sprache hervorzugehen scheinen, also *Scheinfragen* und *Scheinantworten* aufspüren — die beide gleichermaßen vom Sprachgebrauch abhängen.
Desgleichen, allgemeiner gesagt, sich nicht durch Fragen und Antworten ködern lassen, die nur aufgrund von Konventio-

nen existieren — wie etwa bei Spielen — diese als *Übungen* begreifen.

Vielleicht spricht Daimon:
Ich bin ganz Suche. Ich kann mir nicht vorstellen, wie jemand *gefunden* haben soll. Wie kann man gefunden haben? *Das hieße ja, auf alles eine Antwort haben.*

Täglich neue Fragen.

Was kann ein Mensch?

Valéry konstatiert: *Meine Philosophie ist nicht erklärend, sondern operationistisch.* In dieser Beschreibung zeigt sich sein entwickeltes Bewußtsein für die Fähigkeit und den Wert des Hervorbringen-Könnens (man beachte das Bedeutungsspektrum des französischen Wortes *faire*). Valérys Haltung bzw. Orientierung weist hier viele Parallelen zum ästhetischen Imperativ des Biokybernetikers und Epistemologen Heinz von Foerster auf, der lautet: »Willst du erkennen, lerne zu handeln!« Wie stark Valéry am Können und am Möglichen orientiert war, zeigt sich auch in dem Umstand, daß er seine Hefte in den frühesten Morgenstunden führte und nicht als bilanzierende, gegen sich selbst moralisierende abendliche Tagebucheinträge. In den *Cahiers* möchte er sein *Denken schreiben können* und spricht von einer *Gymnastik des Denkens.* Seine einschlägigen Ideen lassen sich auch als Versuch ansehen, den Menschen in erster Linie als Fähigkeitswesen zu begreifen – und nicht als Mängelwesen (wie Arnold Gehlen). Valéry scheint bewußt zu sein, daß die Frage *Was ist ein Mensch?* – wie sie innerhalb der philosophischen Anthropologie gestellt wurde – leichter ins Ideologische führen kann, als die Frage *Was kann ein Mensch?* Übrigens wurde 1937 bezeichnenderweise für ihn ein Lehrstuhl zum Themenbereich ›Poietik‹ eingerichtet, wobei der gräzisierende Begriff ›Poietik‹ in etwa bedeutet: Theorie des Machens, Herstellens, Verfertigens (von griech. *poiein:* machen, tun); er ist aber auch als bewußte Abgrenzung wie als Weiterführung zum lautverwandten Begriff der Poetik zu verstehen.

Meine beiden Fragen: Was kann ein Mensch?
Wie »geht« das?
Aber man muß dieses »Können« präzisieren.

»Was vermag der Mensch?« (Teste) ist entschieden die größte Frage. Doch *vermögen, können* hat 2 Bedeutungen — eine passivische und eine aktivische.
Ich KANN *hören, spüren,* ertragen, verändert werden, erleiden usw. — das ist die Bedeutung von »Eigenschaften« — und der Aspekt der *Sensibilität.*
Ich KANN *tun,* handeln, *ändern* — das ist die Bedeutung von *Fähigkeit* — und der Aspekt des *Handelns.*
Zwischen beiden vermischte Möglichkeiten:
Ich *kann* mich *erinnern* —
dazu kommen jene Handlungen, die bisweilen Reflexe, bisweilen willentlich sind.

Wer hat dies alles *gemacht,* diese *Welt* usw. usw.?
Aber was verstehst du denn unter *Machen*? Denk zuerst über dein *Verb* nach, bevor du ihm den Topf WELT an den Schwanz bindest — wo du schon recht verlegen wärest, wenn du dieses alte Wort ein wenig anhalten würdest in dem Wunsch, etwas Eindeutiges an seine Stelle zu setzen. Die Analyse der Idee *Machen* zerstört die verallgemeinerte Kausalität.

Dieser Gedanke: Claude ist mein Sohn — impliziert eine ganze Erinnerungsgeschichte. Der Anblick von Claude vermittelt mir nicht, daß er mein Sohn ist, doch er ruft in mir eine besondere Reihe von Erinnerungen wach, die ich mit jenem sprachlichen Ausdruck abgekürzt wiedergebe. Es besteht also eine *Beziehung* zwischen ihm, dem Objekt, und einer Reihe, die nicht durch das Objekt, sondern durch *uns* begrenzt ist.

Was unser Gedächtnis von sich aus behält, das ist unsere Substanz, das Fleisch unseres Interesses. Daraus muß man unsere Begabung herleiten.

Der Mensch muß all das erst erlernen, wofür er geschaffen ist.

Das Kind, das zu gehen versucht — und dem soeben einige Schritte gelungen sind, nämlich zwischen seiner Mutter und einem Stuhl, der ihm als Ziel dient — macht eine grundlegende Erfahrung — die ihm ein Leben lang nützlich sein wird. Es ist ein Werk. Das Kind erreicht *ein Ziel* — Es lernt, was ein Ziel ist. Es bekundet Freude.

Man muß lernen zu *gehen*, zu *tanzen*, zu *schwimmen*; zu *lesen*; Formen der Sprache zu gebrauchen (*schreiben*), sogar *Schönschrift; richtige* Verse zu machen; die *Wörter einzuschätzen*; zu *sehen* und zu *hören*; Akte des Geistes zu vollziehen — zu rechnen. Mithin Funktionen zu entfalten oder zu erwerben, nicht Begriffe. Diese haben Wert nur als Symbole von Funktionen und dürfen nicht losgelöst von diesen betrachtet werden.
»Was ist der Raum?« Absurde Frage. Das heißt, seinem Schwanz nachzujagen.

Das Können hat Vorrang vor dem Wissen. Leonardo sah, daß man *A* nur dann wirklich kennt, wenn man es macht, und daß, wenn man *A* machen kann, dies bedeutet, daß man nicht nur *A* machen kann, sondern auch *A'*, *A''* — also Verwandte von *A*.

Der Gedanke des *Könnens* ist nach wie vor mein Zentralgedanke.

Du bringst mir nichts bei, wenn du mir nicht etwas zu tun beibringst.

Das Schwierigste bei jedem »philosophischen« Problem ist, genau zu wissen, *was man will.*
Vielleicht hat mich deshalb mein Instinkt stets veranlaßt, zu fragen (als wesentliche, ursprüngliche Frage), *was man kann.*

Mein »Cogito« — Es steht im *Abend mit Herrn Teste* — — — »Was kann ein Mensch?«

Consciousness

Das Denken verdeckt, was denkt. Die Wirkung verbirgt die Funktion. Das Werk absorbiert den Akt. Der durchlaufene Weg absorbiert das Laufen —.
Der Denker erkennt sich nicht wieder in seinem Denken. Er erkennt sich nicht wieder in seinem Schatten und dem seiner Hände.

Die Bedeutung, die Descartes diesem *Ich bin* gab, ist nicht… *cartesianisch.* Zu folgern: *Ich bin*, bringt mich an keiner Stelle weiter.
Ich hätte gesagt: *Ich bin* heißt nur: *Ich kann* — und *ich denke* hat keinen anderen Sinn — da alle Beispiele, die Descartes anführt (ich zweifle — ich folgere —), nichts anderes meinen als *ich kann.* Folglich gilt es, das Können und das Mögliche zu bedenken. Allerdings gehen dabei Unabhängigkeit und geschaffene Abhängigkeit begrifflich durcheinander.

Wissen — Kants Analyse war bloß eine des VERBALEN Wissens. Daher Irrtum — Das wirkliche Wissen ist Können. Kant war nur auf ein — illusorisches — verbales Wissen aus. Die Grundfrage ist aber die nach der Natur des *wirksamen* Wissens — desjenigen nämlich, welches, auf das Notwendige und Hinreichende reduziert, in das äußere Handeln eingehen kann.

Ich mache keine *Metaphysik*, das heißt, ich hüte mich davor, den Wörtern mehr Kraft und mehr Ausdehnung zu geben, als ich habe.
Ich bewundere diejenigen, welche vom Universum reden, von der Zeit, vom Leben — als ob sie nicht daran zweifeln würden, daß diesen schönen Namen etwas entspricht und dem Aufruf gehorcht … und als ob sie noch über einen anderen Bereich verfügen könnten als über den Kreis ihrer Hände und die Dauer einer Aufmerksamkeit.

Die Idee der Gymnastik ist entscheidend — Darin gründet meine Philosophie.
Beständige Bewegungsübung der beiden großen gegenläufigen Operationen: vom Bewußten zum Unbewußten wechseln, vom Unbewußten zum Bewußten.

Es gibt keine Philosophie, die vor der Ausübung und Gymnastik des Denkens bestehen könnte. Das ist das Wichtige, wenn denn irgend etwas im Bereich der mentalen Operationen wichtig ist, wo es keine Verifikation, keine Sanktion oder gesicherte Anwendung gibt. Gerade das wird aber durch den Unterricht verdorben und durch den Historismus, der mit seinem Aussatz das Leben überzogen hat.

Alle Kenntnis, die sich auf bloße Lektüre stützt — die man einzig durch sprachliche Übermittlung und Gedächtnis erwirbt — erweitert nicht das Handlungsvermögen, ist zweitrangig.
Solche Kenntnisse verändern nicht den Handlungsradius, den *Raum des Lebewesens*, sondern nur das *Dekor*.

Negative Auswirkungen von Unterricht.

Durch Unterricht lernen wir dies oder das. Gleichzeitig aber läßt er uns dies oder jenes verlernen, allerdings nicht nur im positiven Sinne, als den unterrichteten Dingen entgegengesetzt. Sondern *negativ*, insofern er *uns abgewöhnt, uns unserer eigenen Mittel zu bedienen*.
Erziehung oder Unterricht gewöhnen uns das Sehen mit unseren Augen ab und lassen uns deren legitimen Gebrauch nachteilig erscheinen.
Das hat zur Folge, daß wir unsere unmittelbaren Beobachtungen naiv für Schein und für vorläufig halten, wohingegen wir der von Mund zu Mund, von Buch zu Buch vermittelten vermeintlichen Bedeutung der Wörter und Ausdrücke einen substantiellen Wert beimessen.
Was du hörst oder was du liest, ist wahrer oder wichtiger als das, was du siehst ... Was für eine Abnormität!

chaumettes

remarques
ces amarres
en <u>chaumette</u> sur le
vides et <u>appliquées</u> sur le quai
Jason.

L ἀλλ' ὥστε ναὸς ~~[illegible]~~ κεδνὸν οἰακοστρόφον
<u>ἄκροισι</u> <u>λαίφους</u> <u>κρασπέδοις</u> ὑπεκδραμεῖν

Franciscus dixit : les vagues toussent
dans leurs cornes

Unterricht. Training. Jede Ausbildung, die ohne Training auskommen will, das heißt ohne eine Methode zur Entfaltung der Kräfte des Individuums, züchtet nur redende Tiere heran. Man sollte verbieten, von Dingen zu sprechen, die man nicht gesehen, nicht erfahren hat — also das Gegenteil dessen tun, was das Erziehungssystem macht.

Lehrpläne und Examina — schlechter Behelf, allenfalls politisch-administrative Hilfsmittel.
Sind den Lehrern noch mehr als den Schülern aufgezwungen und würdigen sie herab. Mittel, um den Besten zur Null zu machen — und das wahre Ziel durch ein scheinbares zu verdecken — Das Examen und nicht das Leben vorbereiten, die Karriere und nicht den Menschen. Die ganze Universität widmet sich solchen Vorbereitungen.

Unterricht — zu den wichtigen Dingen gehört:
Die Schüler spüren zu lassen, wieviel Arbeit und wie viele Menschen nötig waren, um das zu schaffen, was sie allenthalben fertig vorfinden — im besonderen bei den Mitteln des Geistes.

Machen = ausformen, fassonieren.
Der Löwe fassoniert nichts — Es sei denn, er formt sich eine geschlagene Antilope zum Fraß zurecht, fassoniert ihr Fleisch mit seinen Zähnen zu einer Masse, die er sich einverleiben kann.
— Ist es denn, spricht der Löwe, nicht ein formidables Kunstwerk, was ich da *mache* mit meinen Kinnbacken — wie ich das Leben des *Andern* in Tod verwandle und seinen Tod in mein Leben?

Die Stute Sensibilität zureiten. Ars magna. Die Sprache zureiten. Sie als Künstler bearbeiten. Dieses rasende Tier den leichten Gang lehren. Ein Wesen, das unvermittelt losstürmt. »Gestreckt, mit den Flanken den Boden streifend.« Die Kandare im Maul — diesem zum Beißen bestimmten Sitz des Gehorsams.

Das Doppelwesen, der Kentaur, zunächst alle Kraft in den Beinen, seine Hand errät die Bestie, sieht ihr Sträuben voraus, setzt die Hilfen entgegen, kommt den Nerven der anderen zuvor — danach frei und ein beinahe unaufmerksamer Gebieter. So ist der wahre *Philosoph*, so die wahre Philosophie. Sie ist nicht Erkenntnis — Sie ist eine Haltung und Neigung zur Dressur, die Ausrichtung des Willens auf den durch sich selbst dressierten Menschen — kundige Dressur durch Denken.

Keinerlei Philosophie, sondern lediglich Hilfen für den besonderen Fall bzw. für das Potential (Übungen).

Das Ziel der Übung, der Gymnastik, des scheinbar Grund- und Ziellosen ist die Steigerung der Möglichkeiten, das Kapital an Genauigkeit, an Kraft, an sicheren und raschen Reaktionen.

Ich will können und nur können.

Ich habe einmal versucht, einen Mann zu beschreiben, der fest im Leben steht, eine Art intellektuelles Tier, Mongole, sparsam mit Dummheiten und Irrtümern, flink und häßlich, ohne Bindungen, ein Reisender ohne Rückblick, einsam ohne Bedauern — ganz bei seinen inneren Bräuchen versammelt, begierig nach der Beute in seinen Tiefen, mit seinem Koffer im Hotel einquartiert, ohne Bücher, ohne das Bedürfnis zu

schreiben, diese wie jene Schwäche verachtend, — ein unerbittlicher Reduzierer, ein kalter Rufzähler, fähig zu allem, eingenommen von nichts, mein Ideal.
Mich verlangt nur nach dem *Können,* sagte er, — ich verabscheue das Träumen ebenso wie das Tätigsein. Aber meine Präzision zu spüren erfüllt mich bis zur Tollheit mit Genuß, sie zu steigern ist meine ganze Lust —, ich fühle, wie ich mich in Ketten lege und wieder befreie — und mich entwerfe ... Liebe, Geschichte, Natur bedeuten mir nichts — —

Es ist eine einzige Philosophie denkbar — nämlich eine *Kunst des Denkens.* In der Tat gibt es eine solche Kunst ebenso wie eine des Gehens, des Atmens, des Essens und — des Liebens. Und sie muß unabhängig von dem sein, was man denkt. Man hat geglaubt, die Logik sei diese Kunst: Sie ist nur ein Teil von ihr und ein Moment. Vor der Logik ist allererst zu entwickeln, was von ihr dann bewahrt und geordnet werden soll.
Diese Kunst ist eine des Umformens, des Unterscheidens und Bewertens.
Mit einem Wort: des Erkennens und Entfaltens der *Kräfte des Könnens.* —

Ich unternehme weiter nichts als den Versuch, die Intuition, die ich vom Geist habe, klarer und brauchbar zu machen.

Welt des Zaubers und Staunens

Gar manches versetzt uns in Erstaunen, ist wunderbar, und wenn wir es nur wollen, kann alles dies bewirken, kann alles wunderbar sein.
Es genügt, sich in einen *bestimmten Zustand* zu versetzen oder versetzt zu werden.

Es gibt also einen solchen Zustand. Und damit nun versucht, wenn er ihn einige Male erlebt hat, der Dichter, der Künstler, der Philosoph, der Wissenschaftler umzugehen und seine in Staunen versetzte, überraschte ERKENNTNIS zu vervollständigen, seinen definitorischen Drang zu betätigen, seinen frischen Blick, seine unverbrauchte Freude am Benennen, seinen unbeschwerten Strich usw. …

Die *einfachen* Dinge des Alltags *künstlerisch* sehen lernen: den Schlaf, das Gehen und Laufen — ein Zimmer — einen gewöhnlichen Satz; das Instinktive lesen lernen: trinken, sich spiegeln, mit sich sprechen — Mithin *neu sehen*, was so oft gesehen wurde — aber nun an der richtigen Stelle.

Es geht darum, zu wachsen.
Doch muß man lebenslang das Kind in sich bewahren.
Schau sie dir an, die nichts von Kindheit mehr in den Augen tragen. Man erkennt sie daran, daß ihr Blick genau auf die genauen Dinge gerichtet ist und vag auf die vagen und namenlosen Dinge. Doch gerade im Gegenteil offenbart sich das Verharren beim Kindlichen, Werdenden, Unfertigen.

»Inspiration« — Es läßt sich folgende Hypothese aufstellen: Der unmittelbare Gedanke ist *Hervorbringen*. An seine Stelle kann der Gedanke der UNMITTELBAREN *Wahl* treten. Der Inspirierte wäre nicht jemand, der ungewöhnlich Gutes hervorbringt, sondern der ungewöhnlich gut dafür *sensibilisiert* ist, *mitzuschwingen* bei gut Hervorgebrachtem, das in ihm entsteht oder ihm zufällt, nicht anders als Bedeutungsloses oder Absurdes auch. So wie das Ohr Töne aus *Geräuschen* heraushört. Es kann sein, daß die Menge des Hervorgebrachten ebenfalls zunimmt.

Das Geheimnis des geistigen Reichtums liegt bei einigen in der wunderbaren Fähigkeit, jedes Ding, jeden kleinen Vorfall zu nutzen und sich gewissermaßen anzuverwandeln, auf ihr Ziel auszurichten, und seien sie scheinbar noch so abgelegen und belanglos. So wie dem Angegriffenen alles als Waffe dient. Es scheint, als schöpften sie unablässig aus sich selbst, und dabei sind sie doch nur ein unendlich vielfältiger Umschlagplatz. Der Schwachkopf sagt: *A* ist *A*. Der Stuhl hier ist ein Stuhl. Dabei ist er auch Leiter, Brennholz, Turngerät, Rammbock oder Tragbahre — und in den Gedanken des Stuhls sind eingegangen Konstruktion, Gleichgewicht, Hebel, Gestell, Verstrebung; in einer Dichtung kann es genügen, am richtigen Ort und im richtigen Augenblick einen Stuhl zu plazieren, um die Vorstellung der Hauptperson wachzurufen, um große Wirkung zu erzielen …

Erfindung ist nichts als eine Sichtweise. Bemächtigt sich der Vorkommnisse und Zwischenfälle, macht Glücksfälle daraus, Zeichen — —

Erfinder ist der, der jedes Ding, jedes Nichts aufgreift, mit stets wachem Sinn für das Mögliche, Nutzbare —

Den Webfehler hier ausnutzen, diese Störung dort, jenes Unverhoffte, den fallenden Span, den winzigen Splitter, die Unebenheit da, eine Koinzidenz, einen Lapsus … und zwar jeweils für das Gegenteil.

Wer gründlich zu nutzen weiß — nutzt auch den Überdruß noch, den Schmerz, das Unzulänglichkeitsgefühl, das Mißgeschick, einen lautlichen Gleichklang oder Anklang.

Die Vorbereitung zu einem Werk besteht darin, sich unter Mühen die Freiheit zu erobern, die nötig ist, um mit leichter Hand an die Ausführung zu gehen.

Nutzleistung.

Seien Sie zugleich Dichter, Ingenieur, Philologe, Geometer, Soldat, Physiologe... Dann werden Sie von hundert Einfällen, die Ihrem Geist entspringen, 60 gebrauchen können. — Ein einziger Eindruck wird Ihnen zehn lebende Sorten von Gedanken zuführen. — Sie werden die Zahl der intellektuellen Fehlgeburten, der vergeudeten Funken unvergleichlich verringern.

Es geht nicht um die Torheit: alles zu wissen — sondern um sehr viel bessere Nutzung, darum, ein Netz mit ganz engen Maschen zu sein.

Ich bewundere nicht den Einfall, sondern was ihn vervielfacht.

Ich habe diese Frage vor mehr als 50 Jahren gestellt — *Was kann ein Mensch*? (Teste).

Und in meinem Denken folgte dies 1. auf eine Intensivierung meines Willens zur Selbstbewußtheit;

2. auf die Feststellung, daß wenige oder niemand bis *zum Ende* gehen — —

Einige haben geglaubt, *dieses Ende könne der Tod sein.*

Aber der Tod ist höchst selten etwas anderes als eine endgültige Unterbrechung — Vielleicht immer. Man kann sich indes Fälle denken, wo er »natürlich« ist — das heißt aus (*relativer*) *Erschöpfung der Kombinationen eines Lebens.*

Weisheit — Weisheit besteht darin, wenn nötig, Geist zu gebrauchen; und wenn nötig, Instinkt. Sie ist mithin eine Angelegenheit der Sensibilität — einer bestimmten Sensibilität, die für das Gleichgewicht dieser 2 Mächte sorgt und das ganze

Gewicht des Willens dorthin bringt, wo es nötig ist, damit das Ganze nicht das Schicksal eines Teiles erleidet und die Hauptsache nicht vom Nebensächlichen fortgerissen wird.

Kompetenz läßt sich nicht antizipieren.

Es fehlt mir ein Deutscher, der meine Gedanken zu Ende denken würde.

Janvier. 33

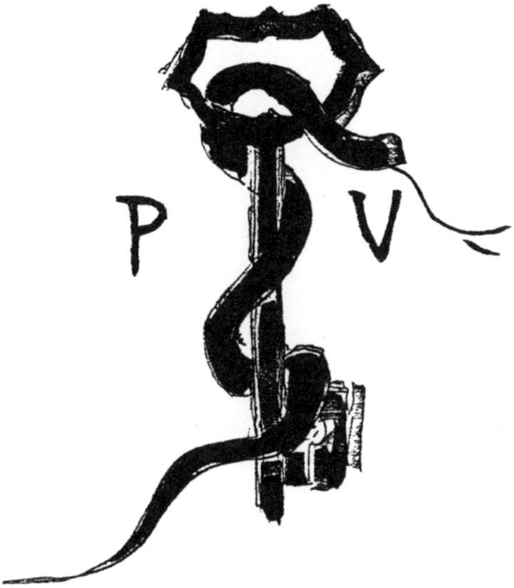

mcmxxxiii

Quellennachweise

Alle verwendeten Texte von Paul Valéry sind – ausnahmslos – der deutschen Ausgabe: Paul Valéry, *Cahiers/Hefte* in sechs Bänden, Frankfurt am Main 1987–1993, S. Fischer, herausgegeben von Hartmut Köhler und Jürgen Schmidt-Radefeldt, entnommen. Zur Zitierweise: C/H steht für die Ausgabe, die erste arabische Ziffer für den jeweiligen Band, die zweite Ziffer nach dem Komma für die entsprechende Seite.

Die Wissenschaft vom Menschen

C/H 3, 84; C/H 2, 370; C/H 2, 43; C/H 3, 83; C/H 3, 45; C/H 2, 169; C/H 6, 567; C/H 3, 367; C/H 2, 105; C/H 3, 217; C/H 1, 149; C/H 3, 390; C/H 6, 585; C/H 3, 157; C/H 6, 562; C/H 5, 605; C/H 6, 557; C/H 1, 439; C/H 2, 83; C/H 4, 486; C/H 6, 555; C/H 6, 500; C/H 4, 547 f.; C/H 6, 644; C/H 6, 620; C/H 6, 556; C/H 4, 448; C/H 6, 652; C/H 4, 400; C/H 3, 151; C/H 6, 636; C/H 6, 617; C/H 2, 292; C/H 6, 643; C/H 3, 130; C/H 3, 40; C/H 6, 619; C/H 6, 167; C/H 5, 507; C/H 5, 595; C/H 6, 619; C/H 6, 556; C/H 4, 548; C/H 5, 476; C/H 5, 591; C/H 5, 526; C/H 1, 278; C/H 5, 627; C/H 6, 552; C/H 6, 553; C/H 6, 602; C/H 6, 596; C/H 1, 410; C/H 6, 487; C/H 6, 553; C/H 6, 561; C/H 1, 243; C/H 3, 460; C/H 3, 425; C/H 3, 424; C/H 4, 270; C/H 4, 326; C/H 3, 408; C/H 3, 397; C/H 6, 585; C/H 3, 137; C/H 6, 554; C/H 2, 75; C/H 2, 267; C/H 4, 506 f.; C/H 6, 644; C/H 6, 582; C/H 6, 638; C/H 6, 586; C/H 4, 215; C/H 1, 434; C/H 6, 614; C/H 2, 116.

Blicke auf die eigene Person

C/H 1, 160; C/H 1, 242; C/H 1, 243; C/H 1, 270; C/H 1, 212 f.; C/H 1, 50; C/H 1, 103; C/H 4, 516; C/H 1, 74; C/H 6, 587; C/H 1, 274; C/H 1, 275; C/H 1, 163; C/H 4, 504; C/H 1, 218; C/H 1, 267; C/H 5, 240 f.; C/H 5, 147; C/H 5, 46; C/H 1, 288 f.; C/H 5, 192 f.; C/H 4, 184; C/H 4, 265; C/H 1, 134; C/H 1, 63; C/H 1, 169; C/H 6, 474; C/H 4, 544; C/H 1, 219; C/H 1, 51; C/H 1, 49; C/H 1, 130; C/H 1, 147; C/H 1, 95; C/H 1, 255; C/H 1, 180 f.; C/H 1, 122 f.; C/H 1, 253; C/H 1, 97; C/H 1, 148; C/H 1, 63; C/H 1, 266; C/H 2, 491; C/H 1, 379; C/H 1, 49; C/H 1, 44; C/H 1, 128; C/H 1, 249; C/H 1, 386 f.; C/H 1, 549; C/H 5, 45; C/H 1, 314; C/H 1, 118 f.; C/H 1, 126; C/H 1, 130; C/H 1, 97; C/H 1, 144 f.; C/H 1, 153; C/H 1, 75; C/H 1, 120; C/H 1, 387; C/H 6, 19; C/H 1, 302 f.; C/H 1, 185; C/H 1, 215; C/H 4, 486; C/H 3, 271; C/H 1, 212; C/H 1, 152; C/H 1, 123; C/H 1, 74; C/H 1, 184; C/H 1, 96; C/H 1, 81; C/H 1, 256; C/H 1, 126; C/H 1, 273; C/H 1, 151; C/H 1, 250; C/H 1, 51; C/H 2, 617 f.; C/H 4, 606.

Ich, Selbst und die Individualität

C/H 4, 534; C/H 4, 530; C/H 4, 531; C/H 4, 520; C/H 4, 478; C/H 4, 517; C/H 4, 512; C/H 4, 509; C/H 4, 529; C/H 3, 374; C/H 4, 532 f.; C/H 2, 282; C/H 4, 501; C/H 4, 549 ff.; C/H 4, 494; C/H 4, 425; C/H 4, 513; C/H 4, 493; C/H 6, 647; C/H 2, 55; C/H 1, 115; C/H 3, 256; C/H 4, 473; C/H 1, 135; C/H 4, 490; C/H 4, 494; C/H 4, 490; C/H 1, 186; C/H 4, 489; C/H 4, 489; C/H 4, 521; C/H 4, 537; C/H 3, 453; C/H 3, 439; C/H 4, 477; C/H 4, 322; C/H 4, 484; C/H 3, 445; C/H 3, 446; C/H 3, 415; C/H 3, 279; C/H 3, 417; C/H 3, 452; C/H 3, 171; C/H 2, 74; C/H 4, 478; C/H 4, 521; C/H 4, 514; C/H 4, 520; C/H 4, 482; C/H 4, 481 f.; C/H 1, 246; C/H 1, 38; C/H 4, 503; C/H 4, 518; C/H 4, 524 f.; C/H 1, 190; C/H 4, 491; C/H 4, 505; C/H 1, 139; C/H 1, 127; C/H 4, 578; C/H 1, 87; C/H 4, 484; C/H 1, 57; C/H 3, 84; C/H 4, 505; C/H 4, 480; C/H 3, 246; C/H 4, 473; C/H 4, 530; C/H 6, 611.

Sprachliches – Allzusprachliches

C/H 1, 554; C/H 3, 404; C/H 1, 572; C/H 1, 574; C/H 1, 568; C/H 1, 472; C/H 4, 350; C/H 2, 210/212; C/H 1, 472; C/H 1, 565; C/H 1, 489; C/H 1, 502; C/H 1, 534; C/H 1, 505; C/H 1, 570; C/H 1, 517; C/H 1, 372; C/H 1, 490; C/H 1, 317; C/H 1, 565; C/H 1, 550; C/H 2, 40; C/H 2, 116; C/H 5, 428; C/H 1, 517; C/H 1, 508; C/H 2, 401; C/H 1, 208; C/H 1, 581f.; C/H 2, 258; C/H 2, 278f.; C/H 2, 331; C/H 1, 508; C/H 2, 304; C/H 2, 100; C/H 1, 585; C/H 2, 581; C/H 1, 550; C/H 4, 105; C/H 4, 147; C/H 4, 58; C/H 5, 275; C/H 5, 276f.; C/H 1, 573; C/H 1, 429f.; C/H 1, 555; C/H 1, 576; C/H 1571; C/H 481; C/H 1, 504; C/H 6, 100; C/H 2, 426; C/H 1, 541; C/H 1, 540; C/H 1, 529; C/H 1, 570; C/H 4, 530f.; C/H 1, 583; C/H 1, 502f.; C/H 1, 528f.; C/H 1, 564f.; C/H 1, 544; C/H 5, 623; C/H 1, 522; C/H 3, 187; C/H 1, 246; C/H 1, 548.

Nachdenken über das Denken

C/H 1, 41; C/H 1, 43f.; C/H 2, 223f.; C/H 2, 18; C/H 2, 32; C/H 1, 308; C/H 1, 132; C/H 2, 45; C/H 2, 41; C/H 2, 60; C/H 2, 59f.; C/H 2, 62; C/H 2, 112; C/H 2, 250; C/H 2, 19; C/H 2, 103f.; C/H 2, 104f.; C/H 2, 129f.; C/H 2, 179; C/H 2, 226; C/H 2, 247; C/H 2, 268; C/H 2, 277; C/H 2, 277f.; C/H 4, 39; C/H 2, 260; C/H 2, 16; C/H 5, 620; C/H 5, 630; C/H 2, 148; C/H 2, 41f.; C/H 2, 101; C/H 2, 18; C/H 2, 141; C/H 4, 271; C/H 2, 147; C/H 2, 108; C/H 2, 559; C/H 2, 68; C/H 2, 23; C/H 2, 68f.; C/H 2, 33; C/H 2, 120; C/H 2, 113; C/H 2, 181; C/H 2, 63; C/H 2, 90; C/H 2, 460; C/H 2, 119; C/H 2, 340; C/H 2, 301; C/H 2, 68; C/H 3, 293; C/H 3, 284; C/H 3, 142; C/H 1, 200; C/H 2, 355; C/H 2, 49; C/H 4, 390; C/H 2, 32; C/H 4, 390; C/H 2, 24; C/H 5, 305; C/H 5, 304; C/H 3, 465; C/H 3, 126; C/H 3, 31; C/H 2, 200; C/H 3, 80; C/H 3, 82; C/H 6, 636; C/H 1, 405; C/H 2, 427; C/H 6, 616; C/H 3, 77; C/H 3, 125; C/H 3, 171; C/H 3, 146; C/H 3, 63; C/H 6, 565; C/H 3, 366; C/H 1, 244; C/H 3, 154; C/H 4, 405; C/H 4,

389; C/H 4, 389; C/H 4, 390; C/H 4, 389; C/H 4, 304; C/H 4, 274; C/H 4, 266; C/H 4, 258; C/H 3, 199; C/H 2, 322; C/H 3, 224; C/H 3, 182 f.; C/H 3, 187; C/H 3, 125; C/H 4, 71; C/H 2, 271; C/H 3, 58; C/H 1, 439; C/H 3, 437; C/H 3, 420; C/H 3, 454; C/H 3, 445; C/H 3, 421; C/H 3, 414; C/H 3, 558; C/H 3, 436; C/H 3, 447; C/H 3, 414.

Leibliches Denken

C/H 3, 311; C/H 3, 306; C/H 3, 314; C/H 3, 315; C/H 3, 306; C/H 3, 306; C/H 3, 311; C/H 3, 322; C/H 3, 313; C/H 3, 331; C/H 3, 312; C/H 5, 89; C/H 3, 331; C/H 3, 339; C/H 3, 330; C/H 3, 324; C/H 3, 309; C/H 3, 305; C/H 3, 305; C/H 6, 652; C/H 3, 364; C/H 3, 350; C/H 3, 359 f.; C/H 3, 109 f.; C/H 2, 162; C/H 3, 317; C/H 3, 305; C/H 4, 502; C/H 3, 150; C/H 3, 286; C/H 3, 199 f.; C/H 6, 507; C/H 3, 292 f.; C/H 3, 328; C/H 3, 114; C/H 3, 111 f.; C/H 3, 66 f.; C/H 6, 445 f.; C/H 3, 234; C/H 6, 552; C/H 6, 423; C/H 4, 263; C/H 5, 92; C/H 4, 291; C/H 6, 456; C/H 5, 21 f.; C/H 5, 28; C/H 1, 221; C/H 5, 137; C/H 5, 181; C/H 5, 37; C/H 5, 44; C/H 5, 129; C/H 5, 136 f.; C/H 5, 142; C/H 5, 129; C/H 5, 57; C/H 5, 130 f.; C/H 5, 97; C/H 5, 97; C/H 5, 210 f.; C/H 5, 120; C/H 5, 128; C/H 5, 145; C/H 5, 102; C/H 5, 193; C/H 5, 186; C/H 3, 311.

Wahrnehmen und Aufmerksamkeit

C/H 5, 559; C/H 6, 619; C/H 3, 143; C/H 3, 386; C/H 3, 229; C/H 3, 143; C/H 3, 376; C/H 3, 356; C/H 3, 356; C/H 4, 502; C/H 3, 360; C/H 3, 372; C/H 3, 357; C/H 3, 391; C/H 3, 364; C/H 3, 363; C/H 3, 47; C/H 3, 393; C/H 2, 171; C/H 5, 448; C/H 2, 81; C/H 2, 46; C/H 2, 176; C/H 2, 287; C/H 2, 48 f.; C/H 6, 132; C/H 2, 90; C/H 2, 93; C/H 1, 262; C/H 1, 443; C/H 3, 236; C/H 3, 298; C/H 1, 554; C/H 1, 488; C/H 1, 584; C/H 1, 493; C/H 3, 399; C/H 3, 347; C/H 3, 347; C/H 4, 462; C/H 4, 449; C/H 4, 450; C/H 4, 454; C/H 4, 454; C/H 4, 462;

C/H 4, 445; C/H 4, 463; C/H 4, 448; C/H 4, 458 f.; C/H 3, 124; C/H 6, 69; C/H 4, 574; C/H 4, 203; C/H 4, 263 f.; C/H 4, 259; C/H 4, 282; C/H 4, 213; C/H 6, 437 f.; C/H 2, 332; C/H 1, 549; C/H 4, 455; C/H 4, 132; C/H 4, 31 f.; C/H 4, 109; C/H 4, 100; C/H 4, 97; C/H 4, 32 f.; C/H 4, 39 f.; C/H 4, 40 f.; C/H 4, 44 f.; C/H 4, 46; C/H 4, 46 ff.; C/H 4, 49; C/H 3, 221 f.; C/H 3, 37; C/H 4, 31 f.; C/H 4, 258; C/H 4, 205; C/H 4, 261; C/H 5, 293.

Selbstsorge

C/H 1, 411; C/H 6, 451; C/H 6, 558; C/H 6, 156; C/H 2, 594; C/H 6, 559; C/H 6, 649; C/H 6, 623; C/H 6, 593; C/H 1, 103; C/H 1, 414; C/H 2, 98; C/H 2, 185; C/H 2, 143; C/H 5, 618; C/H 5, 621; C/H 6, 630; C/H 5, 98; C/H 1, 332; C/H 1, 313; C/H 6, 101; C/H 1, 286f.; C/H 1, 34; C/H 1, 35; C/H 1, 361; C/H 1, 35; C/H 1, 43; C/H 1, 172; C/H 1, 35; C/H 1, 41; C/H 1, 164; C/H 1, 361; C/H 1, 45; C/H 1, 38; C/H 1, 45; C/H 6, 481; C/H 4, 545; C/H 4, 441; C/H 4, 432f.; C/H 4, 474; C/H 1, 490; C/H 1, 494; C/H 1, 529; C/H 1, 567; C/H 3, 29; C/H 3, 38f.; C/H 4, 424; C/H 4, 496; C/H 1, 576; C/H 1, 571; C/H 3, 144; C/H 3, 300; C/H 1, 566f.; C/H 3, 151; C/H 2, 227; C/H 2, 389; C/H 5, 606; C/H 1, 170; C/H 4, 568; C/H 1, 90f.; C/H 1, 51; C/H 4, 297; C/H 1, 208; C/H 1, 129; C/H 4, 80; C/H 5, 71; C/H 1, 182; C/H 4, 546; C/H 1, 133f.; C/H 4, 487; C/H 3, 39; C/H 5, 253; C/H 3, 210; C/H 6, 557; C/H 1, 287f.; C/H 4, 389; C/H 1, 124; C/H 1, 148; C/H 1, 464; C/H 6, 484; C/H 6, 484; C/H 1, 292; C/H 6, 625; C/H 6, 626; C/H 1, 229f.; C/H 1, 270; C/H 1, 33; C/H 1, 119; C/H 1, 251; C/H 3, 433; C/H 1, 251; C/H 1, 131; C/H 2, 454; C/H 1, 36; C/H 2, 455; C/H 1, 415; C/H 1, 318; C/H 1, 406; C/H 1, 57; C/H 2, 40; C/H 1, 369; C/H 1, 442; C/H 3, 464; C/H 1, 52; C/H 2, 22; C/H 6, 617; C/H 1, 438; C/H 1, 170; C/H 1, 168; C/H 1, 434; C/H 4, 477; C/H 3, 435; C/H 3, 469; C/H 1, 294; C/H 3, 432; C/H 1, 312; C/H 4, 474; C/H 6, 580; C/H 1, 329; C/H 1, 331; C/H 1, 212; C/H 4, 492; C/H 2, 383;

C/H 2, 255; C/H 1, 559; C/H 1, 153; C/H 1, 159; C/H 1, 161, C/H 6, 124.

Skepsis

C/H 6, 551; C/H 6, 613; C/H 3, 228; C/H 6, 606; C/H 2, 108; C/H 2, 610; C/H 6, 608; C/H 2, 151; C/H 2, 570; C/H 2, 385; C/H 2, 565; C/H 2, 213; C/H 2, 83; C/H 1, 339; C/H 1, 410; C/H 2, 115; C/H 2, 17; C/H 2, 197; C/H 5, 252; C/H 5, 458; C/H 4, 258; C/H 4, 328; C/H 4, 339; C/H 4, 213; C/H 2, 236; C/H 1, 203; C/H 1, 559 f.; C/H 3, 297; C/H 2, 483; C/H 2, 508; C/H 1, 163; C/H 2, 643; C/H 1, 215 ff.; C/H 2, 651; C/H 2, 651; C/H 2, 638; C/H 2, 490; C/H 2, 571; C/H 2, 646; C/H 2, 487; C/H 2, 482; C/H 2, 563; C/H 5, 501; C/H 2, 178; C/H 6, 629; C/H 2, 557; C/H 2, 593; C/H 1, 512; C/H 2, 158; C/H 1, 449; C/H 2, 540 f.; C/H 1, 55.

Was kann ein Mensch?

C/H 1, 151; C/H 1, 460; C/H 2, 340; C/H 3, 423; C/H 6, 341; C/H 1, 405; C/H 3, 252; C/H 5, 630; C/H 6, 162; C/H 1, 151; C/H 2, 315; C/H 2, 24; C/H 1, 255; C/H 4, 438; C/H 2, 254; C/H 2, 251; C/H 2, 238 f.; C/H 1, 407; C/H 5, 631; C/H 5, 630; C/H 5, 639; C/H 5, 623; C/H 5, 631; C/H 5, 631; C/H 5, 279; C/H 1, 420; C/H 1, 436; C/H 1, 53; C/H 1, 306; C/H 1, 451; C/H 1, 75; C/H 6, 139; C/H 6, 98; C/H 1, 461; C/H 6, 154; C/H 6, 118; C/H 6, 104 f.; C/H 6, 132; C/H 1, 418; C/H 1, 311; C/H 1, 297; C/H 6, 630; C/H 5, 641; C/H 1, 109.

Abbildungsnachweise

Abb. 1: C/H 1, 48; Abb. 2: C/H 6, 54; Abb. 3: C/H 5, 143; Abb. 4: C/H 6, 525; Abb. 5: C/H 6, 21; Abb. 6: C/H 3, 332; Abb.7: C/H 3, 338; Abb. 8: C/H 4, 118; Abb. 9: C/H 1, 470; Abb. 10: C/H 3, 202; Abb. 11: C/H 3, 450; Abb. 12: C/H 6, 653.

Ich grase meine Gehirnwiese ab
ist im Mai 2011 als dreihundertsiebzehnter Band der ANDEREN BIBLIOTHEK im Eichborn Verlag, Frankfurt am Main, erschienen.
Herausgabe und Lektorat lagen in den Händen von Christian Döring.
Die zugrunde gelegte französische Ausgabe der *Cahiers* erschien 1973 und 1974 in der Bibliothèque de la Pléiade in zwei Dünndruck-Bänden bei der Editions Gallimard in Paris.
Beim S. Fischer Verlag in Frankfurt am Main erschien 1987–1993 die deutsche Ausgabe in sechs Bänden.
Wir danken beiden Verlagen und den Herausgebern der deutschen Ausgabe, Hartmut Köhler und Jürgen Schmidt-Radefeldt, für die Zusammenarbeit.

An der Übertragung der Gedanken Valérys ins Deutsche haben mitgearbeitet:

Bernhard Böschenstein
Reinhard Huschke
Markus Jakob
Max Looser
Hartmut Köhler
Christine Mäder-Viragh
Jürgen Schmidt-Radefeldt
Corona Schmiele
Erika Tophoven-Schöningh
Karin Wais

Paul Valéry

geboren 1871 im südfranzösischen Sète nahe Montpellier, galt in den zwanziger Jahren des 20. Jahrhunderts als der bedeutendste zeitgenössische französische Lyriker und war bei seinem Tod im Juli 1945 mit seinem enormen, die literarischen Gattungen übergreifenden Werk einer der großen kulturellen Repräsentanten Frankreichs; wobei die Existenz seines eigentlichen Hauptwerks, der *Cahiers*, zu diesem Zeitpunkt noch kaum bekannt war.

Thomas Stölzel

geboren 1964, Studium und Promotion in kulturwissenschaftlichen Fächern, therapeutische Ausbildungen. Veröffentlichungen zu Cioran, Lichtenberg und u. a. mit Simone Stölzel zu W. Somerset Maugham – *Denken mit Maugham* (2009). Thomas Stölzel ist als Philosophischer Praktiker, systemischer Berater und Publizist tätig. Er lebt in Berlin.

Dieses Buch
wurde von Greiner & Reichel in Köln aus der Plantin gesetzt. Das Memminger MedienCentrum druckte auf 100g/m² holz- und säurefreies, mattgeglättetes Bücherpapier. Dieses wurde von der Papierfabrik Schleipen ressourcenschonend hergestellt. Typografie von Susanne Reeh und Cosima Schneider.

Lizenzausgabe für die Büchergilde Gutenberg,
Frankfurt am Main, Zürich, Wien
www.buechergilde.de
Mit freundlicher Genehmigung der Eichborn AG,
Frankfurt am Main

Printed in Germany 2011
ISBN 978-3-7632-6449-0

Paul Valéry

geboren 1871 im südfranzösischen Sète nahe Montpellier, galt in den zwanziger Jahren des 20. Jahrhunderts als der bedeutendste zeitgenössische französische Lyriker und war bei seinem Tod im Juli 1945 mit seinem enormen, die literarischen Gattungen übergreifenden Werk einer der großen kulturellen Repräsentanten Frankreichs; wobei die Existenz seines eigentlichen Hauptwerks, der *Cahiers*, zu diesem Zeitpunkt noch kaum bekannt war.

Thomas Stölzel

geboren 1964, Studium und Promotion in kulturwissenschaftlichen Fächern, therapeutische Ausbildungen. Veröffentlichungen zu Cioran, Lichtenberg und u. a. mit Simone Stölzel zu W. Somerset Maugham – *Denken mit Maugham* (2009). Thomas Stölzel ist als Philosophischer Praktiker, systemischer Berater und Publizist tätig. Er lebt in Berlin.

Dieses Buch
wurde von Greiner & Reichel in Köln aus der Plantin gesetzt. Das Memminger MedienCentrum druckte auf 100g/m² holz- und säurefreies, mattgeglättetes Bücherpapier. Dieses wurde von der Papierfabrik Schleipen ressourcenschonend hergestellt. Typografie von Susanne Reeh und Cosima Schneider.

Lizenzausgabe für die Büchergilde Gutenberg,
Frankfurt am Main, Zürich, Wien
www.buechergilde.de
Mit freundlicher Genehmigung der Eichborn AG,
Frankfurt am Main

Printed in Germany 2011
ISBN 978-3-7632-6449-0